JN045547

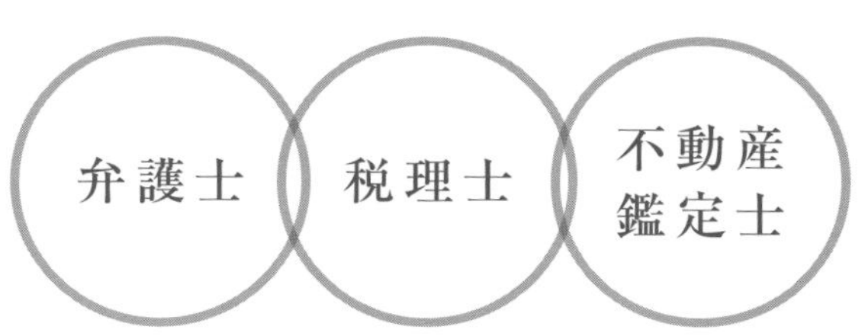

三士業の実務がクロスする

相続事案の解決力

三士業合同相続研究会 編著

清文社

はしがき

従来から相続問題は、資産のある家庭を悩ませる大きな問題の１つでした。遺産分割、相続税の納税など、残された家族のその後の生活に大きな影響を与える意思決定や支出があるためです。しかし、通常は相続人も被相続人も、相続に関する専門的知識も実務経験もないことから、弁護士や税理士といった専門家に業務を委託するケースが多かったと思います。

一方で、相続事案の複雑化にともない、専門家の方でも高度なスキームの検討などが必要となってきました。さらに相続に関する法律もたびたび改正されており、最近でも配偶者居住権の新設、自筆証書遺言の要件緩和、遺留分侵害額請求権の金銭債権化など、わが国の高齢化に対応した改正が行われています。

本書は、複雑な相続事案に取り組む際、弁護士、税理士、不動産鑑定士といった複数の専門家から注意すべきポイントを対談形式で記述しています。改正相続法についてもできるだけ解説を織り込み、相続実務に対する影響についても踏み込んでいます。

本書が皆様の相続対策や、その実行にあたっての専門家との交渉の一助となり、よりよい相続に役立てれば幸いです。

令和２年７月

執筆者代表　税理士　松下 洋之

目　次

凡　例

◆法律名略称・表記

家事法……………………………………家事事件手続法
民訴法……………………………………民事訴訟法
民執法……………………………………民事執行法
人訴法……………………………………人事訴訟法
相法………………………………………相続税法
相基通……………………………………相続税法基本通達
法法………………………………………法人税法
法令………………………………………法人税法施行令
法基通……………………………………法人税基本通達
所法………………………………………所得税法
所基通……………………………………所得税基本通達
措法………………………………………租税特別措置法
国通法……………………………………国税通則法
財評通……………………………………財産評価基本通達
農振法……………………………………農業振興地域の整備に関する法律
不動産鑑定法……………………………不動産の鑑定評価に関する法律
住居表示法………………………………住居表示に関する法律
一般社団法………………………………一般社団法人及び一般財団法人に関する法律
経営承継円滑化法………………………中小企業における経営の承継の円滑化に関する法律
遺言書保管法……………………………法務局における遺言書の保管等に関する法律
国外送金等調書法………………………内国税の適正な課税の確保を図るための国外送金等に係る調書の提出等に関する法律
国外送金等調書令………………………内国税の適正な課税の確保を図るための国外送金等に係る調書の提出等に関する法律施行令
国外送金等調書規………………………内国税の適正な課税の確保を図るための国外送金等に係る調書の提出等に関する法律施行規則

旧民法……………………………………平成30年法律第72号による改正前の民法
民法………………………………………平成30年法律第72号による改正後の民法

◆判例集略称

民集………………………………………最高裁判所民事判例集
集民………………………………………最高裁判所裁判集民事
家月………………………………………家庭裁判月報
判時………………………………………判例時報
判タ………………………………………判例タイムズ

※本書の内容は令和２年６月１日現在の法令通達によっています。

1 婚外子の認知と共有不動産

Question　B（50歳）は、実の父であるA（80歳）と同居しているが、AはBを認知しておらず、戸籍上親子関係ではない。AとBが居住する自宅土地建物は、Aと、Bの亡母が２分の１ずつ所有していたが、遺産分割未了のままであり、登記もそのままとなっている。なお、Bの亡母はAとの間に婚姻関係がなく、亡母の相続人はBのみである。

Aは近年体調に不安を感じており、自宅をBの所有にしてやりたいと考えている。Aが生前のうちにどのような対策を取ることができるか。

〈相続関係図〉

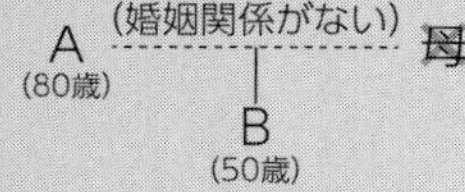

婚外子だと法定相続人ではありませんので、小規模宅地特例などが適用できませんから、認知などの対策を検討する必要がありますね。

Bを認知することにより、法定相続人として相続させることの検討は必要だと思います。

共有不動産なので、生前贈与をする場合や、不動産の評価の方法には注意が必要ですね。

法務

1 はじめに

そもそも、AとBは戸籍上の親子関係にないので、原則としてBはAの相続人にはなれません。もし、このままAが何もしなければ、他にAに相続人がいればその者が相続し、誰も相続人がいなければ相続人がいない場合の手続（**事例21の法務**を参照してください。）が進められます。

そして、AがBを認知すれば、BはAの相続人となります。そこで、Aとしては、まずBを認知して相続人とするかどうかを検討しなければなりません。

また、Bが相続人であるかどうかにかかわらず、Aは、遺贈、生前贈与、死因贈与といった手段によってBに財産を承継させることもできます。

もっとも、BがAの相続人であるか否かによって効果が変わる手段があるので、注意が必要です。

2 認知について

(1) 認知とは

「認知」とは、端的に言えば、「血縁関係はあるものの法律上親子関係がないとされている子に対し、一方的な意思表示により法律上の親子関係を発生させること」をいいます。

母親との親子関係は（代理懐胎など特殊な場合を除いて）出産の事実から明らかなため、認知が実際に問題となるのは父子関係、特に本事例のような愛人の子や内縁関係の夫婦から生まれた子など、婚姻していない男女から生まれた子の場合がほとんどです。

(2) 認知の種類

認知には、以下の種類があります。

① **任意認知**：父親が任意に行う場合

i 「届出による認知」（民法781条１項）：認知届を提出することで認知する

ii 「遺言による認知」（民法781条２項）：遺言によって認知する

② **強制認知**：子等が父親に対して認知の訴えを提起して認めさせる場合

なお、遺言による認知を行う場合、父親の死後に相続人の数や相続順位が変動することとなりトラブルになりやすいので、あわせて遺言書による遺産の配分まで行ってしまうことが望ましいでしょう。

⑶　認知の効果

父親と認知された子との間には法律的な親子関係が生じますので、認知された子には父親の相続権が生じるだけではなく、相互の扶養義務も発生します（民法877条）。また、子は家庭裁判所の許可を得て、父親の氏に変更することができるようになります（民法791条１項）。

なお、認知による父子関係は、第三者の権利を害さない範囲で、子の出生時に遡って発生するものとされています（民法784条「認知の遡及効」）。

3 任意認知

⑴　任意認知の要件

認知は、意思能力さえあれば未成年者や成年被後見人などの制限行為能力者であっても法定代理人の同意なく行えます（民法780条）。

ただし、認知される子が成人している場合には本人の承諾が必要です（民法782条）。

⑵　任意認知の具体的な方法

届出による認知を行う場合、父親は原則として認知する父親あるいは認知される子の本籍地か所在地の役所に認知届を提出します。

また、遺言により認知する場合は、相続人又は遺言により定められた遺言執行者が、各市町村に対して遺言書の謄本を提出することになります。

なお、子の承諾がいる場合、父親の認知届の提出又は後述する遺言書謄本の提出の時にあわせて子の認知承諾書を提出しなければなりません。

⑶　認知の効力を争う場合

任意認知は父親の一方的な意思表示により可能なので、認知が認知された子やその他利害関係人の意思に反する場合、認知無効の訴え（民法786条）を起こして認知の効力を争うことができます。

4 強制認知（裁判認知）

子やその子らは、認知をしてくれない父親を相手に認知の訴えを提起することができます（民法787条本文）。

父親が子を認知することなく死亡してしまった場合にも、子や孫などは父親の死亡の日から３年以内であれば、検察官を被告として認知の訴えを提起することができます（民法787条ただし書、人訴法42条）。

なお、強制認知が認められると、子は生まれた時から父親の子であったとみなされ（民法784条）、父親の相続人となりますが、認知請求が認められるまでに遺産分割協議などが済んでしまっている場合には、混乱を避けるため、遺産分割協議は有効としたまま、他の相続人に金銭を請求することになります（民法910条）。

5 AがBを認知した場合

それでは、AがBを認知してBが相続人となったあと、AはどのようにBに財産を承継させればよいでしょうか。

まず、BがAの相続人になれば、Aは何もしなくても法定相続によりBに財産を承継することができます。

もっとも、他にAの相続人がいた場合には自宅はその者との共有になってしまう場合もあります。

そこで、Aとしては遺贈、生前贈与、死因贈与などの方法によりBに財産を承継させることも検討することになりますが、それぞれの方法ごとにメリット、デメリットが異なるため、注意して手段を選択する必要があります（詳しくは**事例24の法務**の解説を参照してください。）。

また、このときどの手段を選択するかによって負担する税金も変わるため、Aは税金の点にも注意しながら手段を選択する必要があります（この点は**事例24の税務**の解説を参照してください。）。

6 AがBを認知しなかった場合

この場合、BはAの相続人ではないため、AはBに遺贈、生前贈与、死因贈与といった方法で財産を承継する対策を取っておく必要があります。

もっとも、いずれの手段をとった場合でも、BがAの相続人でないことにより税金上不利に扱われることも多くなります（この点は税務の解説を参照してください。）。

なお、これら手段のうち包括遺贈の方法をとった場合、受遺者であるBは相続人と同一の権利義務を有することになるので、Aは認知の方法を取らずにBを相続人と同じものとして扱うことができることに気を付ける必要があります。

7 本件の解決

このように、AがBに財産を譲渡するにあたってどの手段を選択すべきかは、各手段のメリットやデメリット、税金負担との関係などから戦略的に考えていく必要があります。

そして、AがBを認知すべきかどうかは、経済的な観点だけではなく、その後の当事者の人間関係にも影響を及ぼすものであり、十分に考えて準備しておく必要があります。

税務

1 自宅土地建物のＢの亡母の所有持分について

Ｂの母が亡くなったときの遺産分割協議（ないし遺言）に基づき、自宅土地建物の相続登記を完了させる必要があります。Ｂの亡母の相続税申告がなされていない場合は、Ｂの亡母の死亡時点の相続財産評価額を計算し、相続税の納税義務があると判断される場合、早急に相続税の申告・納付を行う必要があります。

なお、Ｂの亡母の相続税申告期限を過ぎている場合、無申告加算税と延滞税が課せられます。

なお、AがBを子として認知するか否か等により、以下のとおりパターンを分けて記載しています。

AがBを子として認知する	2へ
AがBを子として認知しない	3へ
AがBを子として認知しないまま死亡し、Aの死後、Bが死後認知を行った場合	4へ

2 AがBを子として認知する場合

BはAの相続人となり、小規模宅地特例や贈与税の特例税率などの特例を適用することが可能となります。

(1) 贈与税の税率

直系尊属から20歳以上の子への贈与であるため、一般贈与財産用の税率ではなく、特例贈与財産用の税率によって贈与税を計算することができます。

(2) 贈与税と相続税の税率

AからBへ生前贈与を行う場合は、「贈与時の実質税率＜相続時の実質相続税率」となるようにすると有利です。

逆に、「贈与時の実質税率＞相続時の実質相続税率」となることが見込まれる場合は、生前贈与は行わずに相続発生を待つ方が有利となります。

なお、贈与時の実質税率は「贈与税額÷贈与財産の相続税評価額」、相続時の実質相続税率は「相続税額÷相続財産の相続税評価額」で求められます。

⑶　不動産取得税

生前贈与による取得の場合、都道府県に支払う不動産取得税がかかります（大阪府の場合であれば、土地３％及び住宅用家屋３％）。

これに対し、相続による取得の場合は、不動産取得税はかかりません。

⑷　登録免許税

生前贈与による所有権の移転登記の場合、不動産価額の1,000分の20に相当する登録免許税がかかります。

これに対し、相続による所有権の移転登記の場合は、同1,000分の４に軽減されます。

⑸　小規模宅地特例

Ａの自宅土地建物が、小規模宅地特例の「特定居住用宅地等」に該当して特例を適用するためには、「相続開始の直前から相続税の申告期限まで引き続きその建物に居住し、かつ、その宅地等を相続開始時から相続税の申告期限まで有していること」が必要となります。

3　AがBを子として認知しない場合

ＢはＡの相続人とならないため、生前贈与か、遺言による相続時の遺産分割で自宅土地建物の所有権を移すことになります。

⑴　贈与税、相続税の税率

贈与税は、一般贈与財産用の税率によることになります。

相続税は、遺言による相続でも税率は変わりませんが、ＢはＡの法定相続人とならないため、相続税額の２割加算が適用されます。

⑵　その他

不動産取得税や登録免許税は、2に同じです。

小規模宅地特例については、特例の要件を満たさないため、適用できません。

4　AがBを子として認知しないまま死亡し、Aの死後、Bが死後認知を行った場合

ＡがＢを認知しないまま死亡し、Ａの死亡後、Ｂが裁判所に訴えを提起して死後認知を行った場合、ＢとＡの間には、Ｂの出生まで遡って親子関係が成立します。

⑴　贈与税の税率

贈与時は親子関係がなく一般贈与財産用の税率で申告・納税を行った場合でも、死後認知後は特例贈与財産用の税率で贈与税を再計算し、更正の請求を行うことができます。

⑵ 小規模宅地特例

死後認知を行い、かつ**2**⑸の要件を満たす場合、小規模宅地特例を適用することが可能です。

ただし、相続税の申告期限までに、Aの相続人がBのみであることを証する書類（Aが生まれてから亡くなるまでの戸籍謄本など）を取得（B以外に相続人がいる場合は、BをAの相続人として含めた遺産分割協議書を作成）し、かつそれに従った相続税申告書（及び添付書類）を作成して提出しなければ適用できませんので注意が必要です。

⑶ 死後認知が遺産分割協議確定後となった場合

B以外に相続人がいる場合で、Bの死後認知が遺産分割協議確定後となった場合、他の相続人に対し遺留分の支払を求めることが可能です。この場合、Bに遺留分を支払った相続人は、死後認知の確定を知った日の翌日から４か月以内に相続税の更正の請求を行うことができます。通常の更正の請求より期間が短くなっているため、注意が必要です。

なお、Bは他の相続人に対し、遺産分割協議のやり直しを求めることはできません。

不動産

1 土地と建物の価格

⑴ 土地の価格

不動産の価格は、土地と建物の価格から成り立ちますが、その評価の対象となる不動産が土地のみの「更地」なのか、建物の定着した土地「建付地（たてつけち)」なのか、建物のみなのか、土地と建物一体としての価格なのか、によって異なります。

その不動産をどのように評価するのか、これは不動産の価格を評価する際にとても重要になります。

一般的に土地の価格といわれると「更地」と考えられることが多いかと思われます。更地とは、建物等の定着物がなく、かつ使用収益を制約する権利の付着していない宅地をいいます。地上に建物や構築物がなく、地上権等の権利の設定のない土地です。このような更地は、土地を利用する上で、他者から何の制約も受けない（建築基準法や都市計画法等の行政的な規制は受けます。）ことから、土地の最有効使用（その不動産の効用が最高度に発揮される可能性に最も富む使用)

を実現することが可能です。合法的な範囲内で、その不動産を自由に利用し、最も高い効用（利益）を受けることができるのです。

このようなことから、一般的に土地の価格においては「建付地」や「借地権」、「底地」といった他の土地の価格と比べ、「更地」としての価格が最も高い価格となります。

⑵ 建物の価格

それでは建物の場合はどうでしょうか。建物は、建物のみではその建物を存続することができないため、建物をその土地上に維持するために必要な権利と一体として考えられることが一般的です。何の権利もない土地に建物を建てても、取り壊さざるを得ないことになってしまうからです。

したがって、通常建物の鑑定評価を行う際は、「自用の建物及びその敷地（建物と土地の所有者が同じで、かつ建物を土地所有者自身が使用している場合）」、「貸家及びその敷地（建物と土地の所有者が同じで、建物を賃貸している場合）」、「借地権付建物（借地権を権原とする建物及びその借地権）」、「区分所有建物及びその敷地」などとして、土地（土地を利用する権利）と建物を一体として鑑定評価を行うことが一般的です。

⑶ 相続・贈与の場合

しかし、相続や贈与の場合においては様々なケースがあり、建物のみの価格が必要となる場合もあります。例えば、土地のみを「更地」として先に贈与し、後に建物のみを贈与もしくは相続したりする場合です。そういったケースでは、建物を「自用の建物及びその敷地」や「借地権付建物」として評価してしまうと、土地を利用する権利分が過剰に計上されてしまうため、建物のみの価格が必要となります。

したがって、そのような場合は、建物を土地と切り離して捉え、建物を存続させるための権利とは別のものとして、建物の価値のみを評価（部分鑑定評価）することになります。

2 共有不動産の評価

本事例では、ＡとＢの亡母の共有名義となっている自宅の土地と建物が相続財産となりますが、Ｂの亡母の相続人はＢのみとなっているため、Ａの持分をどのように処分するのかが問題となります。

⑴ 市場性との関係

共有不動産の評価は、まず土地と建物を一体として鑑定評価を行い、求められた複合不動産の価格に、その持分に応じて持分割合を乗じることによって求めます。通常、持分のみを第三者に売却しようとする場合、単独所有の不動産に比べ、その不動産の使用収益に制約が生じることから、市場性による減価が発生するのが一般的です。そのため、共有不動産の持分を評価する際は、市場性の減価を反映させることが多くなっています。

しかし、共有不動産の評価においては、その評価の目的によって、当該市場性の減価を考慮せずに評価を行う場合があります。相続や贈与、親族間での売買等を目的とした評価においては、市場性の減価は行いません。

したがって、本事例の場合は、土地と建物一体の複合不動産の鑑定評価額に、その持分を乗じることにより、共有不動産の持分部分の価格を求めます。

⑵ 生前贈与をする場合

本事例において、自宅の土地と建物を生前贈与すると考えた場合、土地のみを贈与するのか、建物のみを贈与するのか、土地建物を一体で贈与するのかによって、不動産の評価額に大きな違いが出ることになります。贈与税の負担を考慮し、土地と建物を分けて贈与することにした場合は、評価の対象を土地にするのか、建物にするのかを十分に考えて決める必要があります。

土地のみを「更地」として贈与すると考えた場合、求められた更地価格にAの持分である２分の１を乗じた価格が贈与対象となります。

また、土地と建物を一体で贈与すると考えた場合は、複合不動産一体としての価格にAの持分２分の１を乗じて求めることになります。

⑶ 土地と建物の持分割合が異なる場合

なお、本事例では、対象となる土地と建物の持分割合が同じ２分の１であることから、土地と建物を一体で贈与する際、複合不動産として評価した価格に２分の１を乗じるのみで問題はありませんが、土地と建物の持分割合が異なる場合は注意が必要です。

土地と建物の持分割合が異なる場合に、土地と建物を一体の複合不動産として贈与を行う際には、まず土地と建物を一体の複合不動産として評価した上で、求められた一体の価格を、土地と建物のそれぞれの価格に分ける必要があります。

複合不動産の価格を土地と建物の価格に分ける手法は、平成20年５月20日付で公益社団法人日本不動産鑑定士協会連合会（旧社団法人日本不動産鑑定協会）より、「土地・建物の内訳価格の算定にかかる対応について」として指針が示されており、当該指針に準拠して土地建物価格の内訳の算定を行うものとされています。その手法の一例として、土地と建物一体の積算価格から積算価格比（積算価格から土地と建物の割合を求めたもの）を求め、当該積算価格比を複合不動産一体の鑑定評価額に乗じることにより、土地と建物の価格を求める方法（割合法）や、土地と建物一体の複合不動産の価格から、土地の価格を控除することにより建物の価格を求める方法、複合不動産の価格から、建物の価格を控除することにより土地の価格を求める方法（控除法）などがあります。

⑷　まとめ

本事例では、

①　贈与や相続の際は、対象となる不動産は、土地のみなのか、建物のみなのか、土地と建物一体なのかを検討する。

②　共有不動産の土地と建物の持分割合に注意する。

の２つがポイントとなります。

2 特別受益（使用借権）と寄与分

Question　Aが死亡し、相続人はAの妻Bと子C、子Dである。子Cは、亡Aが所有する土地上に自己所有の家を建て、十数年にわたって居住していたが、亡Aに地代を払うことはなかった。子Dは長年、亡Aの実家を頻繁に訪問し、介護や身の回りの世話をすべて行ってきた。

① 子Cが無償で亡Aの土地を利用していたことは特別受益に該当するのか。

② 子Dの介護は寄与分に該当するのか。

〈相続関係図〉

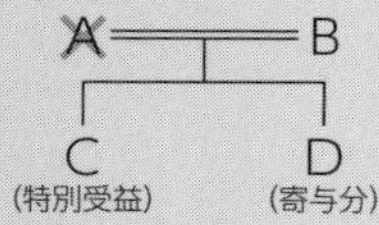

まず子Cの土地の無償利用ですが、過去の地代相当額と現在の使用借権のそれぞれについて特別受益に該当するのか検討する必要がありますね。
過去の地代相当額の特別受益に該当する可能性は低いですが、現在の使用借権については、法務上はその評価について一定の価値が認められ、特別受益に該当する場合があります。相続税や鑑定評価ではどうでしょうか。

相続税ではシンプルに“借地権はゼロ”として評価します。つまり、個人間の使用貸借で地代や権利金等の支払がないときは、貸地といえども自用地評価になります。

鑑定評価でもほぼ相続税評価と同様の考え方ですが、競売評価においては若干割合の価値をみることもあるようです。

なるほど、少し違いがあるようですね。
それから、子Dの介護が療養看護型の寄与分と認められる場合の寄与分額の算出方法にもここで少し触れておきましょう。

法務

1 総論

遺産分割においては、被相続人死亡時の遺産を法定相続分に応じて分割するだけでは、相続人間に不公平が生じることがあります。そこで、相続人間の公平を図るために、死亡以前の贈与や財産増加に貢献した分を調整する特別受益と寄与分の制度があります。

本事例では、子Dは、子Cが無償で亡Aの土地を利用していたことと自らの介護を加味した遺産分割を求めています。

まず、子Cによる亡Aの土地の無償利用が特別受益に該当するかどうかが問題になりますが、過去の地代相当額については、特別受益とは認められない可能性が高いでしょう。しかし、子Cは亡Aから使用借権の贈与を受けたとして、使用借権相当額（土地価格の１～３割程度）を特別受益として認められる可能性があります。

子Dの介護については、寄与分として認められる可能性がありますが、それをどのように金銭評価するのか検討する必要があります。

本事例で一定の特別受益や寄与分が認められた場合に、各相続人が最終的にいくら取得できるのか具体的に検討していきましょう。

2 特別受益

(1) 特別受益とは

特別受益とは、相続財産に被相続人からの遺贈又は一定の目的での贈与相当額を加え、その合計額を相続財産とみなして（みなし相続財産）、これに法定相続分を乗じて、各共同相続人の一応の相続分を算出し、その際、当該遺贈等を受けた相続人については、当該遺贈等の評価額を控除して具体的な相続分を算出する制度です（民法903条１項）。

また、被相続人は、持戻しの免除の意思表示（民法903条３項）をすることができ、贈与した財産等をみなし相続財産に加えないことをあらかじめ意思表示すことができます。方式等は問いませんが、当該意思表示があったかどうか立証等が困難になることも多々あります。ただし、婚姻期間が20年以上である夫婦の一方が他の一方に対し、その居住の用に供する建物又はその敷地（令和２年４月１日以後開始する相続は配偶者居住権を含みます。）について遺贈又は贈与したときは、持戻しの免除の意思表示があったものと推定されます（民法903条４項、1028条３項）。

⑵　被相続人の不動産の無償使用が特別受益にあたるか

①　相続開始までの地代相当額

特別受益の対象となるのは、「遺贈、婚姻若しくは養子縁組のための贈与、生計の資本としての贈与」（民法903条１項）です。生計の資本としての贈与か否かは、公平の見地から具体的事情の下で判断します。

相続開始前に相続人が被相続人の所有の土地を無償使用していた場合の地代相当額については、見解の対立はありますが、過去の地代は遺産の価値とは関係がないので、特別受益として認められない可能性が高いでしょう。また、当該相続人が無償使用している借地上の建物に住んで近所の実家の扶養等を行っていた場合、実質的には対価関係にあるので、特別受益にあたらないか、仮に該当するとしても、黙示の持戻しの免除の意思表示があったと認定され、地代相当額が特別受益と認められることはほとんどありません。なお、実際に亡Aと妻Bが、子Cに近所にいてほしいため、亡Aが所有する土地上に子Cの自宅を建てたなどの事情が認められる場合に特別受益性を否定した審判例もあります（大阪家審平成19年２月８日・家月60巻９号10項）。

②　相続開始後の使用借権

使用借権には第三者への対抗力はありませんが、他人所有の建物が建っている土地は事実上売却困難なため、その客観的評価額が一定程度減価されることになります。

遺産である土地に建物を建て、その土地を無償で使用している相続人は、使用借権の設定を受けたことにより、土地の使用借権の生前贈与があったものとして、土地使用借権相当額についての特別受益を受けたことになります。この場合、被相続人の持戻し免除の意思表示があったか否かが問題になります。

3 寄与分

⑴　寄与分（民法904条の２）とは

寄与分とは、被相続人の生前に、被相続人の財産の維持又は増加に特別な貢献をした相続人がいる場合、遺産総額からその者の寄与分（特別な貢献を金銭評価したもの）を控除したものを相続財産とみなして相続分を算定し、その算定された相続分に寄与分を加えた額をその者の相続分とすることによって、共同相続人間の公平を図る制度です。

寄与分が認められるためには、①「特別の寄与」により、②「被相続人の財産が維持又は増加」したといえる必要があります。

⑵ 寄与行為の類型

寄与分として認められるものには、①被相続人の事業に関する労務の提供又は財産上の給付、②被相続人の療養看護、③その他の方法により被相続人の財産を増加させたと評価できるものがあります（民法904条の２）。本事例で問題となる療養看護の類型の場合、どのように処理されるのでしょうか。

療養看護は、被相続人が自らの費用で看護人を雇わなければならなかったはずのところを、相続人が療養看護したために、被相続人が看護人の費用の支出を免れたことで相続財産が維持又は増加した場合に限られます。すなわち、単なる身の回りの世話という程度では寄与分は認められません。この場合の寄与分の金額について下記のような計算方法があります。

寄与分額＝現実の費用負担額＋介護保険の介護報酬基準に基づく１日の報酬額×療養看護日数×裁量的割合（平均0.7）

療養看護に実際にかかった費用に、職業介護を基準に報酬額を算定し、親族間として裁量的割合を乗じた額を加えて計算することになります。この場合、看護した際に相続人が支出した領収書、看護に行った日を記録しておく（日記やメールなどを残しておく。）と将来の立証が容易になります。

実際にかかった費用や看護した日数の正確な日数が分からない場合に１日当たり8,000円として、相続人が被相続人の看護をした期間を乗じて算出する方法もあります（大阪家審平成19年２月８日・家月60巻９号10頁）。

⑶ 特別寄与料

平成30年の民法改正により、特別寄与料の請求という新たな制度が創設されました。この制度により、相続人以外の「親族」が特別の寄与をした場合に、相続開始後、当該親族が相続人に対して特別寄与料の支払を請求することができます。ただし、「相続の開始及び相続人を知った時から６か月を経過したとき、又は相続開始の時から１年を経過したとき」までに請求する必要があります。

当該親族は、相続人を発見次第、協議により特別寄与料の請求を行うか、家庭裁判所に対して協議に代わる処分を請求することになります。

4 具体的な相続分の算定

(1) 相続財産の確定

本事例で相続財産が2,400万円、子Cの使用借権が200万円、子Dの寄与分が600万円とした場合、子C及び子Dの相続財産の取得額はどのようになるのでしょうか。

相続財産：2,400万円
（法定相続分：妻B1/2＝1,200万円、子C1/4＝600万円、子D1/4＝600万円）
子Cの使用借権：200万円（特別受益）
子Dの寄与分：600万円

(2) 具体的相続分

上記(1)をもとに、相続開始時の相続財産に特別受益分を加え、寄与分額を控除してみなし相続財産を算出し、これを法定相続分で分けます。

みなし相続財産：2,400万円＋200万円（特別受益）－600万円（寄与分）＝2,000万円
妻B：2,000万円×1/2＝1,000万円
子C：2,000万円×1/4－200万円＝300万円
子D：2,000万円×1/4＋600万円＝1,100万円

(3) 最終取得分

みなし相続財産が決まったら、相続開始時の相続財産に具体的な相続分を乗じて現実に取得する額を計算します。

妻B：2,400万円×1,000/（1,000＋300＋1,100）＝1,000万円
子C：2,400万円×300/（1,000＋300＋1,100）＝300万円
子D：2,400万円×1,100/（1,000＋300＋1,100）＝1,100万円

(4) マイナスが発生した場合

計算過程でマイナスが存在する場合、残りの相続人が具体的相続分の割合に応じて控除し、最終的な相続分を確定させます。

① 相続財産
相続財産：2,400万円
（法定相続分：妻B1/2＝1,200万円、子C1/4＝600万円、子D1/4＝600万円）
子Cの使用借権：600万円（特別受益）
子Dの寄与分：1,000万円

② 具体的相続分
みなし相続財産2,400万円＋600万円（特別受益）－1,000万円（寄与分）＝2,000万円
妻B：2,000万円×1/2＝1,000万円

子C：2,000万円×1/4－600万円＝－100万円

子D：2,000万円×1/4＋1,000万円＝1,500万円

子Cのマイナス分を残りの相続人で分担します。

－100万円×1,000万円/（1,000万円+1,500万円）＝－40万円

妻B＝1,000万円－40万円＝960万円

－100万円×1,500万円/（1,000万円+1,500万円）＝－60万円

子D＝1,500万円－60万円＝1,440万円

③　**最終取得分**

妻B：2,400万円×960/2,400＝960万円

子C：0円

子D：2,400万円×1,440/2,400＝1,440万円

税務

1 子Cから亡Aに対する地代

法人等が所有する土地を他人に賃貸し、建物などを建てさせたときには、借地権が設定されたことになります。この借地権については、以下のいずれかに該当する場合は、権利金の認定課税は行われません（法法22条、法令137条、法基通13－1－1、13－1－2、13－1－7）。

①　権利金を収受している場合

②　相当の地代を収受している場合

③　借地に係る契約書に、将来借地人がその土地を無償で返還することが定められており、かつ「土地の無償返還に関する届出書」を所轄の税務署に提出している場合

ただし、親子間での土地の貸借では、無償の貸借であった場合でも、権利金の認定課税や贈与税の課税はありません。本事例のように、親子間の土地の貸借で、かつ権利の収受がなく地代も無償とする場合は、土地の使用貸借契約となります。土地の使用貸借契約では土地の使用権はゼロとして評価するため、土地の使用権を無償で取得しても権利金の認定課税や贈与税は課税されません。

2 特別受益の認定が相続税に与える影響

子Cの特別受益が認定された場合、遺産分割協議において子Cの具体的相続分

が減額されることとなり、相続税の計算に際し各人の負担額の計算に影響を与えます。

ただし、相続財産の評価額には影響を与えないため、相続税額の総額には影響しません。

不動産

土地と建物の所有権が異なる場合、建物を存続させるためには、通常、建物所有を目的とする「借地権」や「地上権」といった何らかの権利が必要となります。また、それらの権利の設定には、一時金の授受や地代の徴収が必要となります。地代についても、明らかに周辺相場の地代と比べて安価な場合は、借地権が認められない等、何かしらの問題が生じることがあります。

本事例においては、子である建物の所有者が、親である土地の所有者から土地の無償使用を許可されていたことが、特別受益に該当すると他の相続人から指摘を受けています。

通常、地代を徴収しない土地の無償使用については、「使用借権」とされることが一般的です。全くの他人から無償で土地の利用を許可された場合と異なり、本事例では親族間での使用借権であることから、無償で利用していたことが特別受益にあたるかどうかが、問われており、この特別受益については法律的な見解が分かれています。

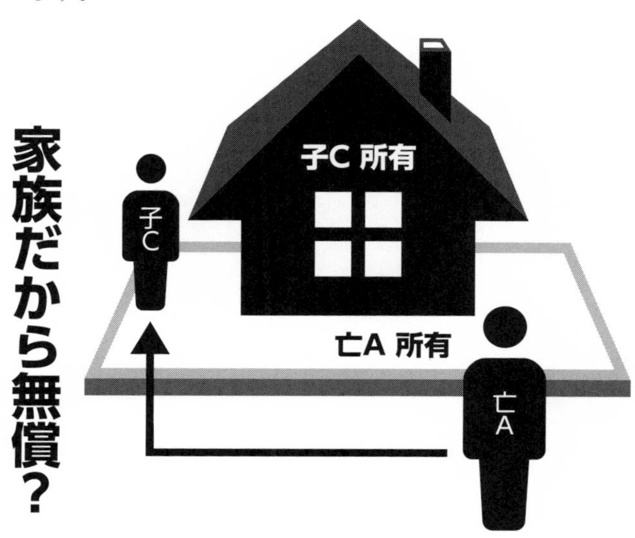

本事例で主張されている土地の無償使用が特別受益に該当すると解釈され、その特別受益が「使用借権」であると捉えた場合、この「使用借権」を評価するものとして、その価値について検討してみると、対象となる「使用借権」は、土地の利用による場所的、経済的利益であると考えられます。

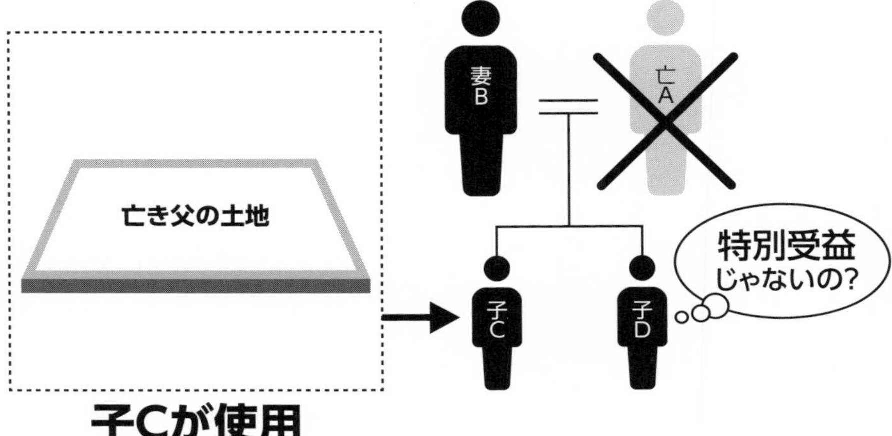

「使用借権」の評価については、その態様には賃借権に近いもの、一時使用的なもの、恩恵的なもの等、多種多様な形態があるため、一概に判断はできませんが、競売評価においては更地価格の10%と評価されることが多く、一般の鑑定評価においても、「使用借権」が不安定なものであることから、更地価格の０～10%程度が妥当なのではないかと考えられます。

3 マンションの相続をめぐる前妻の子と後妻の争い

Question　A（夫）とB（妻）は５年前からAが自宅を出る形で別居しており、離婚訴訟中であったが、突如Aが死亡した。Aの法定相続人はBのほか、Aと前妻との間の子であるCとDであるが、Aはすべての遺産はCとDに２分の１ずつ相続させるとの遺言を残していた。なお、Aの遺産は、

①　Bと居住していたマンションX（時価2,000万円。A名義。ただし、ローンはBと結婚する前に全額の弁済を終えている。）

②　Bと結婚してから購入した収益マンションY（時価2,400万円。持分はA７/10、B３/10。残ローン1,000万円はA死亡による団体信用保険で全額弁済済）

③　預金1,000万円

である。ただし、Aが亡くなる前１年間でC、Dにそれぞれ1,000万円ずつ、2,000万円がC、Dに贈与されている。

Bは、自身の遺留分が侵害されているとして不服に感じており、遺留分侵害額請求を予定している。Bは誰に対してどのような請求をすることができるか。

〈相続関係図〉

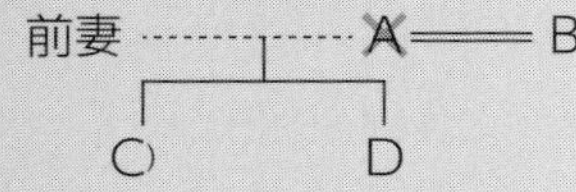

遺産をもらうことができなかったBとしては、CやDに請求をしたいですよね。

遺留分侵害額請求が認められたら、当然税金も変わってきますね。

本事例では時価が決まっていますが、実務上は時価をいくらと評価するかでもめるので、不動産鑑定士さんのお世話になることが多いですね。

そうですね。不動産鑑定は実勢を反映した価格を求めるので、活用していただくことが多いですね。

法務

1 離婚訴訟中の当事者の死亡

一般的には、民事訴訟において、当事者が死亡した場合、訴訟手続は中断し、相続人が受継しなければなりません（民訴法124条１項１号）。しかし、離婚訴訟は、係属中すなわち判決確定前に原告又は被告が死亡した場合には、当然に終了することになっています（人訴法27条１項、２項）。本事例では、Ａ死亡時にはＡ・Ｂ間の離婚は成立せず、Ｂは配偶者としてＡの相続人と扱われることになります。

2 ＣとＤに対する生前贈与をどのように扱うか

共同相続人の中に、被相続人から贈与を受けた者があるときは、贈与の金額を相続開始時の財産に加えた金額を遺産とみなすこととされています（民法903条１項）。もっとも、被相続人が贈与分の加算（持戻し）を行わないという意思表示を行った場合には、かかる持戻しを行う必要はなくなりますので（民法903条３項）、ＣとＤは、Ａによる贈与については持戻しを免除する意思表示があったと主張することが考えられます。しかし、遺留分算定の場面においては、持戻し免除の意思表示が推定されたとしても、贈与された額は遺留分算定の基礎となる財産額に算入され、遺留分侵害額請求の対象になるとされています（最判平成24年１月26日・集民239号635頁）。もっとも、無制限に贈与を受けた額が遺留分の算定基礎に算入されるわけではなく、相続人に対する贈与については相続開始前10年間（民法1044条３項）という制限が民法改正法（令和元年７月１日施行）で定められました。これに対し、相続人ではない者に対する贈与は相続開始前１年間に限られています（民法1044条１項）。ただし、いずれの場合も、当事者双方が遺留分権利者を害することを知って贈与がされた場合には、この限りではありません（民法1044条１項、３項）。

本事例では、ＣとＤは相続開始前10年以内に贈与を受けていますので、自分たちが贈与された金員について、相続開始時に存在した遺産に加算した上で遺留分侵害の有無を判断する必要があります。

3 遺留分侵害額請求

本事例においてＢは、侵害された遺留分に関し、誰に対してどのような請求ができるのか具体的にみていきましょう（遺留分については、**事例10**を参照してください。）。

(1)　みなし相続財産（注）の価額

マンションX：2,000万円

マンションY：2,400×７/10＝1,680万円

預金：1,000万円（相続開始時に存在したもの）＋2,000万円（C、Dに贈与されたもの）

＝3,000万円

合計：6,680万円

（注）　みなし相続財産とは、相続開始時に存在した遺産に、持戻しをすべき贈与等を加えた財産です。遺留分侵害の有無を判断する基礎となります。

(2)　侵害されたＢの遺留分額

6,680万円×１/２（民法1042条１項２号）×１/２（民法900条１号）＝1,670万円

(3)　Ｂの救済方法

平成30年民法改正以前は、遺留分を侵害された者は、遺留分を侵害する遺贈・贈与を「減殺」する意思表示を行うことで対象となる財産に対する物的支配権原を回復することとされていました。すなわち、遺留分減殺の意思表示を行うことで、その物が共有状態になってしまうこととされており、権利関係が複雑化し、解決に時間を要していました。しかし、民法改正後（令和元年７月１日施行）は、遺留分侵害額に相当する金銭の給付を目的とする債権を取得することになります（民法1046条１項）。そして、受遺者又は受贈者は、民法1047条の定めに従って、遺留分侵害額を負担することになります。

本事例においては、ＣとＤは相続分の指定により、同時に2,340万円（(2,000万円（マンションX）＋1,680万円（マンションYの７/10）＋1,000万円（預金））÷２）ずつ遺産を取得しています。**(2)**の1,670万円を2,340：2,340で割り付けると、835万円ずつになります。したがって、Ｂは、ＣとＤに対して835万円ずつを請求することができます（民法1047条１項２号）。

4 マンションXにかかる居住権

本事例の場合、BはすぐにマンションXを出て行かなくてはならないのでしょうか。このような場合、当該相続に適用されるのが改正前の民法か改正後の民法かで結論が異なりますので、注意が必要です。

(1) 平成30年民法改正前

BがマンションXを対象に遺留分減殺請求を行い、それが認められれば、BはマンションXの共有持分権者となりますので、占有権原を有することになります。Bは共有持分を有している限りにおいては、マンションXを明け渡す必要はありません。ただし、この場合でも、他の共有持分権者であるC及びDはBに対して、各自の持分に相当する賃料相当の不当利得返還請求ないし不法行為に基づく損害賠償請求をすることができます。

このような場合、共有状態が解消しない限り、CとDはBに対してマンションXの明渡しを求めることはできないのでしょうか。この点につき、遺留分侵害の有無及びその価額に争いがある場合、弁償すべき価格については裁判所の判断なくしては価額の弁償を現実に履行することも履行の提供をすることも不可能となりますが、かかる場合にまで価額弁償の主張がおよそ成立しないとすると、民法第1041条の趣旨を大きく損なうことになるうえ、訴訟経済上も極めて無益であるとして、侵害された遺留分の額を他の共有者が弁済することを条件として明渡しを認めた裁判例があります（東京高裁平成28年６月22日判決・判時2355号45頁）。この裁判例に従えば、C及びDは、Bに対してそれぞれ835万円ずつを弁済することを条件として、マンションXの明渡しを求めることができることになります。

(2) 平成30年民法改正後（令和２年４月１日以降）

民法改正後は遺留分侵害の有無にかかわらず、遺産である不動産が共有になることはありません。しかし、民法改正法においては、被相続人の財産に属した建物に相続開始時に無償で居住していた配偶者を保護するため、一定期間無償で居住をすることが認められています（一般的に２号配偶者短期居住権と呼称されています。民法1037条１項２号）。

本事例においては、Bは、相続開始時に無償でマンションXに居住していますので、２号配偶者短期居住権に基づき、C又はDが配偶者短期居住権の消滅を申し入れた日から６か月を経過する日までの間は無償で居住することができます。

税務

1 相続税法上の相続財産の範囲

相続税の計算においては、被相続人がその死亡時に所有する財産の他、その死亡前（相続開始前）３年以内に行われた贈与での贈与財産も含まれます（相法19条）。

すなわち、被相続人の死亡前３年以内において行われた贈与はなかったものとされ、贈与された財産は相続税の計算対象に含まれます。いわゆる110万円の基礎控除を下回っていて贈与税の対象とならなかった財産についても同様です。

ただし、贈与税の配偶者控除の対象となる贈与、直系尊属からの住宅取得資金贈与、教育資金贈与、結婚・子育て資金贈与など、３年以内の贈与でも相続税の対象とならない贈与（以下、相続税対象外の贈与といいます。）がありますので、贈与時に確認が必要です。

本事例では、Aの亡くなる前１年間で2,000万円がC、Dに贈与されていることから、当該贈与が相続税対象外の贈与でない限り、相続税の計算対象に含まれることになります。

2 団体信用保険の扱い

相続発生時に被相続人が負っていた債務は、相続財産から控除されます。これを債務控除といいます。

しかし、被相続人が団体信用保険に加入していた場合、被相続人の死亡により、住宅ローン等の借入残額相当額が保険会社から金融機関に直接支払われ、借入の返済が完了します。この場合、借入残額は債務控除の対象とならず、相続財産から控除しません。一方で、保険会社から金融機関に支払われる保険金（借入の残額相当額）も、相続税の課税対象にはなりません。本事例でも、収益マンションの残ローン1,000万円は団体信用保険にて全額返済されていることから、残ローンは債務控除の対象とならず、団体信用保険から支払われた保険金は相続財産となりません。

なお、この取扱いは、団体信用保険のように保険会社から直接金融機関へ支払われるものに限ります。本事例には該当しませんが、一般の生命保険のように、いったん相続人に対して保険金が支払われ、相続人がそれを原資として金融機関に住宅ローンを返済する場合は、原則どおり、生命保険金額を相続財産に含め、住宅ローン残高を債務控除することになります。

3 遺留分侵害額請求の扱い

相続税の申告期限までに、Bから遺留分侵害額請求がなされ、かつ弁償すべき金額が確定している場合は、侵害額請求を反映した相続割合で相続税申告書を作成し、申告期限までに申告・納税を行うことになります。

一方、相続税の申告期限までに遺留分侵害額請求がなされていない場合、又は侵害額請求がなされたが弁償すべき金額が確定していない場合には、遺言に記載された相続割合（CとDで２分の１ずつ）で相続税申告書を作成し、申告期限までに申告・納税を行うことになります。その後、遺留分侵害額請求の内容が確定した時点で、侵害額請求を反映した相続割合で相続税申告書を作成し、申告期限までに申告を行うことになります。この場合、Bは受け取る弁償金に応じて相続税を支払い、C及びDは同弁償金に応じて相続税の更正の請求を行うことになります。

なお、C及びDの更正の請求は、侵害額請求の確定を知った日の翌日から４か月以内に行う必要があります。通常の更正の請求より期間が短くなっているため、注意が必要です。

4 本事例での相続税の変動額

本事例の場合、BはCとDに対して835万円ずつを請求することができるため、Bが承継する相続財産の価額が1,670万円（835万円×２）増加し、CとDが承継する相続財産の価額がそれぞれ835万円ずつ減少します。

相続財産			みなし相続財産	B	C	D	計
マンションX	1	2,000	2,000		1,000	1,000	
マンションY	2	2,400	1,680		840	840	
預金	3	1,000	1,000		500	500	
預金（贈与）	4	2,000	2,000		1,000	1,000	
計	5（1～4計）	7,400	6,680		3,340	3,340	
法定相続割合	6 (B:C:D=1/2:1/4:1/4)			3,340	1,670	1,670	6,680
相続税の総額	7（6と下表から計算）			94	47	47	188
相続税の負担額	8（7合計を5の割合で按分）				94	94	
遺留分	9			1,670	△835	△835	
相続財産	10（5＋9）			1,670	2,505	2,505	

相続税の負担額	11（７合計を10の割合で按分）			47	70.5	70.5	

【平成27年１月１日以後の場合】相続税の速算表

法定相続分に応ずる取得金額	税率	控除額
1,000万円以下	10%	—
3,000万円以下	15%	50万円
5,000万円以下	20%	200万円
１億円以下	30%	700万円
２億円以下	40%	1,700万円
３億円以下	45%	2,700万円
６億円以下	50%	4,200万円
６億円超	55%	7,200万円

5 マンションの相続税評価額

相続税の計算においては、家屋の評価は固定資産税評価額とすることとされています。そのため、Aが所有するマンション（居住用マンションX、収益マンションY）の評価額は、その固定資産税通知書に記載されている固定資産税評価額を用います。

不動産

1 区分所有建物とは

(1) 鑑定評価基準上の定義

本事例では、「①居住していたマンションX」と「②収益マンションY」が遺産として挙げられています。

①は、不動産鑑定評価基準において、「区分所有建物及びその敷地（自用の建物及びその敷地)」として分類されており、分譲マンションの一室のことをいいます。

②は、一棟の賃貸マンションの場合と分譲マンションの一室を賃貸に供している場合が考えられますが、本件では、分譲マンションの一室を賃貸に供して収益物件としている、すなわち、区分所有建物及びその敷地（貸家及びその敷地）を前提とします。

区分所有建物及びその敷地とは、鑑定評価基準では「建物の区分所有等に関する法律第２条第３項に規定する専有部分並びに当該専有部分に係る同条第４項に規定する共用部分の共有持分及び同条第６項に規定する敷地利用権」と定義されています。つまり、区分所有建物及びその敷地は、「専有部分」、「共用部分」、「敷地利用権」から構成されています。

専有部分	住戸、事務所、店舗で構造上及び利用上の独立性を有している建物の部分
共用部分	廊下、階段等専有部分以外の建物の部分等
敷地利用権	建物の敷地に関する権利（所有権、地上権、賃借権）

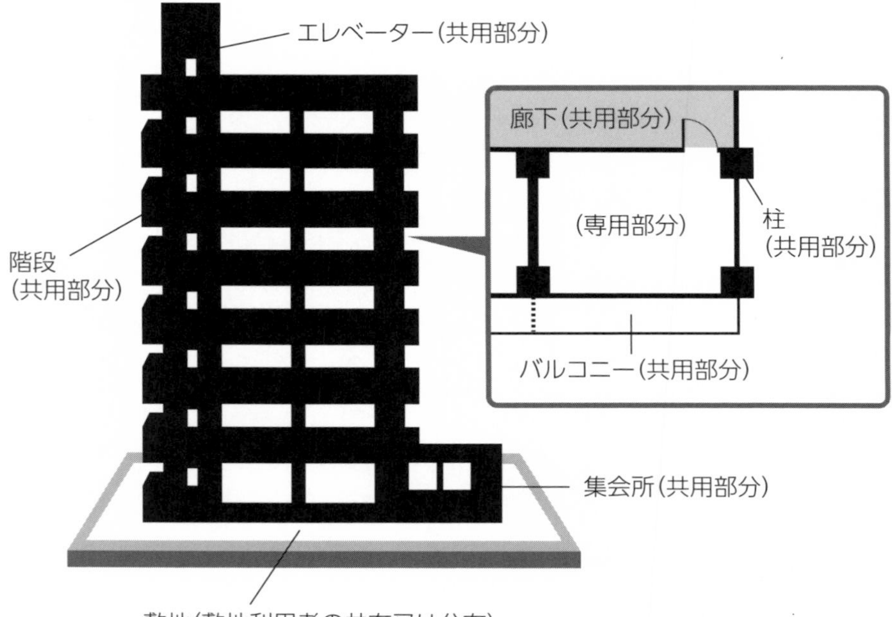

なお、ここでは、敷地については、上記のとおり、その敷地利用権の態様により所有権、地上権、賃借権に分けられますが、本事例では所有権（共有）を前提に解説します。

(2) 区分所有建物及びその敷地の細分化

区分所有建物及びその敷地は、その建物と敷地利用権について権利の態様により次のとおり細分化されます。

本事例は、下表のうち、①居住していたマンションは、建物は「自用」、敷地利用権は「所有権（共有）」、②収益マンションは、建物は「貸家」、敷地利用権は「所有権（共有）」に該当します。

建　物	敷地利用権	本件
自用（自己利用されている）	所有権（共有又は分有）	①
自用	借地権（定期借地権等）	
貸家（賃貸に供されている）	所有権（共有又は分有）	②
貸家	借地権（定期借地権等）	

2 区分所有建物及びその敷地の評価

区分所有建物及びその敷地の評価は、以下の手順（ i ⇒ ii ⇒ iii ）で行います。

i　資料の収集（請求）

所有者（依頼者）への主な請求資料

・管理規約（所有者が持っていない場合は管理組合へ問い合わせ）
・管理費、修繕積立金の金額がわかる資料（滞納の有無についての確認は必須）
・直近の課税明細書（固定資産税・都市計画税）
・専有部分の火災保険料がわかる資料
・その他所有者が負担している費用（共用部分の火災保険料、専用使用料(注)等）
・売買契約書や重要事項説明書
・管理組合の決算報告書

(注)　建物、土地及び施設の共用部分について、管理規約において専用使用する権利が認められている場合に当該権利の対価として支払う使用料をいいます。具体的には、建物の上層部部分においてセットバックした屋上（ルーフバルコニー）、専用庭等に対する使用料が挙げられます。

ii　現地調査

建物（一棟全体及び専有部分）の利用状況、維持管理の程度、リフォームの有無（専有部分）、専用使用部分等の確認

iii　各要因分析、試算価格の算出、鑑定評価額の決定

不動産の鑑定評価にあたっては、不動産の価格の三面性（費用性、市場性、収益性）に基づき、次の三手法を用いることとなっています。

費用性に基づく原価法による試算価格を積算価格、市場性に基づく取引事例比較法による試算価格を比準価格、収益性に基づく収益還元法による試算価格を収益価格といいます。

アプローチ		手法		試算価格
費用性（コスト）	⇒	原価法	⇒	積算価格
市場性（マーケット）	⇒	取引事例比較法	⇒	比準価格
収益性（インカム）	⇒	収益還元法	⇒	収益価格

上記の各手法により求められた各試算価格には、通常差異が生じますが、要因分析や手法適用において採用した資料の信頼度（実績値なのか想定値なのか、直近の成約事例なのか等）について再吟味を行い、さらに、対象不動産の権利の態様（自用なのか貸家なのか）、取引当事者（特に主たる需要者は誰なのか、個人？法人？投資家？）等を考慮した上で、各試算価格の説得力に応じた調整を行うことにより鑑定評価額を決定することとなります。

3 評価にあたっての留意事項

評価に際しては、細かい注意点はいろいろとありますが、管理規約を必ず確認（売買契約書や重要事項説明書は管理規約に基づき作成されているため管理規約で確認する方がより確実です。）しなければなりません。主に次の点に注意しなければなりません。

(1) 面積について

面積は、内法面積と壁芯面積の２つがあります。

まずは、対象不動産の採用面積がどちらの面積を採用しているかを確認することが必要です。

また、取引事例比較法の適用にあたっては、実際の取引価格の単価を採用することが一般的であることから、当該単価がどちらの面積に基づくものであるかは確認しなければいけません。

・内法面積⇒不動産登記法上の面積
・壁芯面積⇒販売パンフレット、賃貸面積

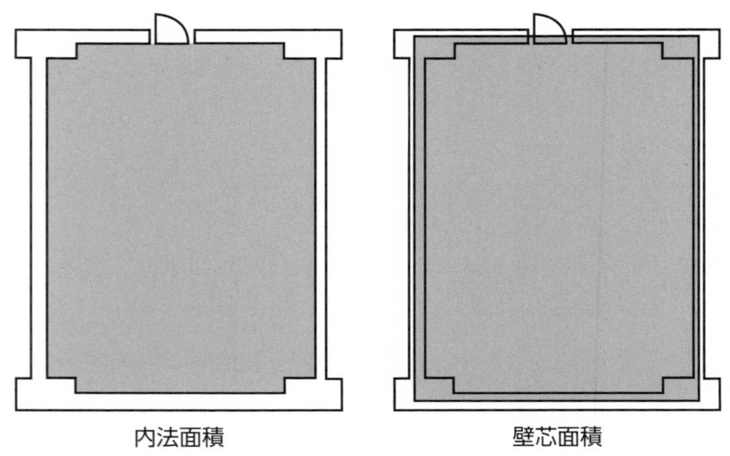

⑵ 専用使用権

専用使用権は法定共用部分（構造上、区分所有者全員又はその一部の共用に供される建物の部分）と規約共用部分（本来区分所有権の目的とすることができる建物の部分で、規約により共用部分とされた建物の部分）の一部について、区分所有者間の合意を基礎に、特定の区分所有者が優先的かつ専属的に使用することができる権利であり、マンションの資産価値に大きく影響することになります。

したがって、評価にあたっては、管理規約を確認し、その位置、利用形態、範囲、使用期間、有償か無償かの別などを把握しなければなりません。

専用使用が認められている住戸（特に、バルコニーが他の住戸に比べて広い、屋上テラス（ルーフバルコニー）について専用使用権が認められている等、個別性が強い住戸）については、希少性が高く資産価値に大きく影響することがあります。

鑑定評価にあたっては、専用使用権を各手法の適用において考慮することになることから、上記各項目（位置、利用形態、範囲、使用期間、有償か無償かの別など）を管理規約にて確認・把握することが特に重要となります。

共用部分		
法定共用部分	規約共用部分	専用使用部分
階段、廊下、壁、エレベータ室など	管理人室、集会室、物置、倉庫、ゲストルームなど	バルコニー、屋上テラス、専用庭、玄関扉、窓枠など

⑶ 管理費及び修繕積立金等

管理費及び修繕積立金は、資産価値に大きく影響するものであることから、その金額、滞納の有無、管理組合の過去の決算書、大規模修繕計画書は重要な確認事項となります。

なお、鑑定評価にあたっては、昨今のマンション価格の高騰に留意し、需給バランス、主たる需要者の属性と資金力を慎重に分析し、安易に単価にとらわれることなく、市場における総額の中心価格帯に特に留意しつつ（単価と総額の関係）、適正な鑑定評価額の決定に努めなければなりません。

最後に、マンションの評価にあたっては、管理規約に対象不動産の範囲、費用負担などの重要な事項が記載されているため、確認資料として必要不可欠となりますので、必ず所有者若しくは管理組合に請求するようにしましょう。

4 共有の収益不動産を相続した場合

Question Aが死亡し、相続人はAの妻Bと、A・Bの子であるCとDである。Aは土地（自宅、貸地、市街化調整区域内の農地）を多数所有している。そのうち、自宅はA名義だが、貸地と農地はAの姉であるEとの共有になっており、単独で処分することができない。Aの遺産のほとんどは不動産が占めており、現預金はほとんどないため、B、C、Dは相続税を支払うための現金を用意することができない。

なお、Eは、共有不動産は先祖代々の土地であるとして、売却に同意しないにもかかわらず、共有不動産から得られる賃料収入は全額自分が収受している。B、C、Dはどのようにすればよいか。

〈相続関係図〉

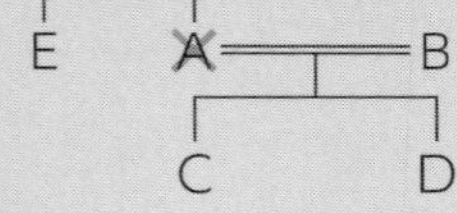

まずは相続税を下げるための工夫と、支払うための資金捻出が問題ですね。

でも共有不動産だともめることも多いので、まずは共有を解消できないか検討が必要だと思います。

そもそも共有不動産だと売却が難しいですね。

法務

1 共有不動産の管理

Ｂ、Ｃ及びＤはＥとの共有不動産をどのように管理することになるのか、まず検討してみましょう。

共有物の変更・処分については、共有者全員の同意が必要になります（民法251条）。例えば、土地の地目変更などがこれに当たります。

共有物の管理行為については、共有者の持分価格の過半数で決することになります（民法252条本文）。例えば、共有物の賃貸借の解除などがこれに当たります。

共有物の保存行為、例えば、修繕などは、各共有者が単独で行うことができます（民法252条ただし書）。

本事例では、B、C及びDは、持分の割合によっては、共有物の変更・処分及び管理行為が自由にできないことになります。

2 賃料相当額の請求と共有物分割

Ｂ、Ｃ及びＤはどのような手段をとり得るでしょうか。

⑴　Ｅに対する賃料相当額の請求

Ｂ、Ｃ及びＤは収益不動産の共有持分をＡの相続により取得していますので、持分に応じた賃料を収受する権利を有します。そうであるにもかかわらず、Ｅは共有不動産から得られる賃料のすべてを単独で収受しているということですので、Ｂ、Ｃ及びＤはＥに対し、自身が所有する持分に応じた収益を不当利得返還請求権ないし不法行為に基づく損害賠償請求権に基づき、請求することができます（最判平成12年４月７日・判タ1034号98頁）。また、賃料債権は可分なので、賃借人に相続分相当額を直接請求することも考えられます。

⑵　共有物分割

持分に応じた賃料を収受することでもいいですが、Ｅとかかる協議ができないという場合、Ｅと共有関係を解消することが考えられます。

協議により共有を解消する場合、持分を譲渡したり、交換したりすることが考えられます。交換の場合には税務上の特例が利用できる場合があります。

共有者間で共有関係の解消のため協議が調わない場合には、共有者は、その分割を裁判所に請求することができます（民法258条１項）。共有物分割訴訟を提起した場合、判決により、①現物分割、②競売（不動産の売却代金を分配する）、③価格賠償による分割（不動産を特定の者の所有物とし、他の共有者には金銭が支払われる）をせよとの判断がされることになります。

どの分割方法が選択されるかは裁判所の裁量ですが、①現物分割を原則としつつも、現物で分割することが不可能であるか、又は、現物で分割することによって著しく価格を損じるおそれがあるときは、②競売又は③価格賠償による分割の方法が採用されます。③価格賠償は、共有物の性質及び形状、共有関係の発生原因、共有者の数及び持分の割合、共有物の利用状況及び分割された場合の経済的価値、分割方法についての共有者の希望及びその合理性の有無などの事情を総合的に考慮し、当該共有物を共有者のうちの特定の者に取得させるのが相当であると認められ、かつ、その価格が適正に評価され、当該共有物を取得する者に支払能力があって、他の共有者にはその持分の価格を取得させることとしても共有者間の実質的公平を害しないと認められる特段の事情が存するときに採用されることになります。

なお、本件では、Ｂ、Ｃ及びＤの間で遺産分割協議が未了の場合、遺産共有持分と他の共有持分とが併存することになりますが、このような場合であっても、Ｅとの共有持分の解消のために、共有物分割訴訟を提起することは可能です（最判平成25年11月29日・判タ1396号150頁）。

税務

1 相続税を節税する観点からの評価額

相続財産の大半を不動産が占める場合、不動産の相続税評価額をいかにして下げるかが相続税を節税するための重要なポイントとなります。

⑴　相続税評価方法の検討

不整形地、地積規模の大きな宅地、セットバックを必要とする宅地、借地借家権付土地建物、整地費用、土盛費用、土止費用など、相続税評価額を下げることができる計算規定を余すところなく適用します。

⑵　不動産鑑定評価の活用

財産評価基本通達による評価額よりも、不動産鑑定評価額による方が評価額を下げることが可能な場合は、不動産鑑定評価の取得に係る手数料と節税効果を勘案し、不動産鑑定評価を活用します。

⑶　分筆の活用

土地を相続人間で分筆することで土地の形状を変え、相続税評価額を下げることが可能です。この方法は、相続発生後であっても、相続税の申告期限までに分筆を行うことで相続税評価額を下げることが可能です。

ただし、分筆には測量や登記費用などがかかること、境界の確定・遺産分割・分筆登記にはかなり時間を要すること、相続税の節税のみを目的とした不合理な分筆にならないこと（税務当局から否認される可能性があります。）など、慎重に検討する必要があります。

⑷　農地の相続税の納税猶予の活用

相続財産である土地が市街化調整区域に存在する場合、又は生産緑地である場合で、相続人が引続き相続した農地で農業を営む場合は、農地の相続税の納税猶予の特例を受けることが可能です。ただし、当該特例はあくまで相続税の納税「猶予」であり、免除を受けるためにはさらに厳しい要件が定められていることから、適用に際しては十分に検討する必要があります（措法70条の６）。

農地の相続税の納税猶予を受けるための要件は、以下のとおりです。

①　被相続人の要件

死亡の日まで農業を営んでいた人、農地等の生前一括贈与をした人など

②　農業相続人の要件

相続税の申告期限までに農業経営を開始しその後も引き続き農業経営を行うと認められる人など

③　農地の要件

次のいずれかに該当するものであり、相続税の期限内申告書にこの特例の適用を受ける旨が記載されたものであること。

- 被相続人が農業の用に供していた農地等で相続税の申告期限までに遺産分割されたもの
- 被相続人から生前一括贈与により取得した農地等で被相続人の死亡の時まで贈与税の納税猶予又は納期限の延長の特例の適用を受けていたもの

④　必要な手続

相続税の申告書に所定の事項を記載し期限内に提出するとともに、農地等納税猶予税額及び利子税の額に見合う担保を提供することが必要です。

申告書には相続税の納税猶予に関する適格者証明書や担保関係書類など一定の書類を添付することが必要であり、これらの書類の準備にはかなり時間を要するため、注意が必要です。

また、納税猶予を受けた農地について、譲渡した場合、農業経営を廃止した場合、３年ごとに提出が求められる継続届出書の提出がなかった場合などには、納税猶予を受けた相続税額及び利子税を納付しなければならなくなりますので、注意が必要です。

⑸ 延納

金銭で納付することを困難とする事由がある場合には、納付が困難である金額を限度として年賦で納付を行うことが可能です。これを相続税の延納といいます（相法38条以下）。

延納を申請する要件は以下のとおりです。

① 相続税額が10万円を超えること。

② 金銭で納付することを困難とする事由があり、かつ、その納付を困難とする金額の範囲内であること。

③ 延納税額及び利子税の額に相当する担保を提供すること。ただし、延納税額が100万円以下で、かつ、延納期間が３年以下である場合には担保を提供する必要はありません。

④ 延納申請に係る相続税の納期限又は納付すべき日（延納申請期限）までに、延納申請書に担保提供関係書類を添付して税務署長に提出すること。

⑹ 物納

延納によっても金銭で納付することを困難とする事由がある場合には、その納付を困難とする金額を限度として一定の相続財産による物納が認められています（相法41条）。

物納を申請する要件は以下のとおりです。

① 延納によっても金銭で納付することを困難とする事由があり、かつ、その納付を困難とする金額を限度としていること。

② 物納申請財産は、納付すべき相続税額の課税価格計算の基礎となった相続財産のうち、次に掲げる財産及び順位で、その所在が日本国内にあること。

第１順位　不動産、船舶、国債証券、地方債証券、上場株式等

第２順位　非上場株式等

第３順位　動産

③ 物納に充てることができる財産は、管理処分不適格財産に該当しないものであること及び物納劣後財産に該当する場合には、他に物納に充てるべき適当な財産がないこと。

④ 物納しようとする相続税の納期限又は納付すべき日（物納申請期限）までに、物納申請書に物納手続関係書類を添付して税務署長に提出すること。

物納は、あくまで「現金での納付が困難な金額について、物納に適した財産（物納適格財産）について認められる」と考えておいた方が無難です。

「現金での納付が困難な金額」についても、相続人の手持ち現預金だけでなく、相続人の収入などから総合的な納付資力を算出し、年賦によってもなお納付が困

難な部分として計算されますので、物納が選択可能か否かは慎重に検討すべきです。

2 不動産の売却

相続税の納税資金確保のため、不動産を売却することも選択肢として考えられますが、不動産を売却すると譲渡益に対して譲渡所得税がかかりますので、慎重に検討する必要があります。

(1)　譲渡所得税

不動産の売却益に対し、15％の譲渡所得税（他に0.315％の復興特別所得税、５％の地方税）がかかります。なお、譲渡した年の１月１日現在の不動産の所有期間が５年以下である場合は、30％の譲渡所得税（別途、0.63％の復興特別所得税、９％の地方税）となります。

この譲渡所得税は、相続で不動産を取得して相続税を支払った後でも、関係なく課せられますので、注意してください。

(2)　相続税の取得費加算

相続により取得した財産を、相続開始のあった日の翌日から相続税の申告期限の翌日以後３年を経過する日までに譲渡した場合、支払った相続税の一部を譲渡原価に加算することが可能です。この制度を相続税の取得費加算の特例といいます（措法39条）。

この取得費加算の特例は、譲渡所得税に係る所得税の確定申告書に必要書類を添付することが適用要件となっているため、必要書類を添付せずに所得税の確定申告をすると、後で相続税について更正の請求ができなくなりますので、注意が必要です。

不動産

1 自宅、貸地の評価

Ⅰ　自宅の評価

⇒事例19参照

Ⅱ　貸地の評価

⇒事例22参照

2 共有持分の売却

近年、我が国における少子高齢化社会への急速な進展は、本事例のような「相続」という形で私達の日常生活の中で、「トラブル」として遭遇するケースが少なくありません。

本事例では、Ａは多数の土地をＡの姉Ｅと共有により所有しているため、相続人Ｂ、Ｃ、Ｄが売却しようとしてもその同意が得られず、共有不動産の売却による現金化が困難な状況となっています。

それでは、自らの共有持分のみを売却することはできるのでしょうか。結論から申し上げると共有持分のみを売却することは可能ですが、一般的に共有不動産の持分については、市場価値が低く評価されることとなります。購入検討者は、購入（投資）対象としての危険性、非流動性、管理の困難性、資産としての安全性について吟味のうえ最終的な購入意思を決定することになります。共有不動産は、単独所有とするための権利調整とその期間、資金調達等のリスクが大きく、また、専門知識も必要とするためエンドユーザーが需要者となることはありません。このような共有不動産は、需要者が、転売することを目論む不動産業者に限定されることから市場価値が低くなってしまう、すなわち、売買価格が低くなります。

実際の共有持分の売買価格については、保有リスクが大きいため、単なる持分割合相当額では売買されることはありません。例えば、3,000万円の土地について、２分の１の共有持分を売却したい場合、1,500万円の持分相当額から50％程度の減額や、権利関係や親族間の状況等によってはそれ以上の減額がなされるケースも少なくはないことから、共有持分の売却による現金化は、相続人が選択する手段としての優先順位は低くなるものと思われます。

3 最有効使用の判定

次に、上記は売却をテーマとしておりますが、同様の相続財産に関連した論点としましては、保有財産の有効活用に関するご相談が年々増加しています。

保有財産、特に土地に関しては、小規模住宅用地の特例に代表される節税効果を享受できることから、不動産会社各社が駐車場利用されている土地の所有者へ共同住宅の建設を提案するケースがよくみられますが、できあがった共同住宅が違法物件であったというのは皆さんの記憶に新しいニュースかと思います。

ここでは、本事例の共有不動産が賃貸借に供されているということですので、不動産鑑定士として、対象不動産の最有効使用という切り口から本事例の不動産が有効に活用されているかの留意点について触れたいと思います。

不動産鑑定士は、不動産の鑑定評価を行う際に、対象不動産の「最有効使用」を必ず判定します。不動産鑑定評価基準によると、最有効使用とは、「不動産の価格は，その不動産の効用が最高度に発揮される可能性に最も富む使用をいい、現実の社会経済情勢の下で客観的にみて、良識と通常の使用能力を持つ人による合理的かつ合法的な最高最善の使用方法に基づくものである。」とされており、さらに「なお、ある不動産についての現実の使用方法は、必ずしも最有効使用に基づいているものではなく、不合理な又は個人的な事情による使用方法のために、当該不動産が十分な効用を発揮していない場合があることに留意すべきである。」と続けています。

本事例の場合、相続財産は複数の土地となりますが、その利用方法を確認することがまず必要となります。

近年、周辺で駐車場利用（一時利用、月極）している土地を見ることが多いですが、中長期的観点から不動産の効用を最高度に発揮している使用か否かを検討した場合、駐車場利用は最有効使用とは言い難いケースが多く、不動産鑑定評価上、最有効使用とは認められていません。

大規模な土地については、本事例では、賃料収入が大きくなることから、最有効使用の判定が特に重要となります。住宅地、路線商業地、商業地について代表的なケースを紹介すると以下のとおりです。

① 住宅地の場合

ロケーション：最寄駅まで徒歩10分以内の戸建住宅、マンションが混在した選好性の強い住宅地域で、周囲には大学やスーパーなどの店舗も見られることから生活利便性が認められる。

面積：3,000m^2

最有効使用の検討：大学生や単身者のみならず、ファミリー層からの賃貸需要も認められる選好性の強いエリアに位置しており、面積も3,000㎡であることから賃貸マンションの利用が最適と判断。

最有効使用の判定：マンションの敷地

② **路線商業地の場合**

ロケーション：高速道路ICに近い主要幹線道路沿道に物流施設、路線型店舗が混在した地域で、近畿圏内の要衝地として高速交通インフラの整備が進められており交通利便性が認められる。

面積：3,000㎡

最有効使用の検討：近畿圏の要衝地として物流施設としては最良の立地である。しかし、当該用途を前提とした場合、規模がやや小さいことから効用を十分に発揮できない。周辺には、コンビニエンスストア、飲食店舗などの路線型店舗が見られ、立地性、規模を考慮した結果、店舗利用が最適と判断。

最有効使用の判定：店舗の敷地

③ **商業地の場合**

ロケーション：中心市街地に位置し、旧来から金融機関、官公庁及び事務所が集積する県内を代表するオフィスエリアの中心。近年、インバウンド効果により観光産業が活況を呈しており、老朽化した事務所ビルの跡地利用としてホテル建設が多く見られ、今後供給過多になることも予測される。オフィスマーケットは供給量の低下により需給バランスが逼迫している状況が続いている。

面積：1,000㎡

最有効使用の検討：現状のみを踏まえると最有効使用をホテルとすることも考えられる。しかし、オフィスエリアの中心地として位置づけられていること、オフィスマーケットの状況、ホテルの立地動向、対象不動産の規模等を総合的に勘案した結果、事務所ビルとしての利用が最適と判断。

最有効使用の判定：事務所ビルの敷地

不動産の現実の使用方法は、前記のとおり、必ずしも最有効使用に基づいているものではなく、不合理な又は個人的な事情による使用方法のために、当該不動産が十分な効用を発揮していない場合があります。

最有効使用の判定にあたっては、中心となる需要者の属性（資金力、実績等）に留意しつつ、地域の課題を分析し、そのニーズを的確に把握することが重要であり、目先の流行にとらわれることなく中長期安定的な利用方法を判定することとなります。

本事例では、まず、保有不動産について最有効使用を判定することにより、借地の場合は、現状の賃料と最有効使用に基づく賃料との乖離の把握が可能となり、また、その乖離について将来増額や減額の交渉が必要となるかなどの把握・準備が可能となります。

高齢化が進む中、まずは現状を把握し、いずれ来る相続時に困らないように、相応の賃料収受が実現しているかを再度確認し、納税に対する準備をしておくことが肝要です。

5 農地の相続

Question Aは農業を営んでおり、農地を複数所有し、賃借している。Aの妻はすでに亡くなっているが、子２人は健在である。長男ＢはＡと一緒に農業を営んでいるが、長女Ｃは、会社員として就職し、結婚してＡらとは疎遠の状態が続いている。長男Ｂに農地を譲渡するにはどうすればよいか。

〈相続関係図〉

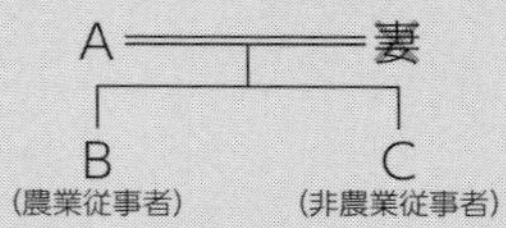

農地の鑑定評価では、農地としての評価額の他に、宅地として転用可能か否かも評価額に大きな影響を与えるので注意が必要です。

宅地として転用可能な場合などは、農地の相続税評価額が、想定よりも大幅に高くなる場合がありますので、注意が必要です。

農地の相続においては、相続の手続とは別に農地法上の手続が必要ですので、注意しましょう。

法務

1 農地の権利移転の原則

農地は、通常の宅地などとは異なり、権利移動等につき、農業政策上の観点からいくつか制限があります。

農地の所有権などを移転させる場合、農業委員会の許可が必要です（農地法３条）。取得予定者が農作業に常時従事しているか、法人の場合、農地所有適格法人といえるかなど一定の条件を満たさなければ取得できません。農地を農地以外にするために取得する場合、上記条件とは異なり、立地基準や信用調査などの一般基準などの条件を満たして、都道府県知事等の許可を得ることが必要になります（農地法５条）。

なお、農地に関する地図などは、インターネット上の「全国農地ナビ」に掲載・公表されています。

2 生前贈与・遺産分割

農地を生前に贈与する場合、農地法上の許可が必要になり、受贈者が農業従事者であるなど農地法３条２項の条件を満たす必要があります。しかし、農地を相続で取得する場合、権利の移転に当たりますが、農業委員会の許可などの要件は不要であり、農業従事者でなくても取得できます。ただし、農地の相続については遅滞なく届出が必要です（農地法３条の３）。「遅滞なく」とはおおむね10か月としており（農地法関係事務に係る処理基準について（平成12年６月１日付12構改B第404号農林水産事務次官依命通知　別紙１第５⑵参照））、農地だけでも先に分割できるように心がけましょう。

本事例で遺産分割を行う場合、長女Ｃが農地の取得を望む場合や、長男Ｂと代償金の額や感情の対立で、農地の取得までに紛争が長期化する可能性があります。したがって、Ａは、なるべく遺言などで長男Ｂに承継させる方が望ましいでしょう。

3 遺贈

(1) 包括遺贈

遺贈者が特定の財産を定めず、第三者に遺贈する場合（「全財産を○○に遺贈する。」）、相続と同等の扱いになりますので、農地委員会の許可は不要です。相続する場合と同等に届出を行えば足ります（農地法施行規則15条５号）。

(2) 特定遺贈

遺贈者が農地を特定して第三者に遺贈する場合(「○○(農地)を○○に遺贈する。」)、贈与と同等に扱いますので、農地委員会の許可が必要です。ただし、法定相続人に特定遺贈させる場合、平成24年の農地法施行規則(省令)の改正により、権利の承継とも評価できるので、農地委員会の許可が不要になりました(農地法施行規則15条5号)。

税務

1 農地の相続税評価額

農地は、その種類により評価方式が異なります。

農地の種類		評価方式	
		宅地比準方式	倍率評価方式
市街地農地	下記以外	○	
	生産緑地		○
市街地周辺農地	下記以外	○	
	生産緑地		○
中間農地			○
純農地			○

2 市街地農地

(1) 市街地農地とは

市街地農地とは、以下のいずれかに該当するものをいいます(財評通36－4)。

① 農地法に規定する転用許可を受けた農地

② 市街化区域内にある農地

③ 農地法等の規定により、転用許可を要しない農地として、都道府県知事の指定を受けたもの

市街地農地のうち、多くは②に該当します。市街地農地か否かは、市役所や区役所に問い合わせることで調べることができます。

(2) 市街地農地の評価方法

市街地農地は、宅地比準方式により評価します。これは、宅地とみなした評価額から、農地を宅地に転用する場合の造成費等を差し引いて評価額とする方法です。

宅地比準方式の評価額 ＝ 宅地の評価額 － 農地から宅地へ転用する造成費等

農地から宅地へ転用する造成費等は、国税庁が年別・都道府県別に計算方法を定めており、路線価図・評価倍率表のウェブサイトから閲覧することができます。

なお、市街地農地であっても、生産緑地として自治体から指定を受けている場合は、倍率評価方式になります。

3 市街地周辺農地

(1) 市街地周辺農地とは

市街地周辺農地とは、第三種農地（鉄道の駅から300m以内又は用途地域内にある農地等、市街化が進んでいる区域の農地）、又は近隣の売買実例等から第三種農地に順ずると認められる農地をいいます（財評通36－３）。

(2) 市街地周辺農地の評価方法

市街地農地と同様の評価を行いますが、宅地比準方式の評価額×0.8の金額をもって評価額とすることができます。

生産緑地の指定を受けている場合は、倍率評価方式により評価します。この場合、宅地比準方式と異なり、0.8を掛けた評価額にはなりません。

4 中間農地、純農地

(1) 中間農地、純農地とは

中間農地とは、第二種農地（鉄道の駅からおおむね500m以内等、市街化が見込まれる区域の農地）、又は近隣の売買実例等から第二種農地に準ずると認められる農地をいいます（財評通36－２）。

純農地とは、農用地区域内（自治体が長期にわたり農業利用する土地として定めた地域）にある農地、市街化調整区域内にある農地で第一種農地（10ha以上の集団農地内にある農地、土地改良事業の施行区域内にある農地等）又は甲種農地に該当するものなどをいいます（財評通36）。

(2) 中間農地、純農地の評価方法

中間農地及び純農地は、倍率評価方式により評価します。

5 農地の納税猶予の特例

農地を相続する場合、特定の要件を満たすことで、農地に係る相続税の納税が猶予されます。

(1) 納税猶予の要件

① 被相続人が農業の用に供していた農地等で相続税の申告期限までに遺産分

割されたもの

② 被相続人が特定貸付けを行っていた農地又は採草放牧地で相続税の申告期限までに遺産分割されたもの、等

⑵ 被相続人の要件

① 死亡の日まで農業を営んでいた人

② 死亡の日まで特定貸付けを行っていた人相続人が農業の用に供していた農地等で相続税の申告期限までに遺産分割されたもの、等

⑶ 相続人の要件

① 相続税の申告期限までに農業経営を開始し、その後も引き続き農業経営を行うと認められる人

② 相続税の申告期限までに特定貸付けを行った人、等

⑷ 猶予の特例を受けるための手続

相続税の申告書に必要事項を記載して、相続税の申告期限内に提出する必要があります。

また、猶予される税額及びその利子税額に見合う担保を提供する必要があります。

申告書には、相続税の納税猶予に関する適格者証明書や担保関係書類など一定の書類を添付することが必要です。特に適格者証明書は、農業委員会へ必要資料を揃えて申請し、農業委員会の承認が必要になりますので、時間的な余裕をもって手続を行うことが必要です。

不動産

1 農地の評価

農地を相続する場合は、宅地と同様に相続税が課税されます。農地は宅地と比べ、評価における単価は低くなりますが、面積が大きくなるため、総額が嵩み、相続税は思った以上に高額になることがあります。

農地の相続税の評価は、農地法などにより宅地への転用が規制されており、また、農地が存する地域によって地価は大きく異なるため、次の４種類に分けられます。

(1) 純農地

(2) 中間農地

(3) 市街地周辺農地

⑷ 市街地農地

農地は、農地法、農業振興地域の整備に関する法律、都市計画法との関係に基づいて区分されます。

【都市計画法】

対象となる農地が都市計画法上、どのような地域に存するかによって、その取扱いは異なります。農地の存する地域が、市街化区域なのか、市街化調整区域なのか、都市計画区域外なのか等を調査する必要があります。

都市計画法については、市町村役場の都市計画課等で調査が可能です。役所の窓口に行き、農地の所在がわかる住宅地図や登記簿などを持参すれば、すぐに教えてもらえます。

【農地法】

農地法でいう「農地」とは、「耕作の目的に供される土地」をいいます。この場合、「「耕作」とは土地に労費を加え、肥培管理を行って作物を栽培することをいい、「耕作の目的に供される土地」には、現に耕作されている土地のほか、現在は耕作されていなくても、耕作しようとすればいつでも耕作できるような、すなわち、客観的に見てその現状が耕作の目的に供されるものと認められる土地（休耕地、不耕作地等）も含まれる。」とされています。

したがって、農地とは、現在の状態で判断され、農地法の適用を受ける土地は農地と判断されることになります。

農地法では、個人や法人が農地を売買または貸借する場合に、農業委員会等の許可が必要となることや、農地を宅地に転用する際に許可が必要となることなどが定められています。

① 農地法３条許可

農地の全部又は一部を、「農地として」売買、贈与、賃貸借、使用貸借等をする場合は、農地法３条の「許可」が必要となります。この「許可」がないと、農地の権利の移転、設定等はできず、「許可」を得ないまま農地の売買を行い、売買契約を締結したとしても、その売買契約の効力は生じません。また、農地を「農地として」売買、贈与、賃貸借、使用貸借等をする場合の許可になることから、買受人等は農業従事者であることが条件となります。

一方、相続により農地を取得した場合は、「許可」ではなく、「届出」が必要となります。相続による「届出」は平成21年に農地法が改正され、必要となりましたので、注意してください。

この「許可」や「届出」は、その農地の所在する市町村の農業委員会へ申請します。

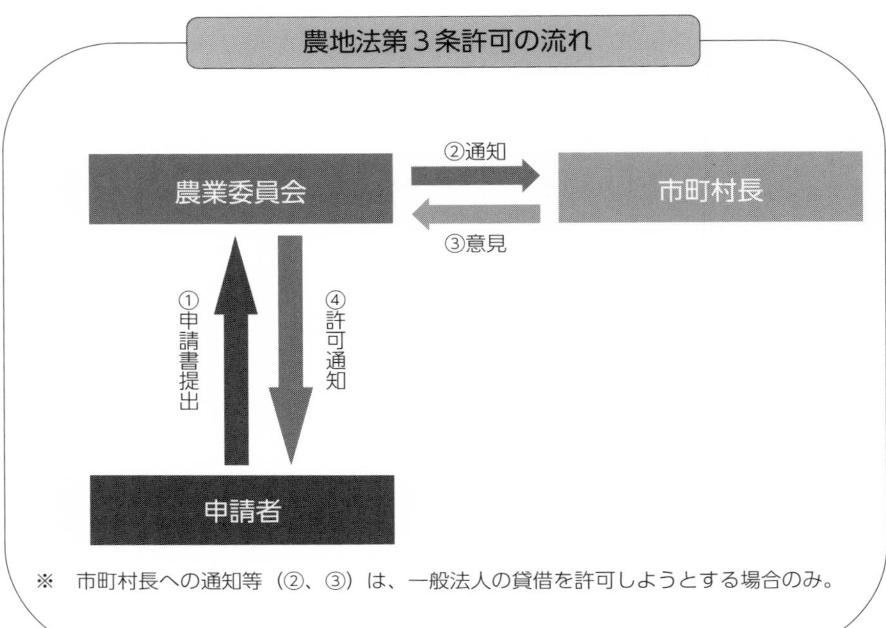

② 農地法４条許可

農地の所有者自らが農地を農地以外のものにする場合（転用）は「許可」が必要となります。農地の転用をしようとする場合には、必ずその行為を行う前に都道府県知事の「許可」を受けるか、農業委員会への「届出」をしなければなりません。この「届出」は、転用する農地の所在地が、市街化調整区域内か市街化区域内かで手続が異なります。

① 30a以下の農地を転用する場合

② 30aを超える農地を転用する場合

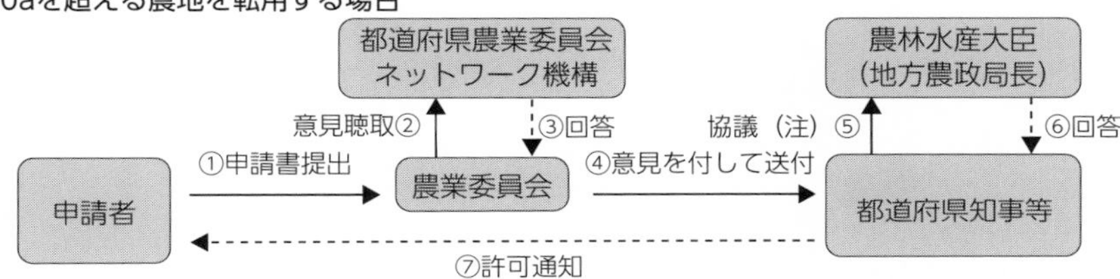

（注）4haを超える農地を転用する場合には、農林水産大臣との協議が必要

③ 農業委員会への届出（市街化区域内農地の転用）

申請者 →①届出書提出→ 農業委員会
←②受理通知

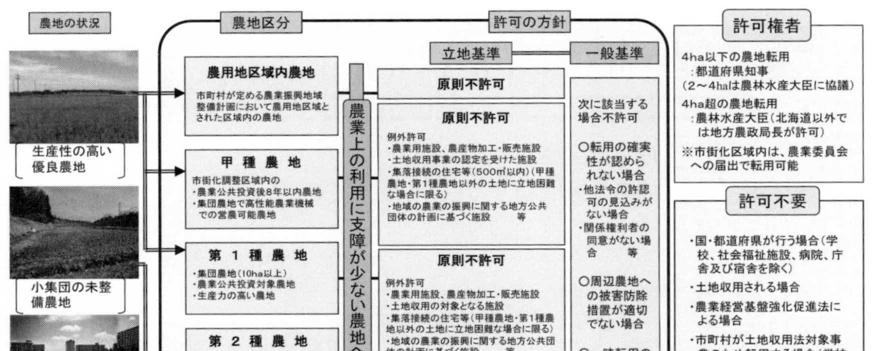

（出典：農林水産省『農業振興地域制度、農地転用許可制度等について』）

③ 農地法5条許可

農地を農地以外のものにするため、権利を設定し、又は移転する場合には、都道府県知事等の「許可」が必要となります。農地を売却し、その農地を宅地等へ転用する場合などは、この「許可」が必要です。また、売却する農地の所在地が、市街化調整区域内か市街化区域内かで手続が異なります。

【農業振興地域の整備に関する法律】

農業振興地域の整備に関する法律（農振法）は、農業の健全な発展を図るため、土地の自然的条件、土地利用の動向、地域の人口及び産業の将来の見通しなどを考慮し、農業振興地域を定めることを目的とした法律です。この法律によって「農業振興地域」を定め、その区域内の農地について「農用地区域」を指定します。

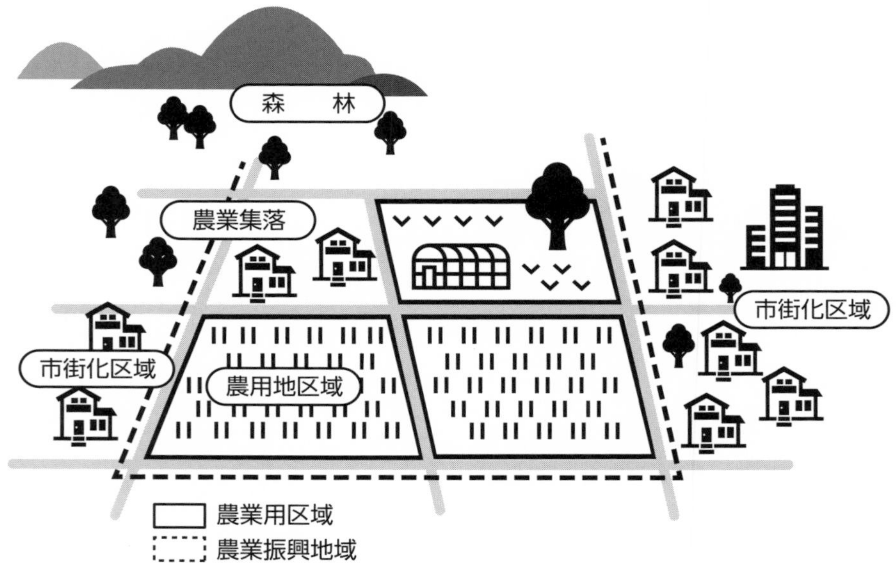

農振法においても、農地の転用が規制されており、農業上の土地利用のゾーニングを行う農業振興地域制度と個別の農地転用を規制する農地転用許可制度があります。農業振興地域制度とは、市町村が将来的に農業上の利用を確保すべき土地として指定した区域で農地転用は禁止されています。農地転用許可制度は、優良農地を確保するため、農地の優良性や周辺の土地利用状況などにより農地を区分し、転用を農業上の利用に支障がない農地に誘導することとされています。

農業振興地域制度と農地転用許可制度の概要

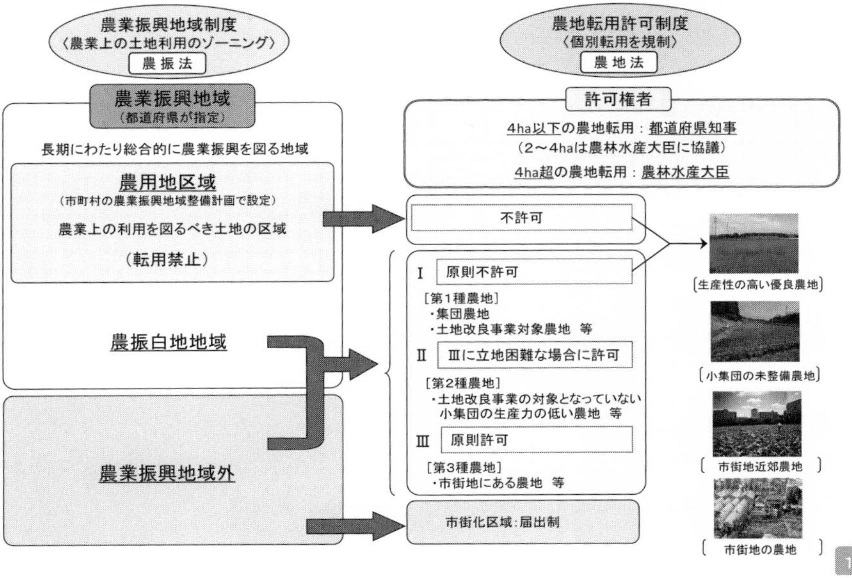

農業振興地域制度
〈農業上の土地利用のゾーニング〉
農振法

農地転用許可制度
〈個別転用を規制〉
農地法

農業振興地域
（都道府県が指定）
長期にわたり総合的に農業振興を図る地域

農用地区域
（市町村の農業振興地域整備計画で設定）
農業上の利用を図るべき土地の区域
（転用禁止）

農振白地地域

農業振興地域外

許可権者
4ha以下の農地転用：都道府県知事
（2～4haは農林水産大臣に協議）
4ha超の農地転用：農林水産大臣

不許可

Ⅰ　原則不許可
［第1種農地］
・集団農地
・土地改良事業対象農地　等

Ⅱ　Ⅲに立地困難な場合に許可
［第2種農地］
・土地改良事業の対象となっていない小集団の生産力の低い農地　等

Ⅲ　原則許可
［第3種農地］
・市街地にある農地　等

市街化区域：届出制

〔生産性の高い優良農地〕
〔小集団の未整備農地〕
〔市街地近郊農地〕
〔市街地の農地〕

1

（出典：農林水産省『農業振興地域制度、農地転用許可制度等について』）

このように、農地においては、都市計画法の調査、農地法及び農振法による指定がないかを把握する必要があり、まずは農地の所在する市役所などにある都市計画課、農業委員会などで調査を行ってください。農業委員会は原則として市町村に１つ設置されていますが、農地のない市町村や農地面積が著しく小さい市町村には置かれていないことがあります。

農地は、都市計画法、農地法、農振法の３つを踏まえ、前記の⑴純農地、⑵中間農地、⑶市街地周辺農地、⑷市街地農地に区分することになり、それぞれに評価の方法は異なるため、注意が必要です。

一方、不動産の鑑定評価においては、農地に限らず、土地の価格は、その土地に建物が建築できるか、建物が建築できない場合は建物を建築せずにどのような利用をすることが最も有効か、といったことを踏まえて評価を行います。

土地の価格としては、

建物が建築できる土地（宅地）＞建物は建築できないが駐車場や資材置き場として利用できる土地＞農地

といった順番になることが一般的です。

農地の場合は、農地としての価値以外に、「宅地へ転用できるか」ということも重要な判断基準となっています。

そのため、対象となる農地が、都市計画法や農地法、農振法でどのような取扱いになるのかを把握することが重要となるのです。

2 林地の評価

林地については、農地と同様に宅地への転用が可能か、どのような土地利用が可能であるかが重要になります。

林地の場合は、次の２つに分けられます。

(1) 純山林、中間山林 (注)

(2) 市街地山林 比準方式又は倍率方式

(注) 通常の山林と状況を異にするため純山林として評価することを不適当と認められるものに限られます。

林地に関する法令には、森林法、都市緑地法、都市計画法などがあります。

【都市計画法】

前記の農地と同様に、対象となる林地が都市計画法上、市街化区域に存するか、市街化調整区域に存するか等によってその取扱いは異なります。

【森林法】

森林計画、保安林その他の森林に関する基本的事項を定めて、森林の保続培養と森林生産力の増進とを図り、もって国土の保全と国民経済の発展とに資することを目的とし、定められています。

森林法では、地域森林計画や保安林が指定されており、民有林であっても樹木の伐採や開墾が規制されていることがあります。

【都市緑地法】

都市における緑地の保全及び緑化の推進に関し必要な事項を定めることにより、都市公園法、その他の都市における自然的環境の整備を目的とする法律と相まって、良好な都市環境の形成を図り、もって健康で文化的な都市生活の確保に寄与することを目的とし、定められています。

都市緑地法では、緑地保全地域、特別緑地保全地域を指定したり、緑地協定を認可したりします。森林法と同様に、地域の緑地保全を管理するために、宅地開発等が規制されています。

林地についても農地と同様に、どのような規制があるのかによって、その取扱いが異なるため、調査が重要となります。

森林法や都市緑地法については、都道府県庁の林業振興課や農林企画課、みどり推進室など（各都道府県により名称は異なります。）で、調査ができます。林地の所在する住宅地図や登記簿などを持参すれば教えてもらえます。

また、林地の場合は、その所在の特定が困難であることから、「林班図（りんぱんず）」、「森林計画図」などを活用し、できる限り正確な対象林地の場所を特定することが重要となります。森林計画図とは、地域森林計画の付属資料で、地域森林計画の対象となる民有林の位置を森林基本図に林班界、林小班界などを記入して示した図面のことをいいます。森林計画図は、各都道府県等の森林整備局などで閲覧することが可能です。

6 株式が親族に分散しているときの事業承継

Question　X社は化学品製造業を営む会社である。Aが代表取締役を務めており、Aの弟であるD、Aの長男B及び二男Cも取締役として経営に関与している。Aは60％、長男B及び二男Cはそれぞれ５％ずつX社の株式を有する一方、DはX社の株式を有しない。AはBに代表取締役を譲り、株式もすべて譲渡したいと考えているが、残りの30％の株式はAの親族に分散しており、かつ、X社及び中国子会社の業績が好調で株価が非常に高くなっている。また、X社の本社敷地はAとD個人の共有名義になっている。

このように株式が分散している場合に、どのようにして株式を後継者である長男Bに集中させればよいのか。また、本社敷地の処遇についてはどうすればよいのか。

〈会社・相続関係図〉

X社

代表取締役：A　取締役：B、C、D

株式の保有状況：Aが60%、B、Cがそれぞれ5%、

：Aの親族が30%

A

Bに代表取締役を譲り、株式もすべて譲渡したい

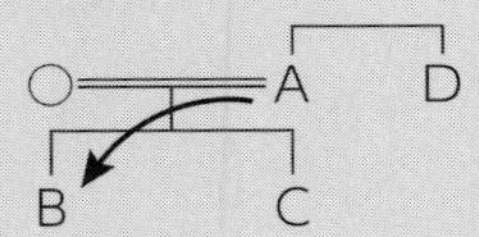

株式の評価額が高いので評価額を下げる必要がありますね。

また、株式が親族で分散しているので、これをいかに後継者に集約していくかが鍵になります。

会社の敷地が個人の共有になっているのでこれを会社に移すことが望ましいですね。ただし、会社に移すときの譲渡価格は注意が必要です。

法務

1 総論

(1) Ａ自身が有する株式については、売買、生前贈与、遺言により長男Ｂに承継することが考えられます。

贈与、遺言により株式を承継させる場合は、事業承継税制の利用を検討する必要があります。

(2) 一方で、分散している株式については、Ａ又は長男Ｂが自身の親族より任意に株式を買い取ることにより、株主総会の特別決議が可能な３分の２以上の株式の取得を目指すことになります（会社法309条２項本文）。株式の買取資金については、自力で準備できない場合は、日本政策金融公庫の事業承継・集約・活性化支援資金の利用を検討するとよいでしょう。

(3) ３分の２以上の株式を取得できた後は、株式併合や現金対価での組織再編などにより他の株主を排除し、長男Ｂに株式を集中させます。

また、分散している株式がこれ以上相続等により分散しないよう、相続等が生じたことにより株式を取得した者に対して当該株式を売り渡すよう請求できる旨の規定を定款に設けておく必要があるでしょう。

(4) 事業用資産である本社敷地については、相続の対象となり、相続税課税や敷地の利用権問題が生じないようにあらかじめＸ社ないし後継者である長男Ｂの所有とすることが考えられます。

2 Ａ自身が有する株式の承継について

後継者である長男Ｂへの株式の承継方法としては、売買、生前贈与、遺言が考えられ、これらの具体的な説明については、**事例12**の105頁以下を参照してください。

3 分散した株式の取得について

(1) 分散した株式の取得

① 事業承継にあたっては、Ａ自身が望むように発行済株式100％を後継者である長男Ｂに承継させるのがベストです。

もっとも、最初から分散している株式すべてを買い集めるのは現実的ではありません。

したがって、会社の重要事項の決定や他の株主から強制的に株式を取得し、株主たる地位を奪う（いわゆるキャッシュ・アウト）ための株主総会の特別決議（行使できる議決権の過半数を有する株主の出席と、出席した株主の議決権の３分の２以上による賛成を要する、会社法309条２項各号）に必要な議決権３分の２以上の取得を目指すことが第１目標となります。

３分の２以上の議決権を確保すれば、前述のとおりキャッシュ・アウトを行うことも可能になります。

現状、長男Ｂは、Ａの有する株式を承継すれば65％の株式を有することになるので、３分の２以上の議決権の確保には、およそ２％の株式を二男Ｃ又はＡの親族から取得する必要があります。

② 株式の取得は、任意での買取りによることが実務上多いでしょう。

任意での買取りにあたっては、株主の属性や人となり、株式保有の目的等を踏まえて買取りに応じる見込みのある株主から買取交渉を進め、任意の買取りを進めるのがよいでしょう。

また、任意の買取りの際には、任意の買取りに応じた株主間で株式の譲渡価格が税務問題（一物二価）を生じさせるほどに乖離しないように注意しましょう。

③ 任意での買取り以外にも、Ｘ社が自己株式を取得する方法により（会社法155条以下）、相対的に長男Ｂ及びＡの株式割合を高めることもできます。

本事例であれば、個々の株主との合意により自己株式を取得する方法が考えられます（会社法156条以下）。

その際は、取得手続の規制（会社法156条以下）及び取得財源の規制（同461条１項２号）を受けることになります。

⑵ 株式の買取資金

株式の買取資金については、自力で準備できるに越したことはありませんが、万が一自力で準備できない場合は、政府系金融機関である日本政策金融公庫の事業承継・集約・活性化支援資金の利用を検討するとよいでしょう。

同資金は、事業承継にあたって事業の承継・集約を行う会社、具体的には株主から自社の株式や事業用資産を買い取る会社を対象に、事業承継に要する設備資金や運転資金を、通常の場合よりも低金利で、かつ、個人保証等をすることなく最大７億２千万円まで融資する制度になります。

同資金の具体的内容については、日本政策金融公庫の資料やホームページなどを参照してください。

4 後継者への株式の集中（他の株主の排除）及び株式の分散防止について

(1) はじめに

長男Ｂは、Ａからの株式の承継及び株式の任意での買取りにより、３分の２以上の議決権を確保できれば、他の株主から強制的に株式を取得し、株主たる地位を奪うキャッシュ・アウトを行うことができるようになります。

もちろん、任意での買取りにより分散している株式をすべて買い集めることができればよいのですが、買取資金が準備できない場合や任意での買取りに応じない株主がいる場合は、そうはいきません。

そのような場合には、キャッシュ・アウトを行うことによって強制的に長男Ｂに株式を集中させることを検討すべきでしょう。

キャッシュ・アウトの手法としては、①株式併合、②現金対価での組織再編、③全部取得条項付株式の活用、④特別支配株主による株式等売渡請求があります。

本事例では、そのうち①株式併合と②現金対価での組織再編について説明します。

③全部取得条項付株式の活用、及び④特別支配株主による株式等売渡請求については、**事例12**の109、110頁にて具体的に説明していますので、そちらを参照してください。

(2) 株式併合について

株式併合は、２株を１株にするなど、数個の株式を合わせてそれよりも少数の株式とする会社の行為をいいます（会社法180条１項）。

株式併合を用いたキャッシュ・アウトは、少数派株主の保有株式（本事例では、Ａの親族や二男Ｃ）が１株未満の端数となるような割合をもって株式併合を行い、残存株主（本事例では、長男Ｂ）のみを株主として残し、少数派株主に対しては株式の端数部分の売却代金を現金で交付することにより株主たる地位を奪うというものです。

この手法は、株主総会の特別決議が必要であるものの（会社法180条２項、309条２項４号）、全部取得条項付株式を用いる手法よりも手続が簡便であることや税務上の取扱いの面でメリットがあります。

株式併合を行うにあたっては、後の紛争を防止する観点から、株主たる地位を失う少数派株主に対し、少なくともキャッシュ・アウト前に実施された株式譲渡取引などにおける１株当たりの対価に少数派株主の所有株式数を乗じた金額を交付する必要があります。

⑶　現金対価での組織再編について

現金対価での組織再編としては、以下の手法があります。

①　２以上の会社が合一して一つの会社となって、一方当事会社（本事例ではX社）が消滅し、存続会社より消滅会社（本事例ではX社）の株主に現金を交付するという現金対価での吸収合併の手法（会社法２条27号、749条１項２号）。

②　ある株式会社（株式交換完全子会社、本事例ではX社）がその発行済株式の全部を他の会社（株式交換完全親会社）に取得させ、その対価として現金の交付を受けるという現金対価での株式交換を行う手法（会社法２条31号、768条１項２号）。

この手法のメリットは、株式併合等と同様に、３分の２以上の議決権を確保できれば、任意での買取交渉を省略して対象となる会社の株式すべてを取得できるところにあります。

もっとも、この手法は、税務上は非適格組織再編に該当し、存続会社などに承継される消滅会社などの資産について評価替えが行われ、評価益が課税の対象となるなどデメリットが大きいため、実務上使うにあたってはハードルの高い手法といえます。

⑷　キャッシュ・アウトの問題点

キャッシュ・アウトは、株主間の対立に起因して、支配株主が少数派株主を追い出す目的で行われることがあります。

そして、学説の中には、株主が株式の持分比率の維持に関心を有し、株主間に経営参加に関する明示・黙示の約束があることが少なくない非公開会社においては、少数派株主の締め出し目的以外に正当な事業目的を有しないキャッシュ・アウトは、決議取消事由（会社法831条１項３号、株式併合や全部取得条項付株式の全部取得の場合）ないし無効原因（特別支配株主の売渡請求による取得の場合）に該当すると考えるものがあります。

この点について、非公開会社における全部取得条項付株式によるキャッシュ・アウトの有効性が問題になった東京地判平成22年９月６日判決（判タ1334号117頁）では、会社法は公正な価格であれば少数派株主をキャッシュ・アウトすることを認めているとして、単に少数派株主を排除する目的があるだけでは決議取消事由にはならないとし、正当な事業目的は不要とする立場に立っているように読み取れます。

少なくとも、キャッシュ・アウトを行う以前より支配株主と少数派株主がすでに争っているような場合には、念のためキャッシュ・アウトを行うにあたっての正当な事業目的（支配株主の高齢化及びそれに伴う事業承継の必要性など）の有無について慎重に吟味しておいた方がよいでしょう。

⑸　株式の分散防止について

そして、後継者への株式の集中とともに、Ａの親族内でのこれ以上の株式の分散は未然に防止する必要があります。

そのため、Ａと長男Ｂ、又は両者のいずれかが３分の２以上の議決権を確保できた時点で、株式分散防止のために相続人等に対する売渡請求（会社法174条以下）の規定を定款に設ける内容の定款変更を行う必要があります（会社法466条、309条２項11号）。

5 本社敷地の処遇について

現状、事業用資産である本件敷地は、ＡとＤの共有となっているため、ＡとＤが死亡した場合は、相続財産となります。

遺言等がない場合は遺産分割の対象となり、後継者である長男Ｂが本件敷地を承継することは難しくなります。また、相続発生による相続税問題や遺産分割の結果によっては敷地の利用権問題が生じる可能性があります。

したがって、本件敷地については、ＡとＤの生前にＸ社ないし後継者である長男Ｂに承継させることが考えられます。一方で、本件敷地は二男Ｃに承継させ、同敷地上に存するＸ社社屋所有目的で同敷地の賃貸借契約をきちんと締結して二男Ｃに賃料を支払う代わりに、Ｘ社の経営権は長男Ｂが承継するという手法も選択肢として考えられます。

Ａから長男Ｂへの承継にあたっては、二男Ｃの遺留分に配慮する必要があり、遺留分対策としては、遺留分の事前放棄や遺留分に関する民法特例（経営承継円滑化法）の利用を検討しましょう。

共有不動産である本件敷地の留意点や土地の評価方法については、不動産の項目にて具体的に説明しておりますので、そちらをご参照ください。

税務

事業承継に備え、株式を後継者に集中させることが望ましいですが、業績が好調で株価が高くなっている場合、株式の評価を下げる対策を行うなどの対策が必要です。

また、事業承継税制を活用し、株式の取得に係る贈与税や相続税の負担を猶予しつつ、事業承継を行うことも検討が必要でしょう。

1 事業承継税制

事業承継税制とは、後継者である受贈者・相続人等が、円滑化法の認定を受けている非上場会社の株式等を贈与又は相続等により取得した場合において、その非上場株式等に係る贈与税・相続税について、一定の要件のもと、その納税を猶予し、後継者の死亡等により、納税が猶予されている贈与税・相続税の納付が免除される制度です（措法70条の７～７の４）。

平成30年度税制改正では、この事業承継税制について、従来の措置に加え、納税猶予の対象となる非上場株式等の制限（総株式数の３分の２まで）の撤廃や、納税猶予割合の引上げ（80％から100％）などがされた特例措置が創設されました（ただし適用は令和９年12月31日までの贈与・相続に係る事業承継まで）。

	特例措置	一般措置
事前の計画策定など	令和５年３月31日までに特例承継計画を提出すること	不要
適用期限	令和９年12月31日までの贈与・相続等であること	なし
対象株数	全株式	総株式数の最大３分の２まで
納税猶予割合	100％	贈与：100％、相続：80％
承継パターン	複数の株主から最大３人の後継者	複数の株主から１人の後継者
雇用確保要件	弾力化	承継後５年間は平均８割の雇用維持が必要
事業の継続が困難な事由が生じた場合の免除	あり	なし
相続時精算課税の適用	60歳以上の者から20歳以上の者への贈与	60歳以上の者から20歳以上の推定相続人・孫への贈与

(1) 特例承継計画

特例措置の適用を受けるためには、都道府県知事に対し、「特例承継計画」を提出し、確認を受ける必要があります。「特例承継計画」とは、会社の後継者や承継時までの経営見通し等を記載したもので、認定経営革新等支援機関（税理士、商工会、商工会議所等）が所見を記載した上で、令和５年３月31日までに都道府県知事に提出し、その確認を受ける必要があります。

(2) 贈与

この制度の適用を受けるためには、先代経営者等である贈与者から、全部又は一定数以上の非上場株式などの贈与を受ける必要があります。

⑶　贈与税の申告期限まで

会社、後継者（受贈者）、先代経営者等（贈与者）につき、この制度の適用を受けるための要件を満たしていることにつき、都道府県知事の「円滑化法の認定」を受ける必要があります。

また、贈与税の申告期限までに、この制度の適用を受ける旨を記載した贈与税の申告書及び一定の書類を税務署へ提出するとともに、納税猶予額及びその利子税の額に見合う担保を提供する必要があります。

なお、この制度の適用を受けるための要件は、以下のとおりです。

①　会社の主な要件

次の会社のいずれにも該当しないこと

・上場会社

・中小企業者に該当しない会社

・風俗営業会社

・資産管理会社（一定の要件を満たすものを除きます。）

②　後継者である受贈者の主な要件

贈与時において、

・会社の代表者を有していること

・20歳以上であること

・役員の就任から３年以上を経過していること

・後継者及び後継者と特別の関係がある者で総議決権数の50％超の議決権を保有することとなること

・後継者の有する株式数が、次のいずれかに該当すること（特例措置）

ア　後継者が１人の場合　　後継者と特別の関係がある者の中で最も多くの議決権数を保有することとなること

イ　後継者が２人又は３人の場合　　総議決権数の10％以上の議決権数を保有し、かつ、後継者と特別の関係がある者（他の後継者を除きます。）の中で、もっとも多くの議決権数を保有することとなること

③　先代経営者等である贈与者の主な要件

・会社の代表権を有していたこと

・贈与の直前において、贈与者及び贈与者と特別の関係がある者で総議決権数の50％超の議決権数を保有し、かつ、後継者を除いたこれらの者の中で最も多くの議決権数を保有していたこと

・贈与時において、会社の代表権を有していないこと

⑷　納税猶予期間中

申告後も引き続き、この制度の適用を受けた非上場株式（以下、対象株式といいます。）などを保有することなどの要件を満たすことにより、納税の猶予が継続されます。ただし、対象株式を譲渡するなど一定の場合（確定事由）には、納税が猶予されている贈与税の全部又は一部について利子税と併せて納付する必要があります。

不動産

本社敷地がＡとＤの共有となっているため、事業承継に備え、共有状態の解消の必要性、敷地の時価の把握等の検討が必要でしょう。

1 共有不動産の注意点

共有不動産の各共有者は、共有不動産の全部について自己の持分に応じた使用及び、保存行為（修繕等の共有物の現状を維持する行為）を単独で行うことができますが、管理行為（短期賃貸借を超えない賃貸借契約などの共有物を利用・改良する行為）を行うには、共有持分の過半数の同意が必要となります。また、変更や処分行為（売却等の共有物の性質に変更を加える行為）を行うには、共有者全員の同意が必要です。

共有持分の処分（売却等）については、単独で行うことができます。

また、共有不動産（土地）の分割については、共有者間の協議によりますが、協議が整わない場合は、その分割を裁判所に請求することができます。分割にあたっては、共有持分がそれぞれ１／２の場合は、共有不動産を分筆の上、それぞれの土地の共有持分を交換する手続が必要になります。

したがって、本事例における本社敷地については、現状兄弟であるＡとＤの共有であり円満な関係においては問題ありませんが、万一共有持分の第三者への譲渡等が発生した場合においては、Ｘ社への賃貸料などで揉める可能性があるため、当該共有不動産をＸ社に譲渡するなどの検討が必要と考えられます。

なお、共有不動産の共有持分を第三者に売却する場合の共有持分価格の査定にあたっては、単独所有の土地所有権と比較し、利用に制約があること等による市場性の減退が認められ、共有による減価が発生します。しかしながら、本事例のような親族による共有の場合は、通常共有減価は勘案せず、単独所有の土地所有権価格の持分割合に基づく価格として査定されることに留意が必要です。

共有不動産については、**事例１**もあわせて参照してください。

2 本社敷地の時価評価について

Ｘ社の本社建物は、ＡとＤ（いずれも当該法人の取締役）共有の土地上に存する建物です。

したがって、本社敷地をＸ社が買い取る場合、厳密には

・地代ありの場合（借地権（注１）の価格ありの場合）：底地（注２）の評価

・地代なしの場合：使用貸借（注３）に係る土地（使用借権の付着した土地）の評価

となります。

また、本事例のような場合、不動産鑑定評価の考え方では借地権者が底地を購入する場合に該当し、限定価格（注４）の評価となります。

しかしながら、税務評価の考え方においては、地代ありの場合は、権利金授受の有無、地代の額、無償返還届出書の有無により評価が異なり、地代なしの場合（権利金授受もなし）は、更地評価となります。また、限定価格という概念もありません。

したがって、本事例の時価評価にあたっては、依頼目的及び税務評価の考え方を勘案の上、適切な評価が必要となります。

また、本事例のような同族間売買の場合は、譲渡価格を自由に決めることができ、税金対策に利用される可能性があるため、税務上、適正な時価での取引が求められており、著しく低廉又は高額な取引を行った場合には、一部贈与とみなされるなどの規定がありますので、注意が必要です。このような場合に、不動産鑑定士による不動産鑑定評価書が適正な時価の証明とすることができる場合があります。

以上のように同族間・関連会社間における不動産の譲渡価格を決めるにあたっては、多くの留意点があるため、専門家に相談されることをお勧めします。

（注１） 借地権：建物の所有を目的とする地上権又は土地の賃借権

（注２） 底地：宅地について借地権の付着している場合における当該宅地の所有権

（注３） 使用貸借：当事者の一方が無償で使用及び収益をした後に返還をすることを約して相手方から目的物を受け取ることを内容とする無償契約
使用貸借については、**事例2**もあわせて参照してください。

（注４） 限定価格：市場性を有する不動産について、不動産と取得する他の不動産との併合等に基づき第三者市場における市場価値と乖離することにより、市場が相対的に限定される場合の価格（本事例のような場合、第三者が底地を取得するのと比較し、借地人であるＸが購入する方がメリット（借地権付建物から土地・建物ともに完全所有権になる。）があるため、高い価格を提示できるという考え方の価格）

7 株価が高く、株式を集約する必要がある場合の事業承継

Question X社は、倉庫を複数棟所有し運送業を営むオーナー会社である。先代の方針で、株式が現在の代表取締役Aだけでなく、元役員や元従業員、それらの親族、取引先等にも広く分散している。Aは長男Bへの事業承継に備え株式を集約したいと考えているが、X社は業績好調で株価が非常に高く評価されることも考えられ、AやB、X社の手元資金だけで集約することについては懸念がある。AやX社としては、何をどのように検討すればよいか。

〈相続関係図〉

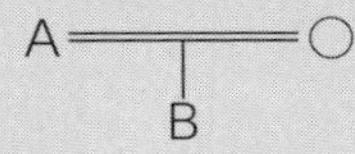

非上場のオーナー会社が事業承継対策で株式を集約するときには、株主名簿がしっかり管理されているかという点がよく問題となりますね。あわせて、名義株や所在不明株主にも注意を払う必要があります。

株式の所在が把握できれば、次は株式の買取にかかる税金が問題になります。税務上のポイントは、相続税評価、買取スキーム、税務手続の３点です。もっとも、株価が高いと集約するための資金も多額となるため、あらかじめ株価対策を行っておくことは欠かせません。

鑑定評価の観点では、倉庫の評価が気になりますね。自用か貸家かという点はもちろんですが、建物の築年数によっては、建材にアスベスト等の有害物質が使用されているケースがあり、不動産の時価に影響を及ぼす可能性があります。あらかじめ調査と対策をしておくと安心です。

法務

1 株主名簿

(1) 株主名簿とは

まず、X社の株式の保有者は確定しているでしょうか。株式を集約するにあたって、まず、株主が誰で何株保有されているかを確認することが必要です。

会社法においては株主名簿についての定めがあり（会社法121条以下）、株主の氏名又は名称及び住所、各株主の有する株式の種類及び数、各株主が株式を取得した日等について記載するものとされています。

まず、株主名簿があるのか、あるとして記載は適正かなどを確認の上、株主の氏名や保有数の確認をするということになります。

(2) 株主名簿がない場合の問題点

株主名簿は、株式が譲渡された場合に譲受人の氏名・名称、住所を記載するもので、この株主名簿への記載がなければ、株式の譲渡の当事者は、会社やその他第三者に対して譲渡があったことを主張できません（会社法130条１項）。一方で、株式の譲渡がなされ、その譲受人から株主名簿の名義書換請求がなされたのに、会社が過失によって名義書換をしなかった場合には、会社は株式譲受人を株主として取り扱わなければならないとした判例もあります（最判昭和41年7月28日・民集20巻６号1251頁）。会社が、株主名簿を作成していない場合は、過失に当たると考えられるので、この判例法理の適用があると考えられます。そして、株式名簿が作成されていない場合、過去の株主がそのまま株主でいるときはまだしも、株主だと考えていた人間がすでに株式を譲渡したと主張する場合、あるいは株主と考えていた人から株式を譲り受けたと主張する人が現れた場合には、大変な混乱が生じ得ます。なぜなら、過去の株主はどういった経緯で株式を取得したといえるか、その株式の譲渡の事実はあるか（譲渡制限付株式であれば譲渡の承認手続はなされているか）、譲渡の事実があるとして譲受人から名義書換請求がなされた事実はあるか、名義書換がなされていないのは会社の過失によるものか、といったことを逐一過去にさかのぼって確認・検討しなければならないためです。

株主名簿が作成されていない場合、株式の集約の前に株主の特定をしなければなりません。その上で、一刻も早く株主名簿を作成する必要があります。

また、中小企業の多くは譲渡制限付株式を発行していますが、X社の発行株式が譲渡制限付株式である場合に、株式の譲渡に当たってはX社の承認が必要ですから、X社として、譲渡の承認手続の際に、きちんと株主名簿に反映される業務フローになっているかもあわせて確認しておくとよいでしょう。

2 名義株

事業承継の際に、株式について問題となる事項として、名義株の問題があります。

名義株とは、実際には株式の引受け、払込みをしていないのに、形式上それを行ったことにして株主となっている者が保有している株式を指します。この名義株が生じる背景には、平成２年の商法改正前は、会社設立にあたり発起人が７名以上必要で、発起人は１株以上引き受ける必要があったことがあります。このため、出資者が親族や知人に頼んで名義だけ株主になってもらい、実際に出資するのは当該出資者という場合が多かったようです。

この名義株の権利の帰属については、判例上、「実質上の引受人すなわち名義借用者がその株主となる」と判断されているところですので（最判昭和42年11月17日・民集21巻９号2448頁）、株主としての権利は出資者に帰属するということになります。

しかし、この名義株があることによって、名義上の株主に相続が起こった場合に、事情を知らない相続人が株主としての権利を主張するなどして、混乱の原因となり得ます。そのため、当事者間で事実関係が明らかなうちに、名義上の株主と協議して、株主名簿を正しいものに書き換える必要があるといえます。名義株の解消に向けては、名義株主の理解を得た上で株主名簿の書換という対応で可能な場合もありますし、場合によっては、出資者が買い取る、あるいはX社が自己株式を取得するという形でないと決着がつかない場合もあるかもしれません。また、前者の方法の株主名簿を書き換えるにあたっては、税務上の問題にも目配りする必要があります。つまり、名義株の解消のための名義書換であることが客観的に明らかでないと、その書換は株式の無償譲渡という外観を生じさせるため、税務上、贈与と扱われる恐れがあります。したがって、名義株主と協議するためにも、名義株の解消のための名義書換であることを明らかにするためにも、資金の真の出資者、名義貸与者と名義借用者の関係、名義株が生じた理由や経緯、配当や議決権などがどのように扱われてきたか（名義貸与者と名義借用者のいずれが株主として扱われてきたか）といった観点から事実の確認をする必要があります。

いずれにせよ、当事者の記憶は薄れますし、事情を知らない方が相続されることも大いにあり得るため、名義株の問題を認識したら、すぐに解決に向けて動き出した方がよいでしょう。

3 所在不明の株主

次に、株主・保有株式数を確認した際に、所在不明の株主が存在した場合の処理について述べます。

まず、株主に対してする通知又は催告が５年以上継続して到達しない場合は、会社は通知、催告をすることを要しない、という規定があります（会社法196条１項）。裏を返せば、５年は継続して通知等をしなければなりません。また、株主総会の招集通知については、きちんと通知をしないと株主総会決議の取消事由となる可能性があります（最判昭和42年９月28日・民集21巻７号1970頁）。

次に、上記のとおり、通知等が５年以上到達せず、かつ当該株主が５年間剰余金の配当の受領をしなかった場合には、当該株主の保有する株式を競売あるいは裁判所の許可を得て競売以外の方法により売却することができるとの定めがあります（会社法197条１項、２項）。これらの申立てを裁判所に対し行う場合には、５年間通知が到達せず、剰余金の配当を受領しなかったことを示さなければなりません。そのため、所在不明の株主がいてこういった制度の利用を検討する場合、今から５年間かけて書類の整備をしておく必要があるといえます。

税務

会計税務の視点からは、非上場会社の分散した株式の集約を行うに当たり３つポイントがあります。１つ目にどのようにして非上場会社の株式評価を行うのかという点、２つ目にどのようなスキームで株式の集約を行うのかという点、３つ目に税務上どのような種類の税金がいくら生じるのか・誰がどのような税務手続を行う義務があるのか、です。

1 非上場会社の株式評価方法について

株式評価は時価（市場価格や純粋な第三者間における公正な取引価格）で行うのが大原則です。しかし、非上場株式は、上場株式と異なり、取引市場がなく市場価格が存在せず、時価の算定が困難です。そのため、非上場株式の時価を算定するには、公認会計士や税理士等の株式評価の専門家による株式価値評価を行う必要があります。実務上、非上場株式の評価方法は様々な方法（インカムアプローチ、マーケットアプローチ、ネットアセットアプローチ、国税庁方式）がありますが、その評価目的・株主構成・財務状況等を総合的に考慮して算定していくことになります。評価の目的は、大きく分類すると、企業価値算定目的（第三者間売買、M&A、株式の譲渡価格決定の非商事事件等）、税務目的（相続税・贈与税申告、親族間売買）の２つの目的に分類されます。

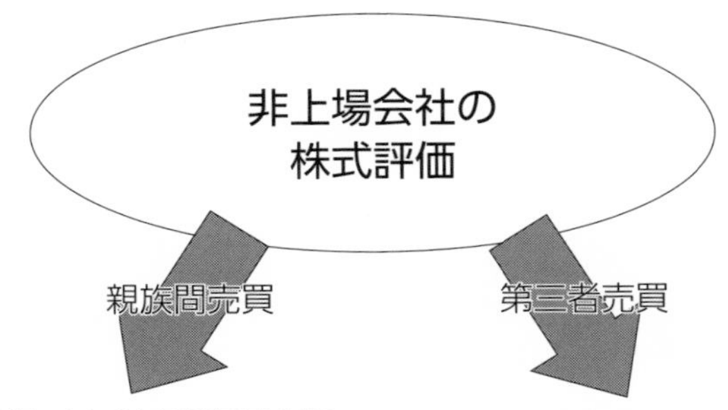

⑴　親族等以外の純然たる第三者間からの株式の買取の場合の株式評価額

純然たる第三者間による売買の場合、実際の売買価格が基本的に時価となります。純然たる第三者の場合、売り手はなるべく高い価格で売りたいと思い、買い手はなるべく安い価格で買いたいと思い、両者の間には利害対立が生じてします。そのため、両者が納得できるように日本公認会計士協会が公表している企業価値評価ガイドラインを参考にした公認会計士による株価算定書を根拠付けにする方法や国税庁が定めた財産評価基本通達による評価額（評価方法詳細は⑵）を参考にして評価を行うことが多いです。日本公認会計士協会が公表している企業価値評価ガイドラインによると３つの評価方法があります。

①　**インカムアプローチ**：評価対象会社の将来期待される利益やキャッシュフローに基づいて、価値を評価する方法

②　**マーケットアプローチ**：評価対象会社と類似している上場同業他社の株価に基づいて、価値を評価する方法

③　**ネットアセットアプローチ**：評価対象会社の財政状態（貸借対照表の純資産）に基づいて、価値を評価する方法

⑵　親族等間からの株式の買取の場合の株式評価額

親族等間の売買の場合、税金負担を不当に少なくするために低額譲渡を行ったりするリスクがあり、国税庁が定めた財産評価基本通達を参考に売買価格を基本的に算定していきます。財産評価基本通達によると非上場株式の評価方式には、原則的評価方式と配当還元方式の２つの方式があります。

①　**原則的評価方式**：会社規模に応じて、類似会社比準方式と純資産法を組み合わせて評価する方法

②　**配当還元方式（例外）**：過去の１株当たりの配当金を基に評価をする方法

また、買い手と売り手が法人なのか個人なのかの組合せ（表１　取引主体の組合せ別の適用される税法上の時価）よっても、適用される税法が異なり、適切な通達を選択して評価（表２　各税法別の株式評価のポイント）を行う必要があります。

表１　取引主体の組合せ別の適用される税法上の時価

売り手	買い手	適用される税法上の時価
個人	個人	相続税法上の時価
個人	法人	個人：所得税法上の時価、法人：法人税法上の時価
法人	個人	個人：所得税法上の時価、法人：法人税法上の時価
法人	法人	法人税法上の時価

表２　各税法別の株式評価のポイント

税　法	規　定	内　容
相続税法	財評通総則、178～189—7	不特定多数の当事者間で自由な取引が行われる場合に成立すると認められる価額 ↓ 会社の規模や株主が同族株主であるかに応じて、 原則的評価（類似業種比準方式、純資産価額方式、併用方式）又は特例的評価（配当還元方式）により評価した価額とする。
法人税法	法基通９—１—13、９—１—14	売買実例等がある場合を除き、純資産価額等を参酌して通常取引されると認められる価額 ↓ 課税上弊害がない限り、次を条件として、相続税法上の価額とする。 ①　売主が「中心的な同族株主」に該当する場合、評価会社は子会社に該当するものとする。 ②　評価会社所有の土地・上場有価証券については、時価による。 ③　評価差額に対する法人税額等に相当する金額は控除しない。
所得税法	所基通23～25共—９、59—６	売買実例等がある場合を除き、純資産価額等を参酌して通常取引されると認められる価額 ↓ 原則として、次を条件として相続税法上の価額とする。 ①　「同族株主」の判定は譲渡（贈与）前の議決権数で判定する。 ②　売主が「中心的な同族株主」に該当する場合、評価会社は子会社に該当するものとする。 ③　評価会社所有の土地・上場有価証券については、時価による。 ④　評価差額に対する法人税額等に相当する金額は控除しない。

2 買取スキームの策定

買取スキームの策定にあたっては、株式価格をいくらとするのかの他にも、誰が買い取るのか、その場合の会社法上の手続、どのような税金が生じるのか、株主構成の問題、買取資金の問題、そのほか会社のおかれている個別状況を考慮しながら、最適な方法を個別に検討していくことが大切になります。

本事例では、業績好調で株価が非常に高く、代表取締役Aや長男B、X社の手元資金だけで集約が困難とのことですので、銀行借入れを利用して、X社（発行会社）や代表取締役A（現在代表）や長男B（後継者）の個人が買い取る方法も考えられますが、一つ株価引下げ対策もかねた有効な方法として、投資育成会社を用いた方法があります。投資育成会社とは、「中小企業投資育成株式会社法」に基づき設立された公的な投資育成機関です。投資育成会社に株式を買取してもらうメリットとして、投資育成会社は投資先企業の株式は所有しますが、役員人事や設備投資等の経営の重要事項に干渉せず企業の自主性を尊重することが挙げられます。また、投資先実績も全国で5,000社を超えておりその投資先も公開されています。

3 税務手続

(1) 買い手

基本的に税務申告手続は必要ありません。ただし、将来株式を売却するときの売却益計算を行うために取得原価等の情報を把握しておく必要があるので、譲渡契約書等の書類を保管し、帳簿をつけておくことが必要です。

加えて買い手がX社（株式発行会社の場合）、みなし配当に該当するので、源泉徴収の計算・納税が必要になります。

(2) 売り手

譲渡所得の申告（個人：所得税、法人：法人税）が必要になります。

不動産

1 倉庫の区分

(1) 規模による区分

一口に倉庫といっても様々なものがありますが、延床面積100㎡未満の小規模なものや500～1,000㎡程度の中規模なものが倉庫と呼ばれることが多く、10万㎡を超えるようなランプウェイが備わっている大規模なものは物流施設と呼ばれます。小中規模の倉庫は自用・貸家のいずれの場合もありますが、大規模な物流施設は貸家であることが多いです。

【倉庫】

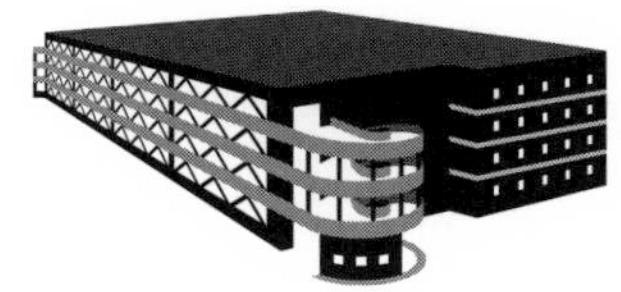

⑵ 類型による区分

倉庫又は物流施設は、自社利用している場合と賃貸に供している場合の2パターンがあり、それぞれ「自用の建物及びその敷地」、「貸家及びその敷地」に区分されます。厳密には土地が借地の場合もありますので、その場合は「借地権付建物（自用）」、「借地権付建物（貸家）」のいずれかに区分されます。

2 倉庫の評価

「自用の建物及びその敷地」、「貸家及びその敷地」のいずれの類型についても、倉庫又は物流施設の評価は、原価法と収益還元法（自用の場合は賃貸を想定）を適用して価額を求めます。小中規模の倉庫で「自用の建物及びその敷地」の場合は、自社利用を目論む法人等が需要者の中心となることから、原価法により求めた積算価格の方が収益還元法により求めた収益価格よりも規範性に優ることが多いです。また小中規模の倉庫で「貸家及びその敷地」の場合は、賃借人居付きですぐに自社利用できない収益物件であるため、物件からの賃貸収入を目的に取引に参加する投資家等が需要者の中心となることから、収益価格の方が積算価格と比較して相対的に規範性に優ることが多いです。大規模な物流施設については「貸家及びその敷地」が多く、積算価格と比較して収益価格の規範性が相当高く、収益価格100％で価格決定することも通常です。

3 評価にあたっての留意事項

倉庫又は物流施設の評価にあたって、価格に影響を与える大きな要因として、「アスベスト使用の有無」が挙げられます。築年が古い建物については、有害物質であるアスベストが使用されている可能性があります。目安としては、平成18年以前に建てられた建物であればアスベスト使用可能性が認められます。昭和50年、平成7年、平成18年の建築基準法改正とともに規制が厳しくなってきた経緯がありますので、古い建物になるほど現在の規定を満たさないため、アスベスト使用可能性が高まります。

倉庫においては、アスベスト含有建材は、外壁、屋根、軒裏等に成形板として、また梁・柱の耐火被覆、機械室等の天井・壁の吸音用等に吹付け材として使用されている可能性があります。アスベスト含有建材が使用されている場合は、アスベスト含有建材に穴を開け、改修・解体工事で撤去するような場合を除けば、特別な管理を必要としないとされていますが、軽微な場合も含め、解体・改修工事に際しては、適切な飛散やばく露防止措置を講じ、発生する廃棄物を適正に処理することが求められます。また、アスベスト含有吹付け材が使用されている場合は、劣化により繊維が飛散する恐れがありますので、現状を把握した上で劣化が激しい場合には、除去、囲い込み、封じ込めの飛散防止対策が必要となります。また、その状態がしっかりしていて飛散する恐れがない場合でも、将来の劣化による飛散を防止するため、早めに除去、又は囲い込み、封じ込めを行うことが望まれます。また、建築物に使用されている吹付けアスベストやアスベスト含有吹付けロックウールについては、建築物の増改築、大規模修繕・模様替の際の除去が義務付けられています。

このようにアスベストが使用されている場合は、現在又は将来において何らかの対策が必要とされるため、不動産価格にマイナスの影響を与える要因であるといえます。したがって、評価にあたっては、建築年次からの推定のほか、現地調査時における施設管理者へのヒアリング等によりアスベスト使用の有無について的確に把握することが求められます。

8 親族でない専務取締役への事業承継

Question　X社は自動車部品製造業を営む会社である。Aが代表取締役を務めており、株式はすべてAが所有している。Aが高齢であるため事業承継を検討しているものの、Aの親族はX社の経営に全く関与しておらず、事業を継ぐ気もなさそうである。そのためAは、生え抜きの専務取締役Bへの承継を検討しているが、承継にあたって何を検討し、どのように話を進めていけばよいか。

事業承継にあたって検討すべき点はいろいろありそうですが、まずは、個人保証にいかに対応するかということと、株式をどう承継させるかということが問題ですね。

株式を承継すると、当然、贈与税や譲渡所得税などの税金、株式時価も問題になりますね。

自動車部品製造業だと、土壌汚染で土地の評価が下がる可能性もありますので、株式時価にも影響するかもしれませんね。

法務

1 はじめに

事業承継をするにあたっては様々な観点から検討が必要です。

本事例で、まず、専務取締役Ｂへの承継を検討するにしても、肝心の本人に会社経営という重圧を背負う覚悟が必要であることはいうに及びませんし、ＢがＸ社の事業を承継したいと思えるような魅力をＸ社が有する必要もあるでしょう。また、代表取締役であるＡ自身がＸ社の債務を個人保証している場合、Ｂが事業承継をするのであれば、金融機関としては、事業を承継するＢに対し、Ａの保証債務をも承継するよう求めることが考えられますが、この保証債務が、Ｂが事業承継を拒む一要因となり得ますので、Ａとしては可能な限り、個人保証を減らすことも考えなければなりません。そして、以上の前提があり、具体的に承継させるとなった場合、Ａは、Ａがこれまで培ってきた経営のノウハウを伝え、Ｂの経営者としての能力を養う必要がありますし、また、Ｘ社の有する技術・技能や経営理念、顧客との関係性、従業員との関係性などの目に見えないＸ社の経営資源の承継も必要です。無論、これらの承継は、一朝一夕でできることではなく、早く着手するに越したことはないため、すぐにこれらの点を検討する必要があります。

以上のような点もありますが、ここでは、経営者保証に関する対応点と、ＡからＢへの資産の承継方法、具体的にはＡが有するＸ社の株式の承継について回答します。

2 経営者保証に関する対応

Ｘ社が金融機関から借り入れを行う際、代表者であるＡの個人保証契約もあわせて締結されている場合が多いです。そして、Ｂが承継を行う場合、金融機関から保証契約も併せて承継するように求められることが多く、このことがＢに承継を思いとどまらせる一つの要因となり得ることは上記のとおりです。

そこで、Ａとしてはこの経営者保証に対しても対応することが考えられます。その場合、まず参考にすべきが「経営者保証に関するガイドライン」です。これは平成25年に、日本商工会議所や一般社団法人全国銀行協会らが参画した「経営者保証に関するガイドライン研究会」が策定・公表したものです。この中では、合理性が認められる保証契約のあり方を示し、主たる債務の整理局面における保証債務の整理を公正かつ迅速に行うための準則を示すことで、中小企業の取組意欲の増進や、中小企業の活性化を目指すといった目的が示されています。このガイドラインに法的拘束力はありませんが、主たる債務者・保証人・債権者によって自発的に尊重され遵守されることが期待されています。

まず、Aが経営者保証の見直しを金融機関に求める際にも、経営者保証に関するガイドラインに沿うことで、金融機関側もこれに沿った対応をとることが考えられます。経営者保証の見直しの際には、X社及びAは、

① 法人と経営者との関係の明確な区分・分離

② 財務基盤の強化

③ 財務状況の正確な把握、適時適切な情報開示等による経営の透明性確保

という経営状況を将来にわたって維持することに努めるようにする、とされています。

①については、X社は、法人の業務、経理、資産所有等に関し、法人と経営者の関係を明確に区分・分離し、法人と経営者の間の資金のやりとり（役員報酬・賞与、配当、オーナーへの貸付等をいいます。）を、社会通念上適切な範囲を超えないものとする体制を整備するなど、適切な運用を図ることを通じて、法人個人の一体性の解消に努めることとされています。

②については、X社自身が、財務状況、経営成績を改善し返済能力を向上させることが求められます。事業者自身が返済できるのであれば、保証は不要ということです。

③については、資産負債の状況（経営者のものを含みます。）、事業計画や業績見通し及びその進捗状況等に関する対象債権者からの情報開示の要請に対して、正確かつ丁寧に信頼性の高い情報を開示・説明することにより、経営の透明性を確保することとされています。

なお、①や③については、公認会計士や税理士といった外部専門家による検証を実施し、その結果を債権者に開示することが望ましいともされています。

X社やAとしては、以上を踏まえて、金融機関との信頼関係を構築し、Bのために、長い目で経営状況を整備しておくということが必要です。A自身は、その保証契約の解除について認められずBが保証契約をも承継せざるを得なくなったとしても、経営の基礎を固めることで、BがX社社長として新たに借入れを行う際に、個人保証契約を締結することなしに借り入れることができる道を開くことにつながるためです（ガイドラインにおいては、その場合もやはり上記の①～③が求められています。）。

また、実際にAからBに事業承継を行うタイミングでは、経営方針や事業計画に変更する場合は、特に誠実かつ丁寧に債権者に説明を行うことも求められてい

ますので、この点も留意してください。

3 X社株式の承継

Bにとって、BがX社の経営に安心して取り組むためには、X社株式を保有するのが望ましいといえます。

では、Aが有する株式をどのようにBに承継させるかという点が問題です。

株式の承継のための法的手段として、あり得るのは売買か贈与です。なお、贈与の場合、遺言による遺贈ということも机上では考えられるものの、特に親族でない者に承継させる場合、Aの生前からBを後継者を名指しして、Aが本人に自覚と責任を持たせ、周囲にはサポートを促すことが必要ですので贈与は生前贈与を前提としています。

(1) 贈与の場合

メリットはなんといっても、Bが経済的な負担なくして株式を取得できる点です。原則的には、Bは、贈与税を支払う必要がありますが、事業承継税制において、一定の要件のもと、株式を譲り受けた後継者候補者の贈与税の納税を猶予し、さらに、譲渡人の事由により、猶予された贈与税の納付が免除される制度があります（詳細は58頁を参照してください。）。この制度を活用できれば、贈与税の負担も考えなくても済むということになります。

デメリットとしては、推定相続人との間で問題が生じ得るという点です。Aの財産中、X社株式が占める割合が大きいほど、それを無償で親族ではない第三者に譲渡することについて、推定相続人の理解は得られにくいでしょう。Aが亡くなった場合には、当該相続人がBに対して遺留分侵害額請求を行うことも考えられます。相続人でない者に対する贈与は、Aの死亡する1年前までの間になされたものに限って遺留分侵害額の計算の基礎とされるのが原則ですが、当事者双方が遺留分権利者に損害を加えることを知って贈与したときは、1年間に限定されないことになります（民法1044条1項）。そうすると、X社株式が、Aの財産に占める割合が小さくて遺留分を侵害しないような場合はよいですが、本事例のような場合は、Aが一代でX社を築き上げた場合のように読め、財産においてX社株式が占める割合というのは相当大きい場合が多いように思われますので、遺留分のことを考えると、贈与というのはデメリットが大きいと思われます。また、Aの家族から有形無形の支援を受けることも、円滑な事業承継をするにあたって望ましいものですので、その観点からも、Bは対価を支払って、株式を取得し、Aの家族の理解を得るのがよいといえる場合が多そうです。

以上のとおり、Aの家族との関係性という観点から、贈与が難しい場合があると思われます。もっともＡの家族の理解が得られるのであれば、贈与によって株式を譲渡することもあり得ます。その場合、上記のような問題が自分の死後に勃発しないように、Ａとしては、推定相続人に、家庭裁判所の許可を得て、遺留分の放棄をしてもらうのがよいでしょう（民法1049条１項）。

⑵　売買の場合

売買の場合は、合意さえなされれば第三者から非難されるいわれはなく、一般的な方法といえるでしょう。もっとも、Ｘ社株式を適正な価額で売買することが求められるところ（不当に安い価額の場合、贈与ではないのかという問題が生じ得ます。）、Ｘ社のような非上場の会社の株式の適正な価格はいくらなのか、という問題がありますが、これは以下**税務**の項記載のとおりです。

次に、適正な価額をＢが支払うことができるのか、という問題があります。基本的にはＢに資金調達をしてもらうことになりますが、ＡやＸ社としては、Ｂに対する役員報酬を見直して増額する、一括ではなく分割で買い取るように売買契約を定める、などといったところから検討を始めるのがよいでしょう（買取りスキームについては67頁を参照してください。）。

税務

株式を他者に譲渡する場合、以下の点に注意が必要です。

⑴　譲渡価格

代表取締役Ａと専務取締役Ｂ又はＸ社は同族関係にないため、第三者間取引として、両者の間で合意した取引価格によりＡの株式売却損益が計算されます。Ａに株式売却益が生じる場合には、株式売却益に対し20.315％（所得税15％、復興特別所得税0.315％、地方税５％）の申告分離課税が行われます。

ただし、取引価格が適正時価を大きく上回る又は下回る場合、以下のような課税関係が生じます。

①　取引価格が適正時価を大きく上回る場合

取引価格と適正時価の差額は、買主（専務取締役Ｂ又はＸ社）から売主（Ａ）への贈与とみなされ、売主に対し贈与税が課されます。

②　取引価格が適正時価を大きく下回る場合

取引価格と適正時価の差額は、売主から買主への贈与とみなされ、買主に対し贈与税又は受贈益に対する法人税が課されます。

⑵　適正時価

⑴にいう「適正時価」とは、財産評価基本通達で定められた評価方法で計算し

た金額になります。具体的には、売主及び買主がそれぞれ、支配株主か非支配株主かで評価方法が異なります。支配株主か非支配株主かの判定は、譲渡後の議決権割合で行います。

	売主	買主	評価方法
パターン1	支配株主	支配株主	原則的評価
パターン2	支配株主	非支配株主	配当還元方式
パターン3	非支配株主	支配株主	原則的評価
パターン4	非支配株主	非支配株主	配当還元方式

本事例では、売主であるＡは株式譲渡後に非支配株主となり、買主である専務取締役Ｂ又はＸ社は支配株主となりますので、パターン３に該当し原則的評価により時価を計算します。

(3) 原則的評価

原則的評価方法とは、主としてＸ社の会社規模や会社の特性に応じ、例えば以下のように評価方法が定められています。

会社規模が大会社	純資産価額方式、類似業種比準方式 （いずれか低い方を選択）
会社規模が中会社	純資産価額方式、併用方式 （いずれか低い方を選択）
会社規模が小会社	純資産価額方式、併用方式 （いずれか低い方を選択）
会社の特性が株式保有会社	純資産価額方式、S1＋S2方式 （いずれか低い方を選択）
会社の特性が土地保有会社	純資産価額方式

本事例でも、会社の規模や特性に応じ、上記から評価方法を選択して時価を計算し、そこから大きく乖離しない金額で株式の譲渡を行う必要があります。

それぞれの評価方式の内容は、以下のとおりです。

純資産価額方式	会社の資産と負債の相続税評価額を計算し、差引計算で会社の純資産価額を計算し、これを評価対象会社の株価とする方法
類似業種比準方式	取引相場がない株式を評価するときに、評価対象会社の事業と類似する事業を行う上場企業の株価を基準にして、評価対象会社の株価とする方法
S1＋S2方式	株式保有特定会社が有する資産を、株式又は出資、それ以外の資産、に分けて相続税評価額を計算し、その合計をもって評価対象会社の株価とする方法
併用方式	純資産価額方式と類似業種比準価額方式を加重平均して併用する方法

(4) 譲渡所得税

売主であるＡは、株式の譲渡損益金額に応じ、所得税の申告を行います。

株式の譲渡損益ですので、申告分離課税となり、税率20.315％（所得税15％、復興特別所得税0.315％、地方税５％）での課税となります。他の株式の譲渡損益と通算は可能ですが、他の所得（事業所得や給与所得）とは通算できませんので、注意が必要です。

不動産

1 土壌汚染とは

本事例では、Ｘ社が自動車部品製造業を営む会社であることから、工場又は作業所の敷地について、土壌汚染の有無が問題となります。

平成15年２月15日に施行された土壌汚染対策法では、土壌汚染とは、土壌中の特定有害物質（注１）濃度が土壌溶出量基準（地下水摂取（飲用）の観点から設定された基準）又は土壌含有量基準（土壌摂取（直接口から摂取）の観点から設定された基準）に適合しない状態のことをいいます。具体的には、工場等の操業に伴い、原料として用いる有害な物質や当該物質を含む液体が土壌に浸透して土壌や地下水が汚染された状態をいいますが、次の特徴を有しており、人への健康被害や資産価値の低減へと繋がります。

・蓄積性……土壌中では、汚染は長期的にその周辺に留まる。

・拡散性……地下水流にのると広範囲に拡散するおそれがある。

・不可視性……汚染の有無、濃度、範囲が目に見えない。

（注１） 特定有害物質の種類と指定基準

特定有害物質の種類		＜地下水の摂取などによるリスク＞ 土壌溶出量基準	＜直接摂取によるリスク＞ 土壌含有量基準
第一種特定有害物質（揮発性有機化合物）	クロロエチレン	検液１Ｌにつき 0.002mg 以下であること	
	四塩化炭素	検液１Ｌにつき 0.002mg 以下であること	
	1,2- ジクロロエタン	検液１Ｌにつき 0.004mg 以下であること	
	1,1- ジクロロエチレン	検液１Ｌにつき 0.1mg 以下であること	
	1,2- ジクロロエチレン	検液１Ｌにつき 0.04mg 以下であること	
	1,3- ジクロロプロペン	検液１Ｌにつき 0.002mg 以下であること	
	ジクロロメタン	検液１Ｌにつき 0.02mg 以下であること	
	テトラクロロエチレン	検液１Ｌにつき 0.01mg 以下であること	
	1,1,1- トリクロロエタン	検液１Ｌにつき 1 mg 以下であること	
	1,1,2- トリクロロエタン	検液１Ｌにつき 0.006mg 以下であること	
	トリクロロエチレン	検液１Ｌにつき 0.03mg 以下であること	
	ベンゼン	検液１Ｌにつき 0.01mg 以下であること	
第二種特定有害物質（重金属等）	カドミウム及びその化合物	検液１Ｌにつきカドミウム 0.01mg 以下であること	土壌 1 kg につきカドミウム 150mg 以下であること
	六価クロム化合物	検液１Ｌにつき六価クロム 0.05mg 以下であること	土壌 1 kg につき六価クロム 250mg 以下であること
	シアン化合物	検液中にシアンが検出されないこと	土壌 1 kg につき 遊離シアン 50mg 以下であること
	水銀及びその化合物	検液１Ｌにつき水銀 0.0005mg 以下であり、かつ、検液中にアルキル水銀が検出されないこと	土壌 1 kg につき水銀 15mg 以下であること
	セレン及びその化合物	検液１Ｌにつきセレン 0.01mg 以下であること	土壌 1 kg につきセレン 150mg 以下であること
	鉛及びその化合物	検液１Ｌにつき鉛 0.01mg 以下であること	土壌 1 kg につき鉛 150mg 以下であること
	砒素及びその化合物	検液１Ｌにつき砒素 0.01mg 以下であること	土壌 1 kg につき砒素 150mg 以下であること
	ふっ素及びその化合物	検液１Ｌにつきふっ素 0.8mg 以下であること	土壌 1 kg につきふっ素 4,000mg 以下であること
	ほう素及びその化合物	検液１Ｌにつきほう素 1 mg 以下であること	土壌 1 kg につきほう素 4,000mg 以下であること
第三種特定有害物質（農薬等／農薬＋ＰＣＢ）	シマジン	検液１Ｌにつき 0.003mg 以下であること	
	チオベンカルブ	検液１Ｌにつき 0.02mg 以下であること	
	チウラム	検液１Ｌにつき 0.006mg 以下であること	
	ポリ塩化ビフェニル (PCB)	検液中に検出されないこと	
	有機りん化合物	検液中に検出されないこと	

注：平成30年９月28日に土壌汚染対策法施行令の一部を改正する政令（平成30年政令第283号）が公布され、シス-1,2-ジクロロエチレンにトランス-1,2-ジクロロエチレンを追加して、あわせて1,2-ジクロロエチレンに改正されました。この施行は平成31年４月１日です。

注：令和３年４月１日より、トリクロロエチレンの土壌溶出量基準、カドミウム及びその化合物の土壌溶出量基準と土壌含有量基準に関する数値が変更となります。

（出典：環境省・（公財）日本環境協会『土壌汚染対策法のしくみ』）

また、環境省による「平成30年度土壌汚染対策法の施行状況及び土壌汚染調査・対策事例等に関する調査結果」によると、都道府県等が把握している土壌汚染調査の件数は増加傾向にあり、土壌汚染が判明している件数（注２）についても併せて増加しており、土壌汚染対策法が施行された平成14年度に600件超であった件数が、平成29年度は2,200件超にまで増えており約15年で3.5倍程度になっています。平成30年度の調査では、調査事例件数2,362件のうち、基準不適合事例件数は960件という結果となっています。

（注２）　年度別の土壌汚染調査事例及び基準不適合事例件数

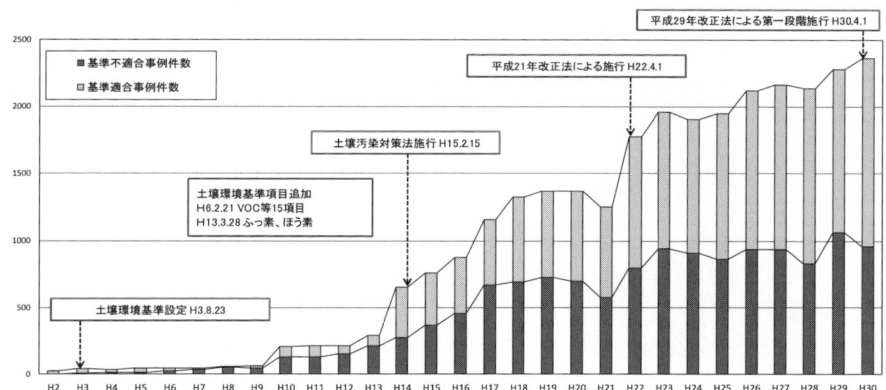

（出典：環境省「平成30年度土壌汚染対策法の施行状況及び土壌汚染調査・対策事例等に関する調査結果」）

２ 土壌汚染と不動産鑑定評価

(1)　不動産鑑定士がすべき独自調査

不動産鑑定士は、不動産鑑定評価にあたり、評価対象地について土壌汚染に関する独自調査を行わなければならいことが、平成12年に発行された「土壌汚染に関わる不動産鑑定評価上の運用指針Ｉ」により明記されています。

これは、評価対象地について、土壌汚染対策法に基づく土壌汚染状況調査又は専門機関による同等以上の土壌汚染調査がすでに行われている場合においても、不動産鑑定士は土壌汚染に関する独自調査を行わなければなりません。

ただし、不動産鑑定士が行う独自調査は、鑑定評価上の土壌汚染の存否の端緒の確認を行うためのものであり、汚染がないこと（あるいは存すること）を証明するものではないことに留意しなければなりません。

それでは、不動産鑑定士が行う独自調査とはどのようなものなのでしょうか。

不動産鑑定評価における独自調査は、以下のものが挙げられます。

①　既存資料の整理

公開されている情報を収集して評価対象地の利用や有害物質の使用に関する情報を整理します。

・土地及び建物の登記簿（現在事項証明書、閉鎖登記簿、旧土地台帳）
　⇒所有者（利用者ではないことに注意）の変遷や建物用途について把握
・過去地図（旧版地形図、住宅地図などでおおむね昭和30年代以降）や航空写真
　⇒過去からの土地利用の変遷を把握

・表層地質図、地形区分図（明治時代頃の地形や土地利用の確認が可能）
⇒地質や地下水流向を把握

②　ヒアリング調査

評価対象地の所有者や施設管理者へ評価対象地の利用状況のヒアリングを行う他、自治体へのヒアリングも行います。

・所有者等⇒評価対象地の用途等利用状況や有害物質等使用の有無など
・自治体⇒土壌汚染に関する情報（要措置区域あるいは形質変更時要届出区域に指定されているか否か）、有害物質使用に関する届出の有無など

③　現地調査

上記②ヒアリング内容の確認やその他現地と周辺状況の確認を行います。

・評価対象地内の廃棄物の管理、井戸や焼却炉などの設置状況、盛土の状況など
・周辺地における土壌汚染が懸念される事業場の有無と稼働状況など

(2)　不動産鑑定評価における取扱い

①　専門機関による土壌汚染状況調査等がない場合（土壌汚染調査が未実施）

土壌汚染の有無及びその状態については、不動産鑑定士の通常の調査の範囲（前記独自調査の範囲）では、評価対象地の価格への影響の程度を判断するための事実の確認が困難であることから、特定の価格形成要因として扱われることとなり、「調査範囲等条件」を設定することができます。ただし、調査範囲など条件を設定することができるのは、当該条件を設定しても鑑定評価書の利用者の利益を害する恐れがないと判断されるときなど一定の条件を備えた場合に限られます。

なお、実務上、不動産鑑定士による独自調査は、あくまでも限られた範囲での調査に基づく汚染の存否の端緒の有無の判定であることから、厳密に土壌汚染の有無を判定するためには、別途、専門機関による土壌汚染状況調査などを実施することが必要であることを鑑定評価において注意喚起する対応となります。

また、独自調査により土壌汚染の存否の端緒が確認できる場合、不動産鑑定士は、専門機関による土壌汚染状況調査等を依頼者に促し、当該調査結果を活用して鑑定評価を行うケースもみられます。

②　専門機関による土壌汚染状況調査等がある場合（土壌汚染調査が実施済）

原則として、汚染の分布状況や除却等に要する費用などについて、他の専門家が行った調査結果などを活用、把握した上で、鑑定評価を行うこととなります。

9 遺言の要件と効力

Question　父Aが死亡し、相続人はその子B、C、Dの３人である。A死亡から数年後、Aの自宅の引き出しから遺言として自筆で書いたメモが発見された。遺言はAが高齢で手が震え、一時的に文字が書けなかったため、子Cが代わりにAの言うとおりに記載した。子Bが家庭裁判所に検認を申し立てると、遺言として無効との判断が下された。

遺言の種類や要件、どのように作成すればよいか。

〈相続関係図〉

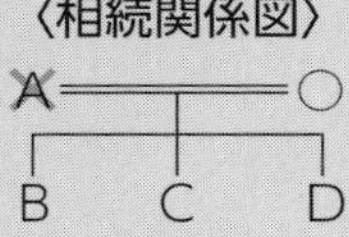

法務

1 遺言の方式

遺言とは、被相続人が自らの財産の承継について最終意思を表明したものです。

遺言の方式には、普通の方式（民法967条）と、死亡が差し迫った者や、伝染病隔離者、在船者などの特別な状況にある者の特別の方式があります。

普通の方式には、自筆証書遺言（民法968条）と公正証書遺言（民法969条）、秘密証書遺言（民法970条）の３つがあります。

2 自筆証書遺言とは

自筆証書遺言とは、遺言者が全文、日付、氏名を自書し、印を押して作成する遺言のことです。

したがって、公式な手続を経ることなく、また、費用が安く、いつでも、どこでも、１人だけで作成することができます。

これまでは、財産を特定する項目もすべて自書しなければなりませんでしたが、平成30年の民法改正により、パソコンで作成した財産目録や預貯金通帳のコピー、登記事項証明書などを遺言に添付できるようになりました（民法968条２項前段）。財産目録を添付した場合は、その全ページに署名押印しなければなりません。

3 自筆証書遺言を作成する上の留意点

自筆証書遺言には細かいルールがあり、そのルールが守られていないと、無効になってしまう可能性があります。

⑴ 自書性

まず、前記のような、添付されるもの以外、全文自書しなければなりません。

自書性が要件とされる理由は、筆跡によって本人が書いたものであることを判定でき、それ自体で遺言が遺言者の真意により出たものであることを保障することができるからです。

パソコン、タイプライター、点字器を用いて作成したものは、本人が書いたものか判別できないため、自書に当たりません。

また、被相続人の体が弱っていることにより、字が書けなくなったときに他の者が「添え手」をすることがあります。「添え手」も①遺言者が自筆能力を有して、他人の支えを借りただけであり、②他人の意思が介入した形跡がない場合に限り「自書」といえます（最判昭和62年10月８日・民集41巻７号1471頁)。

つまり、遺言者の意思ではなく、添え手をしている者の意思が反映している場合は無効になります。

⑵ 日付

同じ遺言者が作成した遺言が複数あった場合は、新しく作成した遺言が有効となります。また、作成年月日は、遺言者の遺言能力の有無を判断する時期の基準になります。

よって、遺言にとって、遺言を作成した日付は極めて重要なので、日付のない遺言は無効です。

⑶ 署名

遺言書には、遺言者を特定するために署名が必要です。

署名は遺言者特定のためですので、戸籍上の氏名でなくても、通称や雅号、ペンネーム、苗字と名前のいずれか一方しか書かなくても、遺言者を特定できるものであればそれで構いません。

⑷ 押印

遺言作成には遺言書が本物であることを担保するため押印することが必要です。

実印である必要はなく、認印でもいいですし、指印でも問題ありませんが、後から他の人の印鑑であるとかいわれないためにも実印が望ましいです。

押印の場所は、遺言の本文が書かれた用紙上にされていれば足り、必ずしも署名の下にされていなくても構いません。

⑸ 加除訂正の方法

遺言が偽造されたものなどといわれることや、他人による偽造・変造を防止するため、加除訂正の方法も厳格に決まっています。

遺言者は、①加除訂正の場所を指示し、②変更した旨を付記して署名し、かつ、③その変更した場所に押印しなければ、変更は無効になります（民法968条３項）。

⑹ 紛失・破棄の危険

自筆証書遺言は、以前は、遺言の存在は聞いたことがあっても紛失したり、保管場所がわからなかったり、敵対している相続人が破棄したりなどの危険がありました。

そういった問題に対応するため、法務局における遺言書の保管等に関する法律（遺言書保管法）が制定され、遺言者本人が法務局に申請して遺言書を保管してもらうことができるようになりました（令和２年７月10日施行）。

法務局に保管されている遺言書については、家庭裁判所に検認（❹参照）の申立てをする必要がありません（遺言書保管法11条）。

❹ 検認手続とは

検認手続とは、相続人に対して遺言の存在と内容を知らせるとともに、遺言執行前に遺言書を保全し、変造や隠匿を防ぐために行う手続です。

自筆証書遺言の保有者は、相続開始後遅滞なく家庭裁判所に検認の申立てをする必要があります（民法1004条１項）。

❺ 本事例について

本事例では、自筆証書遺言が法務局に保管されていなかったので、検認手続が必要となりました。本事例では、遺言書を被相続人父Aではなく子C（相続人）が記載していたので、前記の自書性の要件が満たされていないため、方式違反として無効になってしまいました。

本事例において、父Aは一時的に文字が書けなかっただけですので、自分の手が震えなくなるまで待つか、子Cに添え手だけ頼んで父A自ら書いていれば、有効となっていたかもしれません。

❻ 遺言無効を防ぐための方法

遺言無効を防ぐためには、公正証書遺言を作成するべきです。公正証書遺言とは、公証人が作成する公正証書によってする遺言のことをいいます。

公証人とは、国の公務である公証事務を担う公務員をいい、経験豊富な元判事や元検事などがなっています。

公正証書遺言の作成手順は、①証人２人以上の立ち合いの下で、遺言者が遺言の趣旨を公証人に口頭で話す、②公証人がこれを書面にして、その内容を遺言者及び証人に読み聞かせ、又は閲覧させる、③遺言者及び証人が筆記の正確なことを承認した後、各自が署名押印する、④最後に公証人が方式にのっとって作成した旨を付記して署名押印するという４つです（民法969条）。

公正証書遺言は、自筆証書遺言に比べ、手数料がかかり、証人２人が必要だというデメリットはありますが、自書性が必要なく、公証役場で保管してくれるので、紛失、隠匿、改変の危険性がありません。また、検認手続も必要ありません。

そして何よりも、公証人が口頭で遺言の趣旨を聞くことで、遺言者の意思であることを確認しているので、方式違反になり遺言が無効になる可能性が非常に低くなります。

ただ、公正証書遺言があるからといって遺言者に遺言能力があったことが保障されるわけではないので注意が必要です。また、公証人は遺言内容を事細かく作成してくれるわけではないので、内容は弁護士に相談するべきです。

税務

1 相続税の申告

遺言に、今まで把握していなかった遺産が記載されていた場合、相続税の期限後申告（相続税の申告を行っていた場合は修正申告）が必要になります。その際、延滞税、過少申告加算税、無申告加算税などの加算税が課せられます。

また、遺言が見つかったことで遺産分割を変更した場合は、各相続人に対する相続税の按分割合が変わりますので、修正申告が必要です。

2 相続税の時効

相続税の時効は、相続が発生してから５年（相続人が善意である場合。相続人が相続税の申告は不要であると認識していた、又は遺産の存在を知らなかった場合など）又は７年（相続人が悪意である場合。相続人が相続税の申告が必要であると認識しながら申告していなかった、又は遺産の存在を知っていたが申告に含めていなかった場合など）ですので、これを経過している場合は、1に記載した期限後申告や修正申告は不要となります。

10 遺留分侵害額請求の改正点

Question　Aは、現在4,500万円の自宅（一戸建て）と、2,000万円の預貯金を持っている。また、知人から1,000万円の借金をしている。

Aには妻であるB、及び長男Cと長女Dがいる。Dは30年前に他家に嫁いでおり、AはDが嫁に行く際に婚姻費用として200万円を贈与していた。また、Aの愛人であるEにも半年前に現金500万円を贈与している。

Aは長男であるCにすべての財産を相続させようと考え、「長男Cにすべての相続財産を相続させる」という遺言を残し、亡くなった。

Aの死後、Cは遺言に基づいてAの財産をすべて自分名義に変更した。

ところが、しばらくして、Dが「私にも遺留分があるので、財産を分配して。」と言ってきた。

〈相続関係図〉

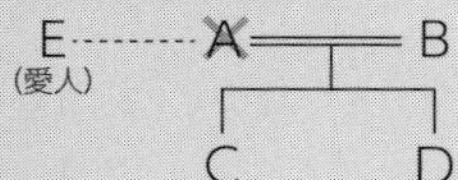

平成30年の民法改正で、従来の遺留分減殺請求が、遺留分侵害額請求にかわり、内容も大きく変更されています。

遺留分減殺請求を行う場合は、小規模宅地特例の要件に留意するなど、注意が必要です。

相続財産に不動産が含まれる場合は、鑑定評価を行うことで、遺留分侵害額請求が有利になる可能性があります。

法務

1 遺留分とは

遺留分とは、相続人（ただし、配偶者、子、又は両親や祖父母などの直系尊属に限られます。）に法律上保障された一定の割合の相続財産のことをいいます。

本来、相続によって自分の財産は自由に処分できるはずですが、他方で、相続には遺された相続人の生活の保障や被相続人の財産を作り上げることに貢献した相続人への精算といった側面もあります。

そこで、民法は、遺留分を侵害されている相続人が、遺留分を侵害している受遺者や受贈者に対して、遺留分侵害額に相当する金銭の支払を求め、これにより相続人に少なくとも遺留分だけは確保させる「遺留分侵害額請求権（民法1046条１項）」を認め、被相続人の利益と相続人の保護のバランスをとっているのです。

なお、この制度は令和元年７月１日に施行された改正後の民法（相続法）に定められたものであり、改正前の民法では「遺留分減殺請求権」とされていました。

そして、上記施行日前（令和元年６月30日まで）に開始した相続については、改正前の法律が適用されることとされています。

そこで、本稿ではまず改正後の制度を説明した上で、改正前の制度との比較を行います。

2 遺留分の計算方法

遺留分制度の「相続人の利益保護」という制度趣旨から、遺留分の計算にあたっては、相続開始時点の相続財産だけでなく、遺贈や被相続人の生前に行われていた贈与なども広く考慮しなければなりません。

このため、それぞれの相続人の遺留分を計算するには、まず生前贈与や遺贈などを含む遺留分の計算の基礎となる全体としての相続財産（「遺留分算定基礎額」といいます。）を算出し、これに後述する個々の相続人に定められる遺留分の割合（「遺留分率」といいます。）を乗じることになります。

(1) 遺留分算定基礎額の計算

① 計算方法（平成30年民法改正後の場合）

遺留分算定基礎額（民法1043条１項）
＝相続開始時点での相続財産の価額
　＋相続開始前の１年間にした贈与（民法1044条１項前段）
　－相続債務

まず、遺留分算定基礎額は、被相続人が相続開始時点で有していた財産に贈与した財産を加え、さらにそこから被相続人が負っていた債務（相続債務）の全額を差し引くことで算出します（民法1043条１項）。

ここで、遺留分算定基礎額に算入される贈与は、原則として相続開始前の１年間に贈与されたものに限られます（民法1044条１項前段）が、特に相続人に対する特別受益となる贈与については、相続開始前の10年間まで含まれます（民法1044条３項）。

なお、「贈与」とは「贈与契約」に限らず、無償での債務免除や担保提供などすべての無償処分を含みます。また、「相続開始前の１年間にした」とは、この期間に現実の履行までされていなくとも、契約締結ないし合意さえされていればよいとされています。

②　本事例の場合

本事例では、Ａには4,500万円の自宅と、2,000万円の預貯金があります。

次に、30年前になされた長女Ｄに対する婚姻費用としての200万円の贈与については、「婚姻…のため…受けた贈与」（民法1044条３項）に当たりますが、相続人に対して10年以上前に行われた贈与であるため、平成30年改正後の民法のもとでは遺留分算定基礎額に算入されません。

これに対し、愛人Ｅに対して半年前に行われた現金500万円の贈与は、相続開始前の１年間に行われたものですので、遺留分算定基礎額に算入されます。

そして、Ａには1,000万円の借金（債務）がありましたので、これを控除すると、本事例における遺留分算定基礎額は

4,500万円＋2,000万円＋500万円－1,000万円＝6,000万円

であることがわかります。

③　平成30年改正前の民法の場合

平成30年改正前の民法では、遺留分の基礎財産に含める贈与は原則として相続開始前の１年間にしたものに限られており（旧民法1030条）、一方で相続人に対する特別受益となる贈与については期間制限なく遺留分算定の際に考慮されていました（旧民法1044条、903条）。

これによると、本事例では、30年前になされた長女Ｄに対する婚姻費用としての200万円の贈与も遺留分算定基礎額に算入されることとなるため、遺留分算定基礎額は、

4,500万円＋2,000万円＋200万円＋500万円－1,000万円＝6,200万円

となります。

⑵　遺留分の割合（遺留分率）

①　個別的遺留分

	子	配偶者	直系尊属
配偶者だけの場合		1／2	
子だけがいる場合	子全員で1／2 子が複数なら均等割		
子＋配偶者の場合	子全員で1／4 子が複数なら均等割	1／4	
配偶者＋直系尊属の場合		1／3	両親で1／6
直系尊属だけの場合			両親で1／3

遺留分の権利者が主張できる個別的遺留分（遺留分率）は、誰が相続人であるかによって相続人ごとに上の表の割合のとおり定められています（民法1042条）。なお、この点は平成30年の民法改正前後で変わりません。

②　本事例の場合

本事例ではＡの相続人は妻Ｂ、長男Ｃ、長女Ｄの３人であり上記表に照らし合わせると、長女Ｄの遺留分率は１／８となります。

⑶　本事例での計算

以上より、本事例での長女Ｄの遺留分は、

（平成30年改正後民法の場合）遺留分算定基礎額6,000万円×遺留分率１／８
＝750万円

（平成30年改正前民法の場合）遺留分算定基礎額6,200万円×遺留分率１／８
＝775万円

と計算されます。

ただし、実際の遺留分侵害額は、自身の特別受益200万円を控除しなければなりませんから、平成30年改正後民法によると550万円、平成30年改正前民法によると575万円ということになります。

3 具体的な請求方法（平成30年改正後民法の場合）

⑴　遺留分侵害額請求権（民法1046条１項）とは

さて、遺留分を侵害するような相続が行われたとしても、それは直ちには無効にはならず、遺留分を侵害された相続人は遺留分を侵害する財産の承継を受けたものに対して「遺留分侵害額請求権（民法1046条１項）」を行使し、侵害されている金額に対応する金銭を請求することになります。

なお、これは必ずしも裁判で訴える必要はなく、相手方に対する一方的な意思表示で足ります。家庭裁判所に対する遺産分割手続の申入れとして行う場合もあります。

⑵ 期間制限

遺留分侵害額請求権には「遺留分権利者が、相続の開始及び遺留分を侵害する贈与又は遺贈があったことを知った時から１年間」という時効期間と「相続開始の時から10年」という除斥期間が定められており（民法1048条）、いずれの期間を過ぎても遺留分を主張できなくなってしまいます。

そこで、遺留分権利者としては、自分の遺留分を侵害するおそれがありそうな贈与や遺贈を発見した場合、これら期間を見過ごさないように注意が必要です。

⑶ 遺留分侵害額請求権の相手方と範囲

遺留分侵害額請求の相手となる「受遺者」又は「受贈者」は、遺留分算定基礎額に算入される贈与を受けたものに限られます（民法1047条柱書）。

そして、請求を受けた受遺者又は受贈者は、原則として請求の対象となる遺贈又は贈与の目的の価額を限度として責任を負いますが、受遺者や受贈者も相続人であれば、請求の対象となる遺贈又は贈与の目的の価額から自身の遺留分を控除した金額が限度となります。

⑷ 遺留分侵害額請求権の行使の順番

遺留分侵害額請求権の行使の相手方が複数いる場合、誰が金銭給付請求の相手方となるのかについて、民法1047条は以下のとおり定めています。

① 受遺者と受贈者がいるとき

⇒受遺者が先に負担する（１号）。

なお、受贈者の中でも生前贈与と死因贈与では死因受贈者が先に負担するとするのが通説です（東京高判平成12年３月８日・判タ1039号294頁も同旨）。

② 受遺者又は受贈者が複数いる場合で、その遺贈又は贈与が同時にされていたとき

⇒受遺者又は受贈者がその目的の価額の割合に応じて負担する。

ただし、遺言者がその遺言に別段の意思を表示したときは、その意思に従う（２号）。

③ 受贈者が複数いる場合で贈与が異なるタイミングでされていたとき

⇒後にされた贈与を受けた受贈者から順番に負担していく（３号）。

⑸ 本事例の処理

本事例で長女Ｄが遺留分侵害額請求権を行使する場合、まず、本事例では長男Ｃと愛人Ｅが相手方となり得ます。

長男Ｃに対する遺贈と愛人Ｅに対する生前贈与を比較すると、受遺者が先に負担するとされているので、長女Ｄは長男Ｃに対して先に請求しなければなりません。

そして、長男Cは長女Dと同じくAの相続人なので、自分が相続した財産（5,500万円）から自身の遺留分（750万円）を控除した4,750万円が遺留分侵害額請求の上限額になります。

上で述べたように、平成30年改正後民法のもとでは今回の長女Dの遺留分侵害額請求権は550万円ですから、本事例では長女Dは550万円全額を長男Cに対して支払うよう請求できるのです。

(6) 裁判所による期限の許与

なお、平成30年改正後民法のもとでは、遺留分権利者から金銭の支払請求を受けた受遺者等が、金銭を直ちに準備できない場合には、その受遺者等は、裁判所に対し、金銭債務の支払につき期限の許与を求めることができるようになりました（民法1047条５項）。これが認められると、請求を受けた受遺者等は、許与された期限内は遺留分権利者からの請求に応じなくとも責任を負わなくてもよいことになります。

したがって、長男Cとしてはこの制度を用いて一定期間長女Dに対する支払を延期することが考えられます。

4 具体的な請求方法（平成30年改正前民法の場合）

(1) 遺留分減殺請求権（旧民法1031条）とは

平成30年改正前民法の制度下では、遺留分減殺請求権は遺留分を侵害する財産の承継の法的な効力自体が否定するものとされており、遺留分を侵害する限度で金銭の支払をすればよい、という発想ではありませんでした。

このため、例えば不動産の承継に対して遺留分減殺請求を行った場合には、請求権の金額に応じた共有持分が請求権者に与えられることとなり、その結果、当該不動産は遺留分請求権者と請求の相手方とが共有する状態となります。

もっとも、このように財産が共有状態になると処分や利用が困難になってしまいます。このため、遺留分減殺請求権を行使された相手方は、侵害額に相当する金銭を弁償することにより現物の返還から逃れることができます（旧民法1041条）。

なお、裁判実務上も、現物の返還ではなく価額弁償により解決させるというケースが主流です。

(2) 本事例の処理

本事例で長女Dが遺留分減殺請求権を行使する場合、まず、本事例では長男Cと愛人Eが相手方となり得ます。両者に対してはいずれも金銭の贈与が行われているため、その返還を求めることとなります。

そして、上で述べたように、平成30年改正前民法のもとでは長女Dの遺留分侵害額請求権は575万円ですから、長女Dは575万円全額を長男Cに対して支払うよう請求できます。

なお、平成30年改正前民法のもとでは長男Ｃは裁判所に対して期限の許与を求めることはできません。

コラム

《遺留分を主張できないもの》

もともとは遺留分を主張できた相続人であっても、遺留分を主張できなくなる場合があります。

たとえば相続を放棄した人や相続欠格者（民法891条）、非行等により廃除された相続人（民法892条）についても、遺留分は認められません。

もっとも、これらのものを代襲相続した者についての扱いは区別されているので注意が必要です。すなわち、相続放棄の場合にはその代襲相続人も遺留分を主張できません。また、後述する自ら遺留分を放棄したものについても、その代襲相続人は遺留分を主張できなくなります。これに対し、相続欠格者や廃除された相続人の代襲相続人については遺留分の主張をすることができるのです。

《遺留分の放棄（民法1049条）》

遺留分は自ら放棄することも可能です。遺留分の放棄とは、相続自体を放棄するのではなく、遺留分を主張すること自体だけを放棄することです。したがって、遺留分を放棄しても相続権自体はあるので、自分に相続分があれば、遺産分割協議に参加して遺産を取得することができます。

遺留分の放棄を利用する場合の典型的な例としては、兄弟３人が相続人になっていて、長男に遺産を集中させたい場合に、被相続人の生前のうちに次男や妹に遺留分の放棄をしてもらっておく場合が考えられます。相続放棄という手段も考えられそうですが、相続放棄は相続開始前、つまり被相続人の生前にはできませんし、相続人から廃除ができるケースは限定されているため、被相続人の生前のうちに死後のトラブルを未然に防ぐためには、遺留分の放棄は有効な手段の１つです。

遺留分の放棄には、被相続人の生前に行うものと死後に行うものがありますが、被相続人の生前では被相続人から不当な圧力を受けるおそれがあるため、生前の場合のみ家庭裁判所の許可が必要になります（民法1049条１項）。

税務

❶ 相続税の申告

長女Ｃが遺留分侵害額請求を請求期限内に行った場合、遺産の相続割合が変更になりますので、すでに相続税申告書を提出している場合は変更後の相続割合で再度、申告書を作成して提出することが必要です。

その場合、長男Ｃは相続税の還付となり、長女Ｄは相続税の納付が必要になります。

❷ 小規模宅地特例

長男Ｂが自宅土地の評価について小規模宅地特例を適用していた場合は、長女Ｄの遺留分侵害額請求に際し注意が必要です。

仮に長女Ｄが妻Ｂの実家に同居せず小規模宅地特例の要件を満たさない場合、長女Ｄに移した自宅土地の半分について小規模宅地特例が適用できなくなります。すると、相続財産の課税価額総額が当初申告よりも増加します。

❸ 代償分割

❷の問題を解決するには、長女Ｄに対し代償分割を行う（侵害額請求分を金銭で支払う）方法が考えられますが、そのためには長男Ｃが相当の現金を保有している必要があります。

不動産

❶ 税法上の自宅の評価について

税法上の相続税を算出するための不動産の評価額は、土地については相続税路線価、建物については固定資産税評価額をもとに求めます。

❷ 鑑定評価上の自宅の評価について

土地及び建物所有者はＡの財産を名義変更したため、現在は長男Ｃとなっています。

また、現在、長男Ｃ自身が住んでおり、特に長男Ｃ自ら使用することに関して制約する権利等が付着していないことから、鑑定評価上の類型は自用の建物及びその敷地として評価します。

不動産鑑定による自用の建物及びその敷地の求め方は**事例19**をご参照ください。

3 税法上の評価額と鑑定評価上の評価額との差異について

(1) 土地について

相続税路線価は、時価のおおむね80%程度の価格であるため、相続税を算出するための土地の評価額は、一般的に時価よりも低くなります。

不動産鑑定評価では、価格の種類として正常価格として求めますが、この正常価格が上記時価とおおむね同じ概念です。

したがって、自宅の土地の評価額については、一般的に鑑定評価上の評価額の方が高くなります。

ただし、税法上は画一的にしか評価できないため、土地は形状、大きさ等の個別性を勘案した結果、鑑定評価を行った方が、逆に相続税評価額を下回る可能性もあります。

(2) 建物について

税法上は、固定資産税評価額となりますが、固定資産税評価の場合、減価の下限（残価率２割）があるため、下限まで達した築年数の古い建物については、評価額が意外に高いままとなっていることがあります。

鑑定評価の場合、築年数に応じた減価（耐用年数に基づく方法）と仕様設備の陳腐化等に基づく減価（観察減価法）を併用して減価していくため、固定資産税評価よりも低くなることがあります。

11 疎遠な父親が空き家と債務を残した場合

Question 父Aが死亡し、Aには子であるBとCの2人がいた。子BとCは、父Aと母が離婚してから母に育てられたので、父Aとは全く連絡をとっていなかった。BとCは、父Aには不動産と預金500万円があることがわかったので、相続することにしたが、BとCはそれぞれ自宅を所有しており、特段、遠方にあるAの不動産を必要としておらず、管理ができないまま放置した状態で半年が経過した。A死亡から半年後、Aの事業に係る借入れが3,000万円あることが発覚した。BとCは、相続放棄できるか。

〈相続関係図〉

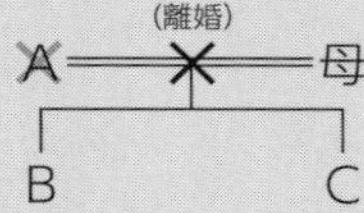

こういうケースだと、まず相続するかしないか、するにしても借入金の有無で対応が違ってきますよね。

借入金があって限定承認するときは、税務上大きな問題が出てきます。

空き家の相続をしたときは、活用方法も考えた方がいいですよね。

空き家を売却すれば譲渡所得の特別控除の特例もあります。

法務

1 相続放棄について

(1) 相続放棄できる場合

① 法律上の定め

相続放棄については、民法915条１項で、「相続人は、自己のために相続の開始があったことを知った時から三箇月以内に、相続について…放棄をしなければならない。」とされています。この３か月の期間を熟慮期間といいます。また、「自己のために相続の開始があったことを知った時」とは、相続人が相続開始の原因たる事実の発生を知ったこと、すなわち、被相続人の死亡の事実を知ったことに加え、自己が相続人となったことを認識した時とされています。

② 判例

ただし、原則論は上記のとおりですが、判例において、被相続人死亡の事実と自己が相続人となった事実を認識した時から熟慮期間が始まらないとした、例外的な判断を下しているものがあります。すなわち、これらの事実を知った時から３か月以内に限定承認又は相続放棄をしなかったのが、（ⅰ）被相続人に相続財産が全く存在しないと信じた場合で、かつ（ⅱ）被相続人の生活歴や被相続人と相続人の間の交際状態等から、相続財産の有無の調査を期待することが著しく困難な事情があって相続財産が全く存在しないと信じることについて相当な理由があった場合には、熟慮期間は、相続人が相続財産の全部又は一部の存在を認識した時または通常これらを認識できる時から始まると判断しています（最判昭和59年４月27日・民集38巻６号498頁）。

注意すべきは、ここでいう「相続財産が全く存在しないと信じた」とは、プラスの財産もマイナスの相続債務もないと信じたという意味です。別の裁判例において、相続財産が債務超過であることを知った時から熟慮期間が開始すべきだ、その時点から３か月以内になされた相続放棄の申述を受理せよとの相続人の主張に対して、裁判所は、相続人は、被相続人死亡時に相続財産としてプラスの財産の存在を知っていたとして、この主張を認めませんでした（高松高決平成13年１月10日・家月54巻４号66頁）。

(2) 単純承認について

そして、熟慮期間内に、限定承認又は相続放棄をしなかったときには、相続人は単純承認したものとみなされます（民法921条２号）。単純承認した場合は、被相続人の債権債務を無限に承継することとなります（民法920条）。

他にも、相続人が相続財産の全部又は一部を処分した場合や、限定承認や相続放棄の手続後に相続財産を隠匿したり私的に消費したりした場合も単純承認したものとみなされます（民法921条１号、３号）。

⑶　本事例の場合

①　「自己のために相続の開始があったことを知った時」

本事例では、Ｂ及びＣは父親であるＡの死亡の事実を知れば、自らが相続人となることはわかるので、Ａの死亡の事実を知った時が「自己のために相続の開始があったことを知った時」といえます。

仮にＡにＤという弟がいて遺言がない場合には、Ｂ、Ｃが相続放棄をしない限りＤは相続人にはなりません。そのため、Ｄについて、「自己のために相続の開始があったことを知った時」とは、Ａの死亡の事実を知ったのみならず、Ｂ、Ｃらが相続放棄をしたことも知った時であり、その時点から、３か月以内に放棄をするか否かの判断をしなければならないということになります。

②　判例にいう例外的な場合に当たるか

本事例ではＢ、Ｃが、Ａ死亡の事実を知った時点から半年経過しているため、原則的には相続放棄はできないということになります。

それでは、例外的な場合について判断した判例法理を適用できるでしょうか。上記のとおり、判例は、（ⅰ）被相続人に相続財産が全く存在しないと信じた場合で、（ⅱ）相続財産の有無の調査を期待することが著しく困難でそのように信じることについて相当な理由があった場合には、例外的な判断をしました。

しかし、本事例では、Ｂ、Ｃは、相続財産として不動産と預金500万円の存在を認識していますので、判例の示す例外的場合には当たりません。

Ｂ、ＣはＡ死亡の半年後に3,000万円の債務の存在を認識し、その時点で相続財産が債務超過であることを知っており、相続放棄の手続をできなかったことにやむを得ない事情があったといえそうですが、裁判所は当該事情をもってしても相続放棄を認めていません。そして、裁判所が相続放棄の申述を受理しても、それは相続放棄の有効無効を確定するものではありません。本事例で、仮に、Ｂ、Ｃが相続放棄の申述をしてそれがいったんは受理されても、相続債権者等からその相続放棄が無効であると民事訴訟で争われ、相続放棄の効力が否定される可能性があります。

③　相続財産を処分した、といえるか

また、別の観点からＢ、Ｃの相続放棄が否定される可能性があります。

Ｂ、Ｃは、Ａの相続財産である不動産と預金について「相続をすることにし」という記載があるところ、例えば、不動産について相続を原因としたＢ、Ｃらへ

の所有権移転登記手続を行ったり、Ａ名義の預金の解約をしていたりした場合には、相続財産の処分をしたとして、この場合も民法921条１号によって単純承認したこととみなされます。

したがって、この場合、上記②とは別の観点から相続放棄が認められないこととなります。

(4) 結論

結論としては、上記のとおり、Ａ死亡の事実を知った時から３か月以内に相続放棄をすべきであったといえます。本事例では、Ａの消費者金融に対する債務の存在を知ったのはＡ死亡の半年後であり、その時点でようやく相続放棄の必要性を認識したといえますが、そのような場合であっても、現在の判例においては、相続放棄は認められていません。

本事例のような、生前の被相続人とは疎遠な関係にあった場合には特にですが、Ｂ、Ｃは、被相続人の積極的な財産のみならず、債務についてもその有無・金額を調査した上で対応を検討すべきであったといえます。具体的な調査方法としては、Ａに債務があれば、死後その返済が止まるはずで、債権者から督促の通知が来ることが考えられるので、Ａ宛ての郵便物を確認することが有効です。さらに進んで、信用情報機関に対し、Ａの信用情報の開示を求めることで、金融機関等に対する債務の有無を確認することもあり得ます。この調査の期間が３か月では足りない場合も往々にしてありますが、その場合は、家庭裁判所に対して、熟慮期間を３か月よりさらに伸長するよう請求することができます（民法915条１項）。

なお、仮に本事例でＢ、Ｃが、相続放棄をすることができたとしても、Ａの相続財産に対する管理義務は残りますので（民法940条）、Ｂ、Ｃが相続放棄をしたからといって、Ａに関する一切の義務を負わなくなるというわけではないことに注意が必要です。本事例では、相続財産に不動産があるので、近年深刻化している空き家問題の見地からも、管理の問題が残るということになります。

2 限定承認について

(1) 限定承認の内容

限定承認とは、相続によって得た財産の限度で、債務等を弁済することとする制度で、端的には、相続財産が債務超過であっても、自らの固有の財産をもって債務を弁済せずともよいという制度です。

本事例でも、Ａ死亡の事実を知った時から３か月以内に（この期間を家庭裁判所に対して伸ばすよう請求できることは上記のとおりです。）、Ｂ、Ｃは限定承認をするか否かを検討することが考えられます。限定承認手続が認められると、Ｂ、

Ｃは、自らの財産をもって3,000万円の債務返済をする必要はないためです。

⑵　限定承認のデメリット

しかし、限定承認手続には、手続上、以下のデメリットがあります。

まず、この限定承認の手続は、共同相続人が共同でしなければならないとされているので（民法923条）、ＢとＣの意見が合致しないとできません。

次に、手続にあたっては相続財産の目録を３か月以内に作成して裁判所に届け出る必要があり（民法924条）、さらに、すべての相続債権者と受遺者に対し公告や催告をしなければならないとされています（民法927条）。

加えて、限定承認をする者である本事例ではＢ、Ｃが、公告等に応じて請求してきた債権者に対して弁済しなければなりません（民法929条）。相続財産をもって弁済をするにあたって相続財産を売却する必要がある場合は、競売手続によって売却することとされています（民法932条）。この競売手続に際して、手続費用を負担するのは限定承認をする者です。もっとも、競売手続によって財産が換価された場合、その金額は手続費用に充てられますので、基本的に持出しにはなりませんが、一時的にであっても費用負担する必要があります。

このように手続的にはかなり重い手続が必要とされています。

そして、詳細は**税務**の項を参照いただければと思いますが、税制上も、みなし譲渡課税が課される可能性があるという問題点を有しています。

⑶　結論

以上から、限定承認は効果としてはリスクがないようにも思われますが、様々な点に留意する必要があります。また、上記のとおり、相続財産の目録を作成しなければならず、そのためには相続財産の調査が必要といえますが、目録を作成できるほどに調査を進めれば、大抵の場合は債務超過か否かが判明するので、相続放棄をするか単純承認をするかも判断が可能であると考えられます。そのため、場合によっては熟慮期間の伸長を求めながら、相続財産について慎重に調査した上で、相続放棄すべきか承認すべきかを判断することになります。

税務

1 債務控除

被相続人であるＡが債務を負っていた場合、その債務金額は相続財産の評価額から控除することができます。これを債務控除といいます。相続税の納税義務の判定（基礎控除を上回るか否か）も、債務控除後の金額によることができます（国税庁タックスアンサーNo.4102)。

2 相続放棄

相続放棄があった場合、相続税の基礎控除の金額が減ります。

相続税の基礎控除の金額は「3,000万円＋600万円×相続人の数」で計算されますが、相続放棄をした相続人は、この式の相続人の数には含まれません（相法15条)。

また、相続放棄した方の相続分は、相続放棄していない他の相続人に按分されます。

3 限定承認

相続人が遺産を相続するときに、相続財産を責任の限度として相続することをいいます。すなわち、相続する財産よりも借金などの負債が多い場合（債務超過)、相続財産を限度として負債を支払う相続をいいます。

なお、限定承認の際は、相続税の他、「みなし譲渡課税」が行われる可能性がありますので注意が必要です（所法59条１項１号)。この「みなし譲渡課税」は、限定承認の際、すべての相続財産を時価で売却したものとみなし、その売却益に対して所得税を課する制度です。そのため、相続財産の中に、含み益のある不動産や有価証券がある場合、これらを（実際には売却していなくても）時価で売却して売却益が計上されたとみなされ、その売却益に所得税が課税されます。

4 空き家の譲渡に関する特例

被相続人が居住していた家屋又はその敷地を、相続又は遺贈により取得し、令和５年12月31日までの間に売却した場合、一定の要件に当てはまれば、当該売却に係る譲渡所得の金額から最高3,000万円まで控除することができます（措法23条)。

要件のうち、主なものは以下のとおりです。

(1) 売った人が、相続又は遺贈により被相続人居住用家屋及び被相続人居住用家屋の敷地等を取得したこと

(2) 以下のいずれかの売却に該当すること

① 相続又は遺贈により取得した被相続人居住用家屋を売るか、被相続人居住用家屋とともに被相続人居住用家屋の敷地等を売ること

この場合、相続の時から譲渡の時まで事業の用、貸付けの用又は居住の用に供されていたことがないこと、及び、譲渡の時において一定の耐震基準を満たすものであることが必要です。

② 相続又は遺贈により取得した被相続人居住用家屋の全部の取壊し等をした後に被相続人居住用家屋の敷地等を売ること

(3) 相続の開始があった日から３年を経過する日の属する年の12月31日までに売ること

(4) 売却代金が１億円以下であること

(5) 売った家屋や敷地等について、相続財産を譲渡した場合の取得費の特例や収用等の場合の特別控除など他の特例の適用を受けていないこと

(6) 同一の被相続人から相続又は遺贈により取得した被相続人居住用家屋又は被相続人居住用家屋の敷地等について、この特例の適用を受けていないこと

(7) 親子や夫婦など特別の関係がある人に対して売ったものでないこと

不動産

1 相続した不動産の管理と税金

本事例では、Ｂ及びＣは、Ａの不動産を相続したものの、それぞれ自宅を有しており特段Ａの不動産を必要としていません。また、Ｂ及びＣは遠方に住んでいることからＡの不動産を相続したものの管理ができず放置した状態にあります。

このように不動産を相続したものの、売却が難しく、また、居住地から遠方にあるなどの諸事情により管理が困難となった結果、放置された空き家等（下図）が全国各地で増えています。

【空き家件数の推移】

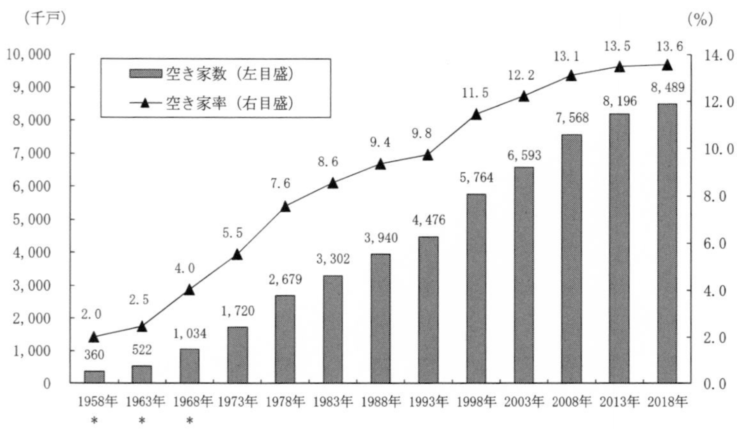

注：＊の数値は沖縄県を含まない。（出典：総務省統計局『平成30年住宅・土地統計調査結果』）

建物所有者は、状況改善に向けた何らかの対応をせずに建物を長期間放置して

おくと、倒壊のおそれや防犯、衛生上の観点から空き家対策特別措置法に基づく「特定空き家」に指定される可能性があり、指定されてしまうと固定資産税等の住宅用地の特例（注）が適用されなくなってしまうことから、保有上のデメリットが生じてしまいます。

本事例の場合、Aの不動産は半年間放置された状態でありますが、例えば、建物の老朽化の程度が著しく、地域住民の生活環境に悪影響を及ぼす程度にあるのであれば必要な措置（除却、修繕等）を講じなければなりません。

ただし、建物を除却し更地化すると、固定資産税等の住宅用地の特例を受けることができなくなりますので、この点については特に注意が必要となります。

なお、空き家除却後の土地については、税負担の急激な上昇を緩和するために、固定資産税・都市計画税を減免している自治体もみられます。

（注）住宅用地の特例

区分	住宅用地の特例	
		小規模住宅用地の特例
固定資産税	課税標準となるべき価格を1/3とする。	課税標準となるべき価格を1/6とする。
都市計画税	課税標準となるべき価格を2/3とする。	課税標準となるべき価格を1/3とする。

2 相続した不動産の活用

ここでは、BやCのように、不動産を相続したものの管理をすることが困難な不動産の活用方法をご紹介させていただきます。

(1) 空き家・空き地バンク

国土交通省の発表によると、全国の空き家等の情報を簡単に検索できる「全国版空き家・空き地バンク」に、全国603自治体が参加しており、延べ9,000件を超える空き家等の情報が掲載されているなかで、累計1,900件超が成約に至っていると報告されています（平成31年２月時点）。

まず、全国の自治体が空き家・空き地バンクを設置し、そこでは、移住・定住促進、地域活性化等の実現に向けて、空き家所有者と購入（賃借）希望者とのマッチングを行っています。

★全国版空き家・空き地バンクサイト

・国土交通省　http://www.mlit.go.jp/

★その他各自治体の空き家バンクサイト

・大阪府　http://bank.osaka-sumai-refo.com/
・滋賀県　https://www.pref.shiga.lg.jp/iju/residence/107967.html
・和歌山県　https://www.wakayamagurashi.jp/category/house
…等々

また、上記の空き家バンクと関連し、各自治体では空き家バンクの活性化と移住促進の対策として、「空き家の所有者」と「移住検討者」に対して、補助金や奨励金、固定資産税の減額、家財道具の処分費に対する補助金等、様々な取り組みをしています。これらの取り組みについては、期間設定をしている取り組みもございますので、詳細については各自治体窓口に直接お問い合わせください。

⑵　空き家対策

次に、空き家対策は、民間企業の間でも取り組みがなされており、各業界を代表するような大手企業やグループが新たなビジネスチャンスとして参入しています。

このような民間企業が取り組んでいる空き家ビジネスは大きく分けると、「一括借上げ型」、「サブリース型」の２つに分けられます。

一括借上げ型は、各企業が賃借人となり、当該物件において、自らが宿泊や飲食、物販等の事業を行います。近年では、インバウンドにより観光業界が好調である状況下で、宿泊施設として活用する企業が多く見られます。

サブリース型は、各企業が賃借人となり、当該物件を、さらに転貸するケースであり、住宅用途（戸建、共同住宅）に活用する企業が多く見られます。

どちらのケースも上記企業と定期建物賃貸借契約を締結することが多く、その契約内容により差異はありますが、空き家所有者のメリット・デメリットは、おおむね以下のとおりとなります（適法な利用を前提としています。）。

［メリット］

	一括借上げ・サブリース
契約締結時 契約期間中	・リノベーション費用等は企業が負担する。 ・住宅用途であれば固定資産税の優遇措置の適用が受けられる。 ・小修繕が不要（契約内容による） ・管理が不要 ・管理（保有）コスト（固定資産税、火災保険）が予測しやすい。 ・契約期間内の賃料が一定の場合は収入が予測しやすい。
契約終了時	契約終了時での現状引渡しとなるため、相続時に老朽化が進んだ状態であれば、一定の改修工事された状態での返還となる（契約内容による）。

［デメリット］

	一括借上げ	サブリース
契約締結時 契約期間中	企業がリノベーション費等を負担していること、管理コスト、空室リスク等が家賃に反映される。	
契約終了時	契約終了時の現状での返還（契約内容による）	転貸借契約を引き継ぐ可能性あり 契約終了時の現状での返還（契約内容による）

少子高齢化による人口減少が本格化するなかで、今後空き家が増加し続けることは必至であり、官民では、空き家をどのように活用し、地域活性化に繋げていくかが課題となっています。

国や地方自治体では、前記の空き家バンクを活用したマッチングや税制上の措置、補助金の交付等により対策を講じており、また、増え続ける空き家を今後成長するビジネスとして捉えて、リノベーション（改築）、有効活用の提案等の各場面で新規参入している企業も多く見られます。

相続により不動産を取得したが、管理・活用ができず放置された空き家が増えるようなことになると、防災、防犯、衛生の上で社会に与える悪影響が大きいことから、相続の対象となる所有不動産の処分・管理等についてはできる限り早く意思決定をすることが望ましいと思われます。

12 敵対株主がいる場合の株式の承継と不動産の同族間売買

Question 代表取締役社長であるAは一代で会社（非公開会社）を設立、拡大してきたが、70歳になり、体調に不安が出てきた。次期代表取締役社長は長男Bに承継させるつもりである。会社の資産としては、社長であるA所有の土地上に建物（自社ビル）を保有している。会社の株式（発行済株式数は55,000株）はAが50,000株、Bが1,000株、いつもAと敵対関係にあるCが4,000株所有している。Aが死亡したときのために、A所有土地の会社への売却、経営権や相続税対策を行いたいと思っているが、どのような点に留意すればよいか。

〈会社・相続関係図〉

会社

代表取締役社長：A

株式の保有状況：Aが50,000株、Bが1,000株
Cが4,000株
(AとCは敵対関係)

A
次期代表取締役社長は
Bに承継させたい

A ═══ ○
→ B

敵対関係にある株主がいる場合は、これをいかにして排除し、後継者に経営権を集中させるかが重要です。

個人所有土地の上に会社所有の建物があるため、個人所有土地は会社に名義を移すことを検討すべきですが、同族間売買に該当するので注意が必要です。

株式や不動産の移動が発生しますので、譲渡益課税などに注意が必要ですし、同族間賃借なので権利金の認定課税も注意が必要です。

法務

1 総論

経営権を承継させる方法としては、以下の方法が考えられます。

① 株式の承継、つまり、Aから後継者Bに対して売買、生前贈与、遺言等により株式を承継させ、議決権を集中させる方法

② 会社法制を用いて後継者Bの議決権をコントロールする、又は後継者B以外の者から株式を取得し、相対的に後継者の議決権比率を増大させる方法

なお、A又はBが、Cから株式を買い取る方法も考えられますが、Cが敵対的関係にあることや売買価格の妥当性の問題等があるため、本事例ではCから株式を買い取るのは困難と考えます。

2 株式の承継

(1) はじめに

① 本事例のような事業承継の場面においては、Ⅰ経営そのものの承継（後継者の選定・教育、ノウハウや技術の承継等）、Ⅱ経営権の承継及びⅢ企業資産の承継が必ず問題となります。

そのうち、経営権の承継を行うにあたっては、ⅰ経営権の確保（議決権の集中）⇒ⅱ遺留分への配慮による円満相続（他に相続人がいる場合）⇒ⅲ納税資金の準備⇒ⅳ節税対策の順に対策を検討していく必要があります。特に後継者への議決権の集中及び遺留分への配慮はセットで、かつ、最優先で検討しなければなりません。

② 経営者の生前に株式の承継を一切行わない場合、経営者の死後に遺産分割により株式の承継を行うことになりますが、遺産分割は承継に時間を要し、株式を後継者に集中することができず、場合によっては後継者が経営権を失う恐れがあります。

そのため、事業承継を行う場合、なるべく生前に株式の承継を行うべきです。

③ 経営者の生前に株式の承継を行う方法としては、生前に承継の準備をし、承継を実現する「生前実現」型の売買、贈与と生前に承継の準備をし、経営者の死後に承継を実現する「生前準備」型の遺言、死因贈与があります。

これら４つの承継方法を議決権の集中、承継の円滑性、承継の法的安定性、費用面からその長所、短所をまとめたものが下記の表となります。

		集中	円滑	安定	費用	備考
生前実現	売買	○	○	○	× 代金負担	集中、円滑、安定で最適 売買代金等の費用負担
	生前贈与	△ 遺留分 （注１）	○	△ 遺留分	○ 贈与税 （注２）	円滑、安定（既成事実化）で遺言、死因贈与に優る
生前準備	遺言	△ 遺留分	△ 執行の負担	△ 遺留分	○ 相続税 （注２）	単独で作成可、撤回できるため後継者の地位が不安定に
	死因贈与	△ 遺留分	△ 執行の負担	△ 遺留分	○ 相続税	契約のため双方の合意が必要、効力は遺言とほぼ同じで撤回が可能

（注１）　非後継者の遺留分は経営承継円滑化法の民法特例により対応可能
（注２）　事業承継税制(納税猶予)の活用が可能

(2)　本事例の場合

①　売買について

後述する生前贈与は、後々の遺産分割において特別受益として争点になることがあります。その点、生前にＡから後継者Ｂに株式を売却する方法をとれば、そのようなことを心配する必要はなくなります。

一方で、後継者Ｂとしては、株式の買取資金を確保する必要があります。

かかる資金を準備する方法としては、会社からの役員報酬で賄うという方法があります（場合によっては、報酬増額の株主総会決議等の手続が必要となります。）。後継者Ｂとしては、会社のために一生懸命に働き、それに見合う役員報酬を得て、それを原資として株式を買い取っていくことになります。

売買の際の株式の譲渡価格は相続税評価額であれば、税法的には問題ありません。

それよりも著しく低額で売買を行うと、Ａから後継者Ｂに贈与を行ったものとみなされ（みなし譲渡）、贈与税がかかる可能性があるので注意が必要です。

②　生前贈与について

生前贈与は、株式の買取代金の準備や遺言書の作成の手間等を考えると、売買や後述する遺言よりも簡易な承継方法といえます。

もっとも、生前贈与を行うにあたっては、他の相続人の遺留分に配慮する必要があります。

遺留分の侵害対策の手法としては、以下の方法により対応することが可能です。実務的にはⅰ遺留分の事前放棄の方がポピュラーです。

ⅰ　遺留分の事前放棄

各遺留分権利者がそれぞれ裁判所で手続を行う必要があります（民法1049条1項）。

ii　経営承継円滑化法の遺留分に関する民法特例

除外合意（株式の価格を遺留分の基礎財産に算入しない）や固定合意（株式の価格を贈与時の価格として固定する）がありますが、本手続は煩雑である上、相続人全員の合意が前提であるため、実際にはハードルが高いです。

税制面に関しては、贈与期間、贈与額、A、後継者Bを含む会社を取り巻く状況等を踏まえて事業承継税制、暦年課税制度、相続時精算課税制度等をうまく活用しながら贈与を計画的に実施することができます。

また、役員退職金、特別減価償却費等の株価対策で一時的に多額の損金を発生させ、株価を下げることができれば、後継者に対して株式の贈与を一気に進めることもできます。

③　遺言（又は死因贈与）について

生前に株式の対策を講じることができなかった場合は、最低限遺言を作成する必要があります。そして、Aは、後継者Bに株式を取得させる内容の遺言を作成しなければなりません。

遺言の作成にあたっては、以下の４点に留意して作成する必要があります。

i　遺言の無効リスクに備え、形式や作成者（本事例の場合はA）の意思能力に注意し、基本的には公正証書遺言（民法969条）によること。

ii　全財産を指定すること（「その他の財産は…」の条項を入れておく。全財産を指定できていれば、分割協議は不要となるため。）。

iii　遺留分を考慮し、株式を後継者に集中させる場合、その他の財産は後継者以外の相続人に分配すること。

iv　遺言の表現はできるだけ明確にし（断定的な表現を心掛ける）、会社代表者の想いは付言事項等を使うこと。

3 会社法制の活用

(1) はじめに

①　経営者の生前に株式の承継を行わず、株式が分散した後に会社法制を活用し、株式（つまり議決権）を再結集することは、株主総会の特別決議（行使できる議決権の過半数を有する株主の出席と、出席した株主の議決権の３分の２以上による賛成を要します、会社法309条２項各号）が必要になるなど困難な場合が多いため、会社法制を活用する場合もあらかじめ議決権確保の方策を講ずる必要があります。

会社法制の活用による議決権の確保手段としては、以下の方法が考えられます。

i　議決権をコントロールする方法として株主ごとの異なる取扱い（属人的種類株式、会社法109条２項）の活用や議決権制限株式（会社法108条１項３号）の発行

ii　会社が後継者以外の者から株式を取得し、相対的に後継者の議決権比率を増大させる方法として相続人等に対する売渡請求（会社法174条以下）、特別支配株主による株式等売渡請求（会社法179条以下）や全部取得条項付株式（会社法108条１項７号）の活用

②　まず、会社法制の活用にあたり、株式の割合に応じて講ずることができる手段について下記の表で確認しましょう。

株式の保有割合	同株式割合に基づき行使可能な権利等
１株以上	単独株主権（議決権、議案提案権等）の行使
３％超	少数株主権（株主総会招集権、会計帳簿閲覧権等）の行使
４分の１（25%）超	株主総会の特殊決議の否決
３分の１（33.4%）超	株主総会の特別決議の否決
２分の１（50%）超	株主総会の普通決議の可決（取締役、監査役の選任・解任や配当額の決定等、会社法309条１項） **会社支配権の獲得**
３分の２（66.7%）超	株主総会の特別決議の可決（事業譲渡、定款変更、組織再編等の重要事項に関する決議、会社法309条２項各号）
４分の３（75%）超	属人的種類株式の定款変更に関する株主総会の特殊決議の可決（会社法109条２項、309条４項）
100%超	種類株式発行会社以外の会社において全部の株式を取得条項付株式に変更する内容の定款変更をする場合（会社法110条）、役員等の責任免除（会社法424条、120条５項等）

③　本事例における会社法制の活用について説明する前に、事業承継において活用されている種類株式（会社法107条、108条、109条２項）について下記の表で把握しておきましょう。

譲渡制限株式	株式の取得に株式会社の承認を要する株式
議決権制限株式	議決権の行使について何らかの形で制限が付された株式
配当優先（劣後）株式	配当に関して優先（または劣後）の取扱いがされる株式
残余財産分配優先（劣後）株式	会社の解散時等で残った財産の分配を受ける権利について優先（または劣後）の取扱いがされる株式
取得請求権付株式	株主が、会社に対して自分の所有する株式を取得するよう請求することができる株式

取得条項付株式	一定の事由が生じたことを条件に、株主の同意なく強制的に会社が株主の所有する株式を取得することができる株式
全部取得条項付株式	株主総会の決議をもって、その種類の株式すべてを会社が取得することができる株式
拒否権付株式（黄金株）	定款に定められた事項について、取締役会、株主総会等の決議のほか、その株式を所有している株主の承認を得なければならないと定められている株式
役員選解任権付株式	各株主グループにおいて、取締役や監査役として選任（または解任）する権利が付された株式
属人的種類株式	会社法109条２項に基づき、剰余金配当・議決権・残余財産分配につき、特定の株主を「VIP」とする定款の制度

それでは、上記の表も踏まえながら本事例における会社法制の活用について説明します。

⑵　本事例の場合

①　属人的種類株式の活用

株式の評価額が高い一方で、非公開会社で会社代表者であるＡが総株主の議決権の４分の３以上の株式を有することから（50,000株/55,000株≒0.91）、株主総会における議決権に関する事項について、株主ごとに異なる取扱い行う旨を定款で定めることができます（会社法109条２項、３項、属人的種類株式）。

属人的種類株式は、その内容について登記されることはなく、相続によってその効果が承継され、分散することもありません。また、反対株主の株式買取請求権等の適用もありません。

Ａらとしては、株主総会の特殊決議（総株主数の半数以上の株主と、総株主の４分の３以上の賛成を要します、会社法109条２項、309条４項）を行うことで後継者Ｂの所有株式につき、１株複数議決権を認める旨の定款を設ければ（例えば、「Ｂは、その有する株式１株当たり1,000議決権を有する。Ｂ以外の株主は、その有する株式１株当たり１議決権を有する。」）、後継者であるＢに議決権を集中させることができます。

②　後継者Ｂ以外に相続人がいる場合の議決権制限株式の利用

後継者Ｂ以外に相続人がいる場合は、以下のとおり議決権制限株式（会社法108条１項３号）を利用することによって後継者Ｂに議決権を集中させることができます。

ⅰ　Ａが有する株式の一部を議決権制限株式に変更するための定款変更の手続（株主総会を招集し、そのうえで総会における特別決議（議決権制限株式を発行する旨の定めを定款に規定する決議、種類株主総会の決議を不要とする

旨の定めを定款に規定する決議及び普通株式の一部を議決権制限株式へと変更する決議）を行う。）に加えて、

ii　株式の内容の変更に応ずる株主たるAと会社の合意、株式の内容の変更に応ずる株主たるAと同一種類に属する他の株主全員の同意を得て（昭和50年4月30日民4第2249号法務省民事局長回答）、

iii　後継者Bに議決権のある普通株式、非後継者に議決権制限株式を与えます。

ただし、この場合には、非後継者の理解を得る観点から非後継者に優先的に配当を行うなどして後継者Bと非後継者のバランスをとる必要があります。

③　特別支配株主による株式等売渡請求

本事例では、Aが総株主の議決権の90％以上の株式を有することから、他の株主全員に対し、その保有するその会社の株式の全部を自己に売り渡すよう請求することができます（特別支配株主による株式等売渡請求、会社法179条以下）。

この手法のメリットは、株主総会決議なしに議決権を集中させることができるのでコスト面で節約となることがあげられます。

④　敵対的株主の排除（全部取得条項付株式の活用）

敵対的株主であるCから株主としての地位を奪う方法（いわゆるキャッシュ・アウト）としては、全部取得条項付株式の活用が考えられます。

その方法は、すでに発行している普通株式を全部取得条項付株式に変更し、会社がこれを取得し、その対価としてCに株式の端数部分を交付し、かかる端数部分の処理を通じてCを排除するというものです。

具体的には、以下の手続について株主総会の特別決議を行い、敵対的株主Cから株式を強制的に取得し、株主たる地位を奪います。

i　種類株式発行会社になる旨の定款変更（会社法309条2項11号）

ii　既発行の普通株式に全部取得条項を付する定款変更（当該定款変更には、株主総会の特別決議（会社法111条2項）と種類株主としての普通株主による種類株主総会の特別決議（会社法111条2項、324条2項）が必要となります。）

iii　全部取得条項付株式の取得（会社法309条2項3号）

全部取得条項付株式の取得対価たる株式の交付割合については、i今後も会社を経営していくAないし後継者Bには1株以上の株式が、ii排除したい敵対的株主Cには1株に満たない端数が交付されるように設定するとともに、iiiCに交付される端数の合計数が1株以上になるような割合で設定する必要があります（会社法234条1項参照）。

キャッシュ・アウトの手法としては、本事例で説明した特別支配株主による株

式等売渡請求、全部取得条項付株式の活用のほか、株式併合や現金対価での組織再編もあります。株式併合と現金対価での組織再編については、**事例６**の55頁にて具体的に説明していますので、そちらを参照してください。

⑤　相続人等に対する売渡請求規定の新設

後継者Ｂ以外に相続人がいる場合や敵対的株主Ｃに推定相続人がいる場合は、相続により株式が分散するリスクがあります。

このようなリスクに備え、あらかじめ相続等が生じたことにより株式を取得した相続人に対して株式の売渡しを請求することができる規定を定款に設ける内容の定款変更を行っておくことにより（会社法466条、309条２項11号）、相続等による株式の分散防止を図るとともに、後継者に株式を集中させることができます（相続人等に対する売渡請求、会社法174条以下）。

⑥　以上で述べた方法を活用することによって株式の分散を防止するとともに、後継者に株式（つまり議決権）を集中させ、経営権を承継させることができるのです。

これまで説明した各種制度の利用にあたっては、株主総会を開催し、決議を行う場面が多々ありましたが、株主総会を開催し、決議を行った証となる株主総会の議事録は、各会社の定款にもよりますが、多くの場合は会社の役員（本事例ではＡ）が会社法318条及び会社法施行規則72条に基づき作成することになります。

税務

1 非公開株式の評価方式

非公開株式の相続税評価額は、財産評価基本通達に定められた評価方法により計算されます。具体的には、会社の規模により、純資産価額方式、類似業種比準価額方式、両者の併用方式、などの評価方法があります。

一般的に、会社の規模（売上高、従業員数、総資産金額）が大きいほど、評価額を下げることができる傾向にあります。そのため、グループ会社を合併するなど、会社の規模を大きくして有利な評価方法が選択できないか検討する必要があります。

ただし、会社の規模にかかわらず、会社の特性（株式保有会社、土地保有会社など）によっては、有利な評価方法が選択できない場合がありますので、注意が必要です。

会社規模が大会社	純資産価額方式、類似業種比準価額方式 （いずれか低い方を選択）
会社規模が中会社	純資産価額方式、併用方式 （いずれか低い方を選択）
会社規模が小会社	純資産価額方式、併用方式 （いずれか低い方を選択）
会社の特性が株式保有会社	純資産価額方式、S1＋S2方式 （いずれか低い方を選択）
会社の特性が土地保有会社	純資産価額方式

2 非公開株式の評価額を下げる方法

過去から業績が良い会社は、株式の評価額も高くなりがちです。そのような会社は、評価額を下げるために、例えば以下のような対策をしておくことが必要です。

(1) より有利な評価方法を選択できるよう、各評価方式で必要となる会社の規模や、それ以外の適用要件を確認し、要件を満たすようにしておく。

(2) 創業者が後継者に代表権を移して退職し、役員退職金を支払う。

(3) 含み損のある資産を売却して含み損を実現する。

(4) 会社が借入により収益不動産を購入する（ただし購入後３年間は時価評価（購入価格評価）になりますので注意が必要です。)。

(5) 損金計上できる生命保険商品を活用する。ただし平成31年２月以降、生命保険各社が節税効果の高い保険商品の販売を停止しています。

3 事業承継税制

事例６でご紹介した事業承継税制も検討が必要です。令和９年12月末までの贈与であれば、株式の贈与につき贈与税が猶予される制度で、後継者が死亡するまで、又は次の後継者に事業承継税制の対象となる贈与をするまで事業を継続した場合等に、猶予されていた贈与税が免除されるものです。

事業承継税制の適用にあたっては、以下に注意する必要があります。

(1) 実質的な株主や定款の規定等を確認が必須であること

(2) 本制度を前提とする場合でも株価対策は必要であること

(3) 本制度はあくまでも「納税猶予」であり、要件を満たさなくなった場合、多額の納税が発生する可能性があり、要件によっては、永久的に適合性のチェックが必要であること

(4) 本制度の要件中、後継者の役員要件には注意が必要であること

⑸　本制度の要件を形式的に満たしたとしても、租税回避目的と判断された場合、適用が認められない可能性があること

4 生命保険の活用

⑴　相続における生命保険金

生命保険金は、民法上相続財産とはならず（そのため遺産分割の対象にはなりません。）、契約上の受取人が保険金を受け取ることができます。

一方で、生命保険金は、相続税法上は「みなし相続財産」として受取保険金が課税対象となります（非課税限度額＝500万円×法定相続人）。

⑵　生命保険による相続対策

①　相続財産に金融資産が少ない場合や遺産分割が長期化する場合等、相続税の納税資金対策として生命保険は有効です。

②　株式を後継者に取得させる際に後継者以外の相続人への対応が必要であるところ、以下のように生命保険を活用した遺産分割も可能です。

ｉ　保険金受取人を後継者として、遺留分侵害額請求に備える（代償金の原資）

ⅱ　保険金受取人をその他の相続人として、事実上、遺産分割や遺留分問題に対応（ただし、法的には遺産分割の対象とならないことに留意。）

③　さらに、会社代表者の生命保険料は会社で払い込み、会社の損金に計上することが可能であり、損金の額を引き上げることで所得金額を引き下げ、法人税や所得税等を減額することもできます。

5 借地権の認定課税

本事例では、Ａが所有する土地を会社に賃貸し、会社がその土地の上に自社ビルを建てていることから、借地権が設定されたことになります。

この場合、通常、権利金を収受する慣行があるにもかかわらず権利金を収受しないときは、Ａに対し権利金の認定課税が行われます。ただし、次のいずれかに該当する場合には、権利金の認定課税は行われません。

⑴　その土地の価額からみて、相当の地代を収受している場合

⑵　その借地権の設定等に係る契約書において、将来借地人がその土地を無償で返還することが定められており、かつ、「土地の無償返還に関する届出書」を借地人と連名で遅滞なくその法人の納税地を所轄する税務署長に提出している場合

上記⑵の場合、実際に収受している地代が相当の地代より少ないときは、その差額に相当する金額を借地人に贈与したものとして取り扱います。なお、相当の

地代はおおむね３年以下の期間ごとに見直しを行う必要があります。

不動産

1 同族間売買について

Ａ所有の土地をＡが社長を務める会社が買い取る同族間売買の場合、Ａの老後資金を潤沢にしたいという理由から高く買い取りたいとか、将来の相続税のことを考えるとＡの資産を増やしたくないので安く買い取りたいなど、恣意性が介入することが多くなります。

このような私的な事情が介入しやすい同族間売買は、第三者間売買に比べて、適正な金額で取引が行われたかどうかについて、税務署のチェックが入ることがあります。

適正な金額で取引が行われていないと判断されれば、税務調査が行われることがあるため、このような同族間売買については、不動産鑑定士による不動産鑑定を活用してもらうケースが多いです。

2 確認事項について

土地と建物の所有者が異なる場合には、何らかの権利関係があることが通常です。例えば、借地権、使用借権などです。

このような同族関係にある個人の土地の上に法人の建物を建てた場合、税務上は借地権が設定されたことになります。この場合、不動産が存する地域が、通常、権利金を収受する慣行があるにもかかわらず権利金を収受していないときは、権利金の認定課税が行われます。そこで、同族関係にある個人と法人の場合においては、権利金の認定課税が行われないようにするため、下記のいずれかの方法を取っていることが多いです。

① 相当の地代の授受（法令137条）

相当の地代とは、原則として、その土地の更地価額のおおむね年６％程度の金額となります（法基通13－１－２）。

相当な地代の授受がある場合には、その取引は正常な取引とみなされ、権利金の認定課税は行われないとされています。

ただし、その土地の価額に照らして、相当の地代に満たない地代しか支払われていない場合には、その差額に対応する権利金の認定課税が行われることになります。

② 土地の無償返還の届出（法基通13－１－14）

将来借地人がその土地を無償で返還することが定められており、かつ「土地の無償返還に関する届出書」を借地人と連名で遅延なくその法人の納税地を所管する税務署長に提出している場合には、権利金の認定課税に代えて、①の相当の地代の認定課税が行われます。

土地、建物の所有者が異なり、かつ土地、建物所有者が同族関係であれば、土地の権利関係の確認とともに、①相当な地代の授受があるのか、②土地の無償返還の届出が提出されているのかについて、確認が必要になります。

3 土地の評価について

(1) ケース①：地代が相当な地代より低く、かつ土地の無償返還の届出が出ていない場合

ケース①の場合は、鑑定評価上、類型を底地として評価を行います。

借地借家法による借地権付の底地か、使用借権付の底地か否かは、授受されている地代水準から判断します。

気を付けなければいけない点は、前記のとおり、通常、権利金を収受する慣行があるにもかかわらず権利金を収受していないときは、権利金の認定課税が行われることになりますので、底地として評価して問題ないか否かは、担当税理士と相談が必要です。

(2) ケース②：相当の地代の授受がある、または土地の無償返還の届出がある場合

ケース②の場合は、税法上、経済的側面からみた借地権価格はゼロとなります。

鑑定評価上の類型は底地として評価しますが、借地権価格の発生はないため、このような土地の評価額は更地相当額、若しくは建付地相当額として評価します。

ただし、借地借家法の法的側面からみた権利は及ぶため、これらのリスクを勘案する場合もあります。

13 被相続人が認知症である場合の不動産の贈与・相続

Question 父Aには、認知症の兆候がみられる。Aの推定相続人は、Aの子であるB、C、Dであるが、A所有の不動産には、自宅の土地建物、収益マンション（１棟）、駐車場があり、その取得を巡って争いが起きそうな気配である。AはBにすべての不動産を取得させたいと考えているが、①Aは自身の生前にどのような手段をとることが考えられるか。②一方、Aが生前に何もせずに亡くなった場合はどのような手段が考えられるか。③また、Aが老人ホームに入る場合、特に留意すべき点はあるか。

〈相続関係図〉

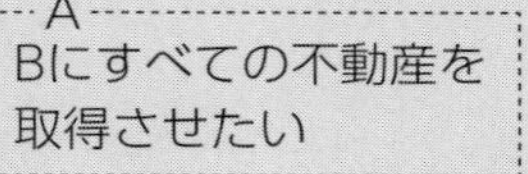

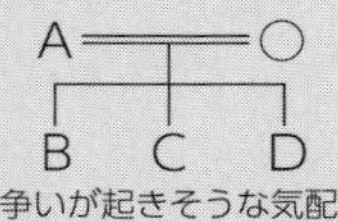

認知症の兆候が認められる場合には、被相続人の意思能力（遺言能力）に配慮しつつ、不動産をいかに相続人に取得させるかが重要です。

相続人による不動産の取得については、譲渡所得税や贈与税、相続税などを比較検討する必要があります。

不動産のうち、駐車場についてはいろいろな類型がありますので、価格のアプローチも様々ですから注意が必要です。

法務

1 はじめに

Ａの生前、死後によってＡ所有の不動産をＢに取得させる方法は変わります。

Ａが生前の場合は、Ａ所有の不動産をＢに取得させる方法としては、(1)贈与（生前贈与ないし死因贈与）ないし売買、(2)遺言の方法が考えられます。

Ａが死後の場合は、Ｂ、Ｃ、Ｄの遺産分割協議によりＡ所有の不動産をＢに取得させる方法が考えられます。また、Ｃ、Ｄが相続放棄をすることによりＢがＡ所有の不動産を相続する方法も考えられます。

以下では、不動産の取得方法について、Ａの生前、死後に分けて具体的に説明していきます。

2 Ａが生前の場合

(1) 贈与（生前贈与ないし死因贈与）ないし売買について

① AがBとの間で贈与ないし売買契約を締結するにあたっては、A所有の不動産の取得を巡って争いが起きそうな気配であることに鑑み、契約の有効性について争われないように念のため契約書を作成しておくべきでしょう。

② 一方で、Aには認知症の兆候がみられますが、兆候がみられる程度の軽い認知症であれば、契約締結時点におけるAの意思能力（自己の行為の結果を弁識するに足りる精神的な能力、つまり自分がこれから何をしようとしているのかについて認識することができる能力。一般的には、７～10歳程度の知力があれば足ります。民法３条の２）の存在は問題なく認められます。

なお、意思能力がないゆえに契約が無効であると主張できるのは、意思表示をした本人だけであり、本事例ではAのみが無効を主張できるのであり、C、Dは契約の無効を主張することはできません。

③ そして、贈与と売買のいずれの契約を選択するかは、A所有の不動産の価格、Bの資力、税制や贈与ないし売買の際に生じうる税金の金額等を踏まえて決めることになります。

(2) 遺言について

① 遺言により、Ａ所有の不動産をＢに相続させる場合に関しても、Ａが遺言作成時に遺言能力（遺言の内容及びこれに基づく法的効果を弁識、判断する能力）を有する必要があります。

実務的には、遺言能力の有無については、①遺言者の年齢、②病状等を含めた心身の状況及び健康状態の推移、③認知症等の発病時と遺言時の時間的関係、④遺言時及びその前後の言動、⑤日頃の遺言に関する意向、⑥遺言者と遺言により財産を譲り受ける者との関係、⑦遺言の内容、⑧他者による不当な干渉の有無、などを考慮して判断しています。

Aには認知症の兆候がみられることから、Aが遺言を作成させるにあたっては、後にAに遺言能力がなかったとして遺言無効確認訴訟が提起されるリスクに備えて自身に遺言を作成するに足りる能力が十分にあることを立証し得る資料等を収集しておくべきでしょう。収集した資料などは、遺言によりAの不動産を取得するBに託しておくとよいでしょう。

Aとしては、立証資料の収集として以下のこと等をすることが考えられます。

i　自身のかかりつけの医師に詳細なカルテを作成してもらうこと。

ii　専門医による長谷川式知能評価スケール（HDS－R、認知症の可能性があるかどうかを簡易的に調べる認知機能テストのこと）の実施及び分析を行うこと。

iii　遺言作成時の様子をビデオ等で記録してもらうこと。

また、遺言の内容についても、以下の工夫をする必要があります。

iv　遺言者であるAにとって容易に理解ができる、平易な内容にすること（不動産の共有持分などの詳細な計算が必要になるような記載は省略しておくとよいでしょう。）。

v　付言事項として遺言を作成する経緯や理由、当該財産を推定相続人（本事例ではB）に相続させる理由を記載すること。

②　遺言には、主として自筆証書遺言（民法968条）と公正証書遺言（民法969条）の２種類がありますが、形式的要件の充足及び遺言の紛失、隠匿、偽造のおそれを踏まえると、基本的には公正証書遺言を作成すべきでしょう。

③　本事例では問題になりませんが、仮にAがいつ亡くなってもおかしくない状況である場合には、危急時遺言（民法976条）を作成することが考えられます。

危急時遺言を作成する場合には、i遺言の確認申立てが必要であること（民法976条４項、979条３項、確認申立期間は遺言の日から20日以内であることに注意）、ii危急時から体調が回復した場合には危急時遺言が無効となる場合があること（民法983条）、iii危急時遺言作成時にはビデオ撮影及び録音をすべきこと、に留意する必要があります。

3 Aが死後の場合

(1) まず、B以外の相続人C、Dが相続放棄をすれば、A所有の不動産を含むAの相続財産すべてをBが取得（相続）することになります。

なお、A所有の不動産の取得を巡って争いが起きそうな気配がある本事例では、C、Dが相続放棄をするかどうかは不透明でしょう。

(2) 次に、遺産分割によりA所有の不動産をBが取得する場合について検討します。

① 遺産分割の手続（手段）としては、遺言による指定分割（民法908条）、協議による分割（民法907条1項）、調停による分割（民法907条2項）、審判による分割（家事法272条4項）があります。

遺言により分割方法が指定された場合や分割を禁止された場合（民法908条）を除いて、共同相続人は、いつでもその協議により遺産を分割することができます。

協議の成立には、共同相続人全員の意思の合致が必要であり、全員の意思の合致がある限り、分割の内容は共同相続人が自由に決めることができます（例えば、特定の相続人の取得分をゼロとする分割協議も有効です。）。

分割協議がまとまらない場合や協議ができない場合は、各共同相続人は家庭裁判所に分割を申し立てることができます。

分割の申立ては、実務上調停手続の申立てによってなされることが多いですが、最初から遺産分割の審判を申し立てることもできます。もっとも、家庭裁判所は、遺産分割の審判申立てがあっても、まず職権で調停手続に付し（家事法274条1項）、話合いによる解決を試みるのが一般的です。

遺産分割調停が不成立となった場合、審判手続に移行し、家庭裁判所は職権で調停に代わる審判をすることができます（家事法284条1項）。当事者は、この審判に対して異議を申し立てることができます（家事法286条1項）。

② 遺産分割の態様としては、以下の4通りがあります。

i 現物分割（個々の財産の形状や性質を変更することなく分割する方法）

ii 代償分割（代償金の支払能力がある相続人に、具体的相続分を超えて現物を取得させ、これに対する代償金を支払わせる分割方法）

iii 換価分割（遺産の全部又は一部を形式的競売（民執法195条）により換価する分割方法）

iv 共有分割（特定の遺産を複数の相続人に共有取得させる分割方法、共有状態を解消するには共有物分割請求をする必要があります。）

現物分割が原則的な分割方法であり、次にこれに代わる代償分割、現物分割及び代償分割を取り得ない場合に他の分割方法を検討することになります。

③　そして、遺産分割を行うにあたっては、（ⅰ）相続人の範囲、遺産の範囲、評価等の前提問題を確定した後、（ⅱ）特別受益や寄与分等による相続分の修正を行って具体的相続分を算出してから、（ⅲ）具体的な遺産分割の方法を決定する必要があります。

④　本事例の場合について

ⅰ　A所有の不動産の取得を巡って争いが起きそうな気配がある本事例では、C、DもA所有の不動産の取得を主張することが考えられます。

その上で、協議による分割においてC、Dを説得し、BがA所有の不動産を取得するためには、相続財産中にA所有の不動産に代わる相続財産があり、それをC、Dに取得させるか、C、Dの具体的相続分に相当する代償金の支払をすること等が最低限必要となるでしょう。

ⅱ　協議がまとまらない場合は、調停による分割をすることになりますが、調停では各人の具体的相続分及び遺産の評価を踏まえて現物分割で終了することが実務的に多く、これではBがA所有の不動産を取得することはできません。

Bとしては、BがA所有の不動産を取得する形で代償分割をすることを調停において求めることになります。

もっとも、調停において代償分割をするためには、「特別な事由がある」と認められる必要があります（家事法195条）。具体的には、①相続財産が細分化することを不適当とするものであること、②共同相続人間で代償金支払の方法によることについて争いがないこと、③相続財産の評価がおおむね共同相続人間で一致していること、④相続財産を取得する相続人に代償金の支払能力があること、が必要となります（大阪高決昭和54年３月８日・家月31巻10号71頁）。

かかる要件を踏まえると、代償分割をするためにはまず大前提としてBに代償金の支払能力があることが必要となります。

また、A所有の不動産について細分化するのに不適当な事情が存在することや共同相続人間で代償金支払の方法によることについて争いがないことも必要となります。

4 まとめ

本事例では、相続人間でA所有の不動産の取得を巡って争いが起きそうな気配があることを踏まえると、Aの死後にA所有の不動産をBに取得させるのは困難を伴います。

したがって、Aとしては、自身の生前に遺言の作成や贈与ないし売買契約（場合によっては任意後見契約や財産管理委任契約も）を締結し、A所有の不動産をBに取得させるべきでしょう。

税務

1 小規模宅地特例の限度面積

Aが所有する不動産のうち、以下のとおり小規模宅地特例が適用できる可能性があります。

自宅の敷地（Xm^2）	特定居住用宅地等の要件を満たせば330m^2まで80%の減額が可能
収益マンションの敷地（Ym^2） 及び駐車場の敷地（Zm^2）	貸付事業用宅地等の要件を満たせば200m^2まで50%の減額が可能

ただし、限度面積には以下の制限があります。

$X \times 200/330 + (Y + Z) \leqq 200m^2$

遺産分割の際には、小規模宅地特例をどの敷地でどのような割合で適用するかを加味しながら検討することが必要です。

2 小規模宅地特例と老人ホーム

被相続人であるAが老人ホームに入っていても、他の要件を満たしていれば小規模宅地特例は適用可能です。

小規模宅地等については、相続税の課税価格に算入すべき価額の計算上、次の表（以下「減額割合の表」といいます。）に掲げる区分ごとに一定の割合を減額します。

<table>
<tr><th colspan="4">相続開始の直前における宅地等の利用区分</th><th>要件</th><th>限度面積</th><th>減額される割合</th></tr>
<tr><td rowspan="5">被相続人等の事業の用に供されていた宅地等</td><td colspan="2">貸付事業以外の事業用の宅地等</td><td>①</td><td>特定事業用宅地等に該当する宅地等</td><td>400m²</td><td>80%</td></tr>
<tr><td rowspan="4">貸付事業用の宅地等</td><td rowspan="2">一定の法人に貸し付けられ、その法人の事業（貸付事業を除きます。）用の宅地等</td><td>②</td><td>特定同族会社事業用宅地等に該当する宅地等</td><td>400m²</td><td>80%</td></tr>
<tr><td>③</td><td>貸付事業用宅地等に該当する宅地等</td><td>200m²</td><td>50%</td></tr>
<tr><td>一定の法人に貸し付けられ、その法人の貸付事業用の宅地等</td><td>④</td><td>貸付事業用宅地等に該当する宅地等</td><td>200m²</td><td>50%</td></tr>
<tr><td>被相続人等の貸付事業用の宅地等</td><td>⑤</td><td>貸付事業用宅地等に該当する宅地等</td><td>200m²</td><td>50%</td></tr>
<tr><td colspan="3">被相続人等の居住の用に供されていた宅地等</td><td>⑥</td><td>特定居住用宅地等に該当する宅地等</td><td>330m²</td><td>80%</td></tr>
</table>

減額割合の表のうち、①特定事業用宅地等の要件は以下のとおりです。

<table>
<tr><th>区分</th><th colspan="2">特例の適用要件</th></tr>
<tr><td rowspan="2">被相続人の事業の用に供されていた宅地等</td><td>事業承継要件</td><td>その宅地等の上で営まれていた被相続人の事業を相続税の申告期限までに引き継ぎ、かつ、その申告期限までその事業を営んでいること。</td></tr>
<tr><td>保有継続要件</td><td>その宅地等を相続税の申告期限まで有していること。</td></tr>
<tr><td rowspan="2">被相続人と生計を一にしていた被相続人の親族の事業の用に供されていた宅地等</td><td>事業継続要件</td><td>相続開始の直前から相続税の申告期限まで、その宅地等の上で事業を営んでいること。</td></tr>
<tr><td>保有継続要件</td><td>その宅地等を相続税の申告期限まで有していること。</td></tr>
</table>

減額割合の表のうち、②特定同族会社事業用宅地等に該当する宅地等の要件は以下のとおりです。

区分	特例の適用要件	
一定の法人の事業の用に供されていた宅地等	法人役員要件	相続税の申告期限においてその法人の役員（法法2条15号に規定する役員（清算人を除きます。）をいいます。）であること。
	保有継続要件	その宅地等を相続税の申告期限まで有していること。

減額割合の表のうち、③・④・⑤貸付事業用宅地等に該当する宅地等の要件は以下のとおりです。

区分	特例の適用要件	
被相続人の貸付事業の用に供されていた宅地等	事業承継要件	その宅地等に係る被相続人の貸付事業を相続税の申告期限までに引き継ぎ、かつ、その申告期限までその貸付事業を行っていること。
	保有継続要件	その宅地等を相続税の申告期限まで有していること。
被相続人と生計を一にしていた被相続人の親族の貸付事業の用に供されていた宅地等	事業継続要件	相続開始前から相続税の申告期限まで、その宅地等に係る貸付事業を行っていること。
	保有継続要件	その宅地等を相続税の申告期限まで有していること。

減額割合の表のうち⑥特定居住用宅地等に該当する宅地等に該当する宅地等の要件は以下のとおりです。

<table>
<tr><th colspan="2" rowspan="2">区分</th><th colspan="3">特例の適用要件</th></tr>
<tr><th colspan="2">取得者</th><th>取得者等ごとの要件</th></tr>
<tr><td rowspan="3">①</td><td rowspan="3">被相続人の居住の用に供されていた宅地等</td><td>1</td><td>被相続人の配偶者</td><td>「取得者ごとの要件」はありません。</td></tr>
<tr><td>2</td><td>被相続人の居住の用に供されていた一棟の建物に居住していた親族</td><td>相続開始の直前から相続税の申告期限まで引き続きその建物に居住し、かつ、その宅地等を相続開始時から相続税の申告期限まで有していること。</td></tr>
<tr><td>3</td><td>上記１及び２以外の親族</td><td>次の（1）から（6）の要件をすべて満たすこと（一定の経過措置があります。）。
（1）居住制限納税義務者又は非居住制限納税義務者のうち日本国籍を有しない者ではないこと
（2）被相続人に配偶者がいないこと
（3）相続開始の直前において被相続人の居住の用に供されていた家屋に居住していた被相続人の相続人（相続の放棄があった場合には、その放棄がなかったものとした場合の相続人）がいないこと
（4）相続開始前３年以内に日本国内にある取得者、取得者の配偶者、取得者の三親等内の親族又は取得者と特別の関係がある一定の法人が所有する家屋（相続開始の直前において被相続人の居住の用に供されていた家屋を除きます。）に居住したことがないこと
（5）相続開始時に、取得者が居住している家屋を相続開始前のいずれの時においても所有していたことがないこと
（6）その宅地等を相続開始時から相続税の申告期限まで有していること</td></tr>
<tr><td rowspan="2">②</td><td rowspan="2">被相続人と生計を一にしていた被相続人の親族の居住の用に供されていた宅地等</td><td>1</td><td>被相続人の配偶者</td><td>「取得者ごとの要件」はありません。</td></tr>
<tr><td>2</td><td>被相続人と生計を一にしていた親族</td><td>相続開始前から相続税の申告期限まで引き続きその家屋に居住し、かつ、その宅地等を相続税の申告期限まで有していること。</td></tr>
</table>

3 代償分割

Bがすべての不動産を取得する代わりに、C及びDに対して現金を交付する場合（代償分割）、各相続人が相続した相続財産の価額に代償金の金額を加減して、各相続人の相続税額を計算することになります。

4 不動産の相続にかかる税金

(1) 不動産を生前に売買する場合

不動産の売却額が取得原価を上回る場合、その差額が譲渡益となり、所得税の譲渡所得として課税されます。

(2) 不動産を生前に贈与する場合

不動産を生前贈与する場合、暦年課税であれば、年間の贈与額110万円を超えた金額に対し、贈与税がかかります。また、受贈者は、不動産取得税や登録免許税がかかります。

(3) 不動産を死後に相続する場合

不動産を死後に相続する場合、相続財産の評価額が基礎控除額を超えた金額に対し、相続税がかかります。また、受贈者は、不動産取得税や登録免許税がかかりますが、贈与と異なり、相続での取得はこれらの税金は減額されます。

5 障害者控除

相続人が85歳未満の障害者のときは、相続税の額から一定の金額を差し引くことができます。これを障害者控除といいます。

障害者控除が受けられるのは次のすべてに当てはまる人です。

(1) 相続や遺贈で財産を取得した時に日本国内に住所がある人（一時居住者で、かつ、被相続人が一時居住被相続人又は非居住被相続人である場合を除きます。）

(2) 相続や遺贈で財産を取得した時に障害者である人

(3) 相続や遺贈で財産を取得した人が法定相続人（相続の放棄があった場合には、その放棄がなかったものとした場合における相続人）であること。

障害者控除の額は、その障害者が満85歳になるまでの年数１年（年数の計算に当たり、１年未満の期間があるときは切り上げて１年として計算します。）につき10万円で計算した額です。この場合、特別障害者の場合は１年につき20万円となります。

6 相続税の取得費加算の特例

この特例は、相続により取得した土地、建物、株式などを、一定期間内に譲渡した場合に、相続税額のうち一定金額を譲渡資産の取得費に加算することができるというものです。

(1) 特例を受けるための要件

・相続や遺贈により財産を取得した者であること。

・その財産を取得した人に相続税が課税されていること。

・その財産を、相続開始のあった日の翌日から相続税の申告期限の翌日以後３年を経過する日までに譲渡していること。

(2) 取得費に加算する相続税額

取得費に加算する相続税額は、平成27年１月１日以後の相続又は遺贈により取得した財産を譲渡した場合の算式は、次のとおりとなります。なお、譲渡した財産ごとに計算します。ただし、その金額がこの特例を適用しないで計算した譲渡益（土地、建物、株式などを売った金額から取得費、譲渡費用を差し引いて計算します。）の金額を超える場合は、その譲渡益相当額となります。

$$\text{その者の相続税額} \times \frac{\left(\text{その者の相続税の課税価格の計算の基礎とされたその譲渡した財産の価額}\right)}{\left(\text{その者の相続税の課税価額}\right) + \left(\text{その者の債務控除額}\right)} = \text{取得費に加算する相続税額}$$

不動産

1 駐車場の類型（注１）

本件では、相続の対象となる財産として、（ｉ）自宅、（ii）収益マンション、（iii）駐車場がありますが、その内の（iii）駐車場について検討したいと思います（（ｉ）・（ii）については他をご参照ください）。

（注１）類型：不動産の利用形態（土地のみか土地建物か、自用か貸家かなど）や権利関係の有無（土地は借地かなど）に応じて区分される不動産の分類

一口に駐車場といっても、世の中には様々な形態の駐車場がありますが、ここでは代表的な駐車場の形態について取り上げます。

① 平面駐車場

主に近隣住民に対して、１台当たり月額○○円といった形で賃貸する月極駐車場が該当します。パッと見は「更地」と思われがちですが、各契約者との契約が付着した土地ですので、正確には「（駐車場としての）賃借権が付着した土地」となります。また、街中でよく見かける時間貸し駐車場についても、土地所有者が駐車場運営事業者に土地を賃貸しておりますので、類型は「（駐車場としての）賃借権が付着した土地」となります。いずれの場合も、土地の貸し借りが行われておりますが、建物所有を目的としていないことから借地借家法の適用はなく、「借地権が付着した土地（換言すれば底地）」とはなりません。

【月極駐車場】

【時間貸駐車場】

② 立体駐車場

駅前商業地域等でよく見かけるタワー式・機械式・自走式駐車場が該当します。屋根及び外壁の有無、高さ等に応じて建物又は工作物に分類されます。駐車場運営事業者が自社で地上建物又は工作物を使用している場合が多く、この場合の類型は「自用の建物及びその敷地」又は「自用の工作物及びその敷地」となります。

【タワー式駐車場】

【機械式駐車場】

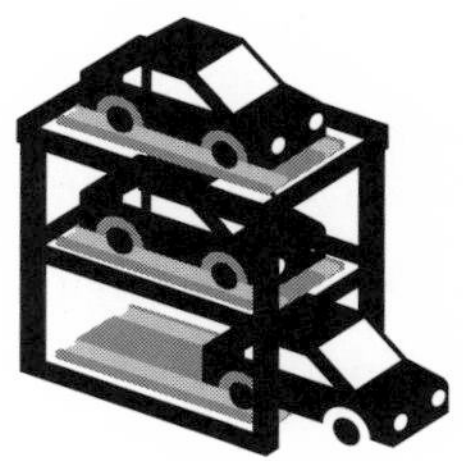

【自走式駐車場】

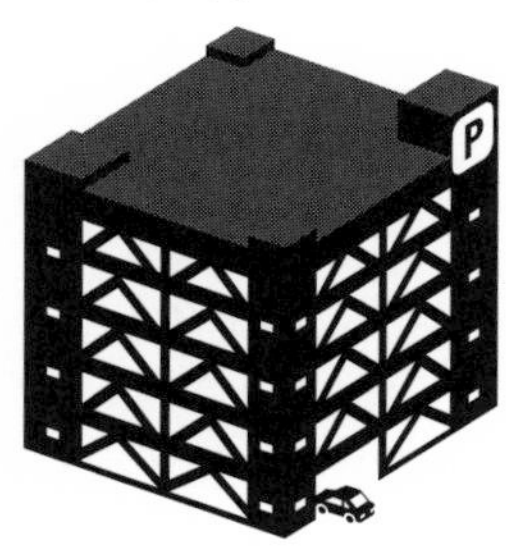

2 駐車場の評価

駐車場の評価は、1で述べた類型に応じて評価手法が異なります。

⑴ 平面駐車場

最有効使用が「建物の敷地としての使用」であるか、「現況の駐車場としての継続使用」であるかによってアプローチが異なります。

① 最有効使用が「建物の敷地としての使用」である場合

土地に駐車場としての賃借権が付着していますが、比較的容易に解除することが可能であるため、ほぼ更地と見做して評価することになります。具体的には、取引事例比較法（注２）・収益還元法（注３）・開発法（注４）等により更地価格を求め、必要に応じて駐車場としての賃借権が付着していることを減価要因（契約を解除できるまでの期間、違約金の有無等を考慮）として反映させます。

② 最有効使用が「現況の駐車場としての継続使用」である場合

市街化調整区域内の土地については、建物の建築が制限されるため、最有効使用が「現況の駐車場としての継続利用」と判定される可能性があります。この場合には、類似する雑種地の取引事例をベースに取引事例比較法を適用するほか、現況の駐車場を前提とした収益還元法を併用して評価することになります。

（注２）取引事例比較法：評価する不動産と類似する不動産の取引事例とを比較することで価格を求める手法
（注３）収益還元法：評価する不動産が生み出す収益に着目して価格を求める手法
（注４）開発法：分譲マンションの建設等が想定可能な不動産（土地）において、分譲マンション等の販売事業を想定して価格を求める手法

⑵ 立体駐車場

最有効使用が「現況建物（又は工作物）の継続使用」であるか、又は「現況建物（又は工作物）を取壊して、別用途としての使用」であるかでアプローチが異なります。

① 最有効使用が「現況建物（又は工作物）の継続使用」である場合

この場合は、（ⅰ）現況建物（又は工作物）を再調達する観点からアプローチする原価法（注５）及び（ⅱ）現況建物（又は工作物）が生み出す収益に着目した収益還元法を併用して評価することになります。

② 最有効使用が「現況建物（又は工作物）を取壊して、別用途としての使用」である場合

この場合は、取引事例比較法・収益還元法・開発法等により更地価格を求め、当該更地価格から建物（又は工作物）の解体費用を控除して評価することになります（解体の際に売却可能な資材が認められる場合は、その売却価格を加算します）。

（注５）原価法：評価する不動産を再調達し、必要に応じて減価する（築年が古い、管理状態が良くないなど）ことで価格を求める手法

これまでみてきたように、駐車場といっても様々な形態がありますので、まずは類型を確定することが重要です。その上で、最有効使用の判定を行い、各物件

に応じた評価手法を適切に採用することが必要となります。

14 配偶者居住権（長期居住権）

Question Aには長らく連れ添った妻Bと子Cがいる。AとBは自宅で同居しており、Aは、死後自宅をBに相続させたいが、注意すべき点はあるか。また、Bが内縁である場合異なる点はあるか。

〈相続関係図〉

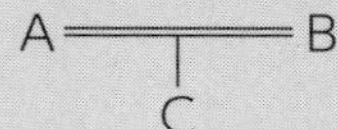

配偶者居住権は、平成30年の民法の相続法分野の改正の大きなポイントで、配偶者に対し居住権という、所有権とは異なる権利が認められることになりました。配偶者居住権に関しては、令和２年４月１日から施行されました。

そうですね、新しく創設された権利で、これも相続税の範囲に含まれることになります。評価の方法が大切ですね。

配偶者居住権も、鑑定評価の対象とすることが検討されていますが、具体的な評価方法はまだ検討されている段階です。

法務

注意すべき点として、Aが、自己の死後、確実にBが自宅を取得するようにするためには、遺言等により自己の意思を明確にしておくことが必要です。また、本事例で適用される、配偶者居住権（長期居住権）が、相続法改正で新たに定められましたので、内容を確認しておくべきでしょう。

1 平成30年改正前の法制度のもとでの問題点

Aが、自宅をBに相続させるためには、遺言でその内容を具体的に定めておく必要があります。そのためには、遺言において、妻Bに自宅の土地建物の所在等を不動産登記に従って記載し特定した上で当該不動産を相続させる、といった明確な記載が望まれます。

もっとも、このような遺言を残せば全く問題がないとは言い切れません。改正前の法制度上、相続財産全体に対して自宅の土地建物の占める割合が大きい場合には、自宅の土地建物を妻に相続させると、子Cの遺留分を侵害する場合がありました。そこまで自宅の相続財産に占める割合が大きくない場合でも、自宅の土地建物を妻に相続させると、子の遺留分との関係から、十分な現金・預金を妻に相続させることができず、生活資金に不安が残るということもあり得ました。

2 配偶者居住権（長期居住権）

(1) 配偶者居住権とは

以上の点を解決するという視点から、平成30年の民法相続法分野の改正により、令和２年４月１日から、配偶者居住権が認められるようになっています。

なお、配偶者居住権とは別に、配偶者短期居住権という制度も創設されています（配偶者短期居住権については、22頁を参照してください。）。本事例で、単に配偶者居住権という場合には、以下で説明する配偶者が亡くなるまで認められる居住建物を使用することができるという長期の居住権を指していますので、注意してください。

① 配偶者から見た配偶者居住権

配偶者居住権とは、建物所有権とは別の権利として、配偶者が相続財産中の建物について無償で使用収益をする権利です（民法1028条）。この権利が設けられた趣旨としては、残された配偶者は、それまで住んでいた家に継続して居住したいし、生活資金についても一定程度確保したいと望むのが通常であると考えられるところ、そういった要望を法的に権利として確保するという点にあります。そのため、建物所有権とは別の配偶者居住権を観念し、所有権は別の相続人に相続させ、所有権よりも制限された権利である配偶者居住権を配偶者に認めることで、遺留分を侵害せずに、配偶者に自宅に居住させ、なおかつ生活資金も手当てできるような遺言を作成することができるようになりました。この配偶者居住権は、原則として、当該配偶者の終身の間、つまり生存中ずっと認められます（民法1030条）。例外として、配偶者居住権を認めた遺言や、遺産分割協議、家庭裁判所の遺産分割審判において、これと異なる定めがある場合には、その定めに従うことになります。例えば、配偶者居住権は○年間存続するものとする、など期限を区切ることが考えられます。

②　建物所有者から見た配偶者居住権

配偶者居住権が設定された建物所有者は、建物についてどのような権利義務を有するでしょうか。

まず、建物所有者は、配偶者に対し配偶者居住権を登記する義務を負います。そして、配偶者居住権の登記をもって、配偶者は配偶者居住権を第三者に対抗することができます（民法1031条）。対抗することができる、とは、第三者に対して、当該建物には配偶者居住権が設定されていると主張できる、というように考えてください。

そして、配偶者居住権は、原則として配偶者の生存中は認められます。

また、この権利は無償で使用等する権利ですから、建物所有者が配偶者から賃料の支払を受けることもできません。

そうすると、建物所有者は賃料を受領することもできませんし、配偶者が使用しているので、所有者自身は使用収益できません。売却しようにも、いつ終わるかわからない配偶者居住権の設定された建物を欲しいと思う人はなかなかいないでしょうから、処分も困難と思われます。つまり、建物所有者にとっては、配偶者居住権の設定された建物は、当該配偶者が生存中は、固定資産税の負担ばかりで、収益を上げることもできませんし、処分も困難な物件となる、というように考えられます。配偶者が亡くなるかあるいは定められた期間が経過すれば、配偶者居住権は終了し、自ら使用収益できるという「完全な」所有権が認められるようになるのですが、それまでは、使用収益や処分が制限されることになります。

⑵　配偶者居住権が認められるための要件

配偶者居住権が認められるためには、生存配偶者が、相続開始時点（つまり被相続人の死亡時点）において、相続財産中の建物に居住していたことが必要です。また、この建物は被相続人が単独所有していたものか、被相続人夫婦が共有していたものでなければなりません（民法1028条）。さらに、

① 遺産分割において、配偶者が配偶者居住権を取得するものとされる（民法1028条１項１号）
② 配偶者居住権が遺贈の目的とされる（民法1028条１項２号）
③ 共同相続人間に配偶者が配偶者居住権を取得することについて合意が成立しているときに、家庭裁判所が配偶者居住権を取得する旨の審判をする（民法1029条１号）
④ 配偶者が配偶者居住権の取得を希望し、家庭裁判所が、配偶者の生活維持のために特に必要があると認め、配偶者が配偶者居住権を取得する旨の審判をする（民法1029条２号）

のいずれかが必要となります。

①のように、他の相続人も配偶者居住権を了承して、遺産分割が任意でまとまるか、あるいは遺産分割調停を経てまとまればよいですが、そうでなければ③や④のように遺産分割審判に舞台を移して、家庭裁判所において、配偶者居住権を認める審判がなされなければ、配偶者居住権は認められません。しかし、上記のように、建物所有者にとっては負担が大きいので、配偶者居住権付建物所有権を相続したいと考える相続人が出てこずに、配偶者が配偶者居住権を取得する合意ができず①や③のようにならないことも大いに考えられます。合意ができず最終的に審判をする④の場合も、家庭裁判所は、建物所有者の受ける不利益の程度を考慮するものとされていますので、その不利益が大きい場合には、配偶者居住権を取得する旨の審判がなされないこともあり得ます。

以上から、自己の死後に、配偶者に住居と生活資金の心配をさせないようにするためには、②のように、生前に、配偶者に配偶者居住権を遺贈しておく必要があるといえます。なお、留意点として、遺言書においては、「配偶者に○○を相続させる」、といった文言が使用されることが多いですが、この文言は、遺産分割方法の指定とされ、遺贈とは区別されています。被相続人が生前に対応して、配偶者に配偶者居住権を取得させようとする場合に関しては、遺産分割方法の指定ではなく、「Bに下記建物の配偶者居住権を遺贈する」によることとして、建物を不動産登記に従い所在や家屋番号等をもって特定することが必要です。さらには、上記の建物所有者の不利益も考慮に入れたうえで、建物所有権を相続する者も定めておくべきでしょう。

3 内縁の妻の場合

内縁の妻については、法定相続人ではありません。そのため、Aが遺言なくして亡くなった場合には、内縁の妻は相続人となれません。また、このような内縁関係も保護するべく、死亡によって内縁関係が解消された場合に、離婚による財産分与に関する規定である民法768条の類推適用が認められるべきとの主張が訴訟でなされたこともありますが、判例によって明確に否定されています（最決平成12年３月10日・民集54巻３号1040頁）。

それでは、内縁の妻に、配偶者居住権は認められるのでしょうか。明確に否定はされていませんし、今後の法解釈に委ねられているところではありますが、内縁の妻も含むような文言ではなく、「配偶者」居住権と銘打たれていますし、改正の経緯においても、配偶者居住権について、配偶者の協力・扶助義務や法律婚主義という見地から配偶者を保護する理由が説明されています。よって、消極的に解するのが無難といえます。

したがって、Aが、自分の死後も、自宅に内縁の妻が継続して居住できるようにするためには、配偶者居住権の制度によらない遺言内容を検討する必要があるといえます。遺言作成に当たり、内容面での留意点は、法定相続人の遺留分を侵害しないことが第一に挙げられます。また、内縁の妻に遺産の２分の１を遺贈する、などといった記載のみでは、遺産分割協議の結果次第によっては、内縁の妻が自宅を取得できない可能性があることや、自宅を取得できても、他の相続人に代償金を支払う必要も生じる恐れがあるので、内縁の妻に自宅の土地建物を明確に特定した上で当該不動産を遺贈する、といった記載が望まれます。

税務

1 配偶者の税額軽減

被相続人の配偶者が遺産分割や遺贈により実際に取得した正味の遺産額が、次の①、②の金額のどちらか多い金額までは配偶者に相続税はかからないという制度です（相法23条の２）。

① １億6,000万円

② 配偶者の法定相続分相当額

ただし、この制度は正式に婚姻している配偶者である必要があるため、内縁の妻には適用されません。

2 相続税の２割加算

相続、遺贈や相続時精算課税に係る贈与によって財産を取得した人が、被相続人の一親等の血族（代襲相続人となった孫（直系卑属）を含みます。）及び配偶者以外の人である場合には、その人の相続税額にその相続税額の２割に相当する金額が加算されます。

内縁の妻は「被相続人の一親等の血族及び配偶者」には該当しませんので、相続税の２割加算の対象となります。

3 配偶者居住権

⑴ 配偶者居住権とは

「配偶者居住権」とは、被相続人と同居していた配偶者が、原則として被相続人が死亡してから配偶者が亡くなるまでの間、無償でその家に住み続けることができる権利をいいます。民法改正により新たに創設された配偶者の権利であり、親族間で対立がある場合でも、配偶者が住む場所を確保できるようにすることなどを目的として創設されました。

⑵ 配偶者居住権の評価方法

配偶者居住権に加え、配偶者居住権に基づく敷地の利用権についても、相続税の対象となります。

配偶者居住権は、建物の時価から計算され、以下の計算式によります。

$$\text{建物の時価} \times \left(1 - \frac{\text{(建物の)残存耐用年数} - \text{(配偶者居住権の)存続年数}}{\text{残存耐用年数}} \times \text{存続年数に応じた民法の法定利率による複利現価率} \right)$$

配偶者居住権に基づく敷地の利用権は、土地の時価から計算され、以下の計算式によります。

$$\text{土地の時価} \times \left(1 - \text{存続年数に応じた民法の法定利率による複利現価率} \right)$$

不動産

遺産分割において、相続財産である自宅（土地・建物）の時価の把握とともに、民法改正に伴う配偶者居住権の設定に基づく同権利の評価についての検討が必要となります。

1 配偶者居住権

平成30年７月の民法の一部改正（令和2年４月１日施行）により新設された配偶者居住権（民法1028条）により、相続財産が自宅の土地建物が中心である場合などに、被相続人の配偶者が相続開始後も無理なく継続して自宅に居住できる可能性が広がります。

配偶者居住権とは、居住建物について相続開始の時に無償で居住していた配偶者は、遺産分割、遺贈等により、居住建物全部について無償で終身まで使用収益できる権利のことをいいます。配偶者居住権は、所有権より限定された利用権であり、居住建物そのもの（所有権）を相続するより低額となるため、配偶者が居住建物の所有権を相続する場合と比較し、遺産分割の自由度が増すことになり、配偶者保護が図られると考えられます。

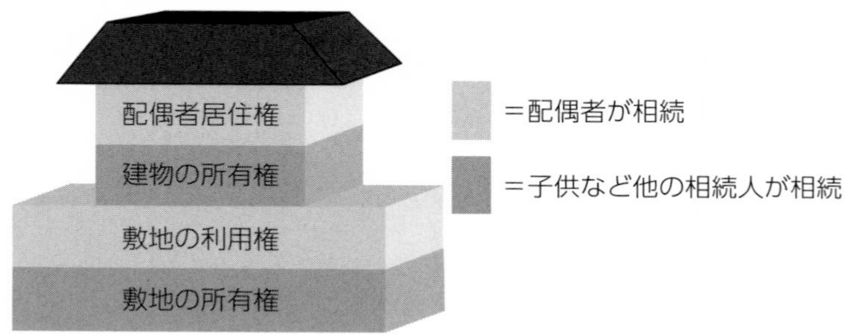

2 配偶者居住権の評価について

(1) 法制審議会関連資料

法制審議会民法（相続関係）部会の資料19－２において、配偶者居住権の簡易な財産評価方法について以下の方法が提案されています。

① 建物

配偶者居住権が設定された建物の評価は、下式のとおり、建物の固定資産税評価額に、法定耐用年数に基づいた配偶者居住権の設定期間満了時の残存耐用年数と相続時点の残存耐用年数の割合を乗じて求めた設定期間満了時の建物価格を相続時点の価値（現在価値）に割り戻して求める方法となっています。

・配偶者居住権付所有権の価額（注１）
　＝建物の固定資産税評価額×（法定耐用年数－（経過年数+存続年数））
　　÷（法定耐用年数－経過年数）×ライプニッツ係数（注２）

・配偶者居住権の価額＝建物の固定資産税評価額－配偶者居住権付所有権の価額

（注１）　計算結果がマイナスとなる場合には0円
（注２）　ライプニッツ係数は以下のとおり（令和2年4月1日の債権法改正の施行に伴う法定利率３％の場合

を示します（なお、法定利率は３年ごとに１％刻みで変動する可能性があります。）。）

	ライプニッツ係数（法定利率３％）
5年	0.863
10年	0.744
15年	0.642
20年	0.554
25年	0.478
30年	0.412

②　土地

配偶者居住権が設定された土地（敷地）利用権の評価は、下式のとおり、敷地の固定資産税評価額を0.7で除した価格（相続時点の敷地の時価（注３））を現在価値に割り戻した配偶者居住権付敷地の価額を求め、相続時点の敷地の時価から配偶者居住権付敷地の価額を控除して求める方法（甲案）と相続時点の敷地の時価に敷地利用権割合を乗じて求める方法（乙案）の２案が示されています。

（注３）　土地の固定資産税評価額は、おおむね時価×0.7に設定されているため、0.7で除することにより時価を求めています。

甲案：ライプニッツ係数を利用

・配偶者居住権付敷地の価額
　＝敷地の固定資産税評価額÷0.7×ライプニッツ係数

・配偶者居住権に基づく敷地利用権の価額
　＝敷地の固定資産税評価額÷0.7－配偶者居住権付敷地の価額

乙案：敷地利用権割合を新たに策定

・配偶者居住権に基づく敷地利用権の価額
　＝敷地の固定資産税評価額÷0.7×敷地利用権割合（注４）

（注４）　敷地利用権割合は、配偶者居住権の存続期間に応じ、以下のとおり。

存続期間	敷地利用権割合	存続期間	敷地利用権割合
5年以下	20%	25年超30年以下	70%
5年超10年以下	30%	30年超35年以下	80%
10年超15年以下	40%	35年超40年以下	90%
15年超20年以下	50%	40年超	95%
20年超25年以下	60%		

(2)　平成31年度税制改正大綱

平成31年度税制改正大綱において、相続税における配偶者居住権の評価額の求め方が示されています。

税制改正大綱による方法は、法制審議会資料の方法と考え方はおおむね同じですが、より具体的かつ、より現実的に修正されたものとなっています。

具体的な計算式については、税務❸(2)をご参照ください。

⑶ 配偶者居住権の評価について

配偶者居住権の評価については、上記のとおり平成29年３月28日開催の法制審議会民法（相続関係）部会により⑴が提案されており、その後平成31年税制改正大綱により⑵の方法が示されました。

⑵の方法は、⑴の方法①、②甲案を参考に検討されたものと考えられますが、残存耐用年数や存続年数等について具体的な内容が示されています。

一方、配偶者居住権の評価においては、整合性等について十分に検討しておくべき事項もあると思います。

例えば、配偶者居住権が設定された土地・建物については、存続年数が終身の場合、土地・建物の所有者は所有権を有するものの、使用はできず収益も得られないため、長期間にわたり所有権を有しているメリットがありません。また、仮に売却しようとしても需要者がいるのか、いたとしても需要者が配偶者居住権の存続期間の不確実性をどの程度のリスクとして捉えるのか等についても検討が必要と考えられます。

なお、不動産評価を専門とする業界団体である公益社団法人日本不動産鑑定士協会連合会は、2019年12月26日に「配偶者居住権等の鑑定評価に関する研究報告」を公表しました。本研究報告は、配偶者居住権等の鑑定評価を適切に実施するうえで、不動産鑑定士及び不動産鑑定業者が留意すべき事項を参考として公表されたものであり、今後改訂することが想定されているため、具体的な評価方法等については割愛します。

15 推定相続人の廃除

Question　父Aは、長男であるCに暴力を振るわれ、大けがを負った。Aが死亡した際の相続人は妻Bと子のCとDである。AはCを相続人から外したいがどうすればよいか。

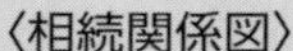

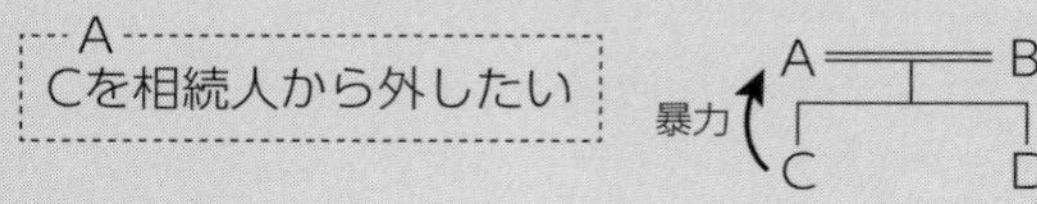

法務

1 はじめに

AがCを相続人から外す方法としては、Cを廃除する方法が考えられます。

Aとしては、家庭裁判所に対して廃除の審判申立てを行うか、遺言により廃除を行うことができます。

そして、Cの行為は、廃除事由のうち、「虐待」に当たる可能性が高いですが、廃除が認められるためには、AとCが実親子関係であることに鑑み、当該虐待が家族的・相続的協同関係を破壊させるほどのものであることを要します。

廃除が認められると、Cは、Aとの関係で遺留分を含む相続権を剥奪され、Aの相続人から外れることになります。

2 推定相続人の廃除（民法892条）とは

(1)　被相続人が、法定の廃除事由がある場合に家庭裁判所に対して遺留分を有する推定相続人（相続が開始した場合に相続人となるべき者をいいます。）の廃除を請求し、これが認容された場合は、推定相続人の遺留分を含む相続権を剥奪する制度をいいます。

(2)　廃除と類似の制度として相続欠格という制度があります。

相続欠格とは、相続に関して不正な利益を得ようとして、不正な行為をし、又はしようとした者の相続人資格をはく奪する制度をいいます（民法891条）。

相続欠格について、廃除と異なる点は以下の２点です。

① 欠格事由（民法891条各号）たる事実があれば、何らの手続を要しないで相続人資格のはく奪という効果が法律上当然に発生します。

② 受遺能力も失われます（民法965条、891条）。

3 廃除が認められるためには

(1) 廃除を求められた推定相続人が遺留分を有すること

(2) 被相続人が相続させる財産を有すること

(3) 廃除を求められた推定相続人に廃除事由が存在すること

(4) 廃除事由に該当する行為が、家族的・相続的協同関係を破壊させるものであること又は離婚・離縁原因である「継続し難い重大な事由」と同程度であること

以上４要件をすべて満たす必要があります。以下、各要件について説明します。

(1) 廃除を求められた推定相続人が遺留分を有すること

廃除される者の対象は、遺留分を有する推定相続人であるため、遺留分を放棄した推定相続人は廃除される者の対象にはなりません。

また、そもそも遺留分を有しない兄弟姉妹も、廃除される者の対象にはなりません。

(2) 被相続人が相続させる財産を有すること

廃除は、遺留分を含む相続権を剥奪する制度であるため、そもそも被相続人が相続させる財産を有しない場合は、廃除を請求することができません。

(3) 廃除を求められた推定相続人に廃除事由が存在すること

具体的には、廃除を求められた推定相続人が被相続人に対して「虐待」、「重大な侮辱」をした又は当該推定相続人に「著しい非行があった」ことが必要となります（民法892条）。

① 「虐待」とは、被相続人をして、家族的・相続的協同関係の継続を不可能にするほど、その関係又は心理に苦痛を与える行為をいい、例えば、被相続人に対する暴力、虐待、監禁等の行為が「虐待」に該当します。「虐待」の裁判例としては、釧路家北見支審平成17年１月26日（家月58巻１号105頁、夫が末期ガン患者である妻を虐待し、廃除が認められた事例）があります。

「虐待」を捉える観点としては、高齢者虐待の防止、高齢者の養護者に対する支援等に関する法律第２条第４項に列挙された虐待事由が、高齢者が当事者となる場合以外の場合も含めて参考になります。

「重大な侮辱」とは、被相続人をして、家族的・相続的協同関係の継続を不可能にするほど、被相続人の名誉又は自尊心を傷つける行為をいい、例えば、被相続人に対する暴言、名誉棄損、侮辱、虚偽の告訴、暴力団員との婚姻等が「重大な侮辱」に該当します。

「重大な侮辱」の裁判例としては、東京高決平成４年12月11日（判時1448号130頁、被相続人の二女が暴力団員と婚姻し、これに反対する被相続人名義で招待状を発送するなどして廃除が認められた事例）があります。

そして、「虐待」及び「重大な侮辱」は、いずれも被相続人に向けられた行為と解されています。

② 「著しい非行」とは、虐待、重大な侮辱という行為類型に該当しないものの、それに類する推定相続人の遺留分を含む相続権を否定することが正当といえる程度の非行をいいます。例えば、犯罪、酒色に溺れる、遺棄、被相続人の財産の浪費や無断処分・素行不良等のいわゆる「親泣かせ」、不貞行為、長期の音信不通・行方不明等が「著しい非行」に該当します。

「著しい非行」の裁判例としては、京都家審平成20年２月28日（家月61巻４号105頁、少年時代から非行や犯罪、借金等を繰り返して被相続人が長年にわたり謝罪や賠償等を行い、廃除が認められた「親泣かせ」の事例）、神戸家伊丹支審平成20年10月17日（家月61巻４号108頁、事例の内容は上記と同様）があります。

「著しい非行」は、行為自体が直接被相続人に向けられたものでなくとも、被相続人に精神的苦痛ないし損害を与える行為も含みます（京都家審平成20年２月28日・家月61巻４号105頁、神戸家伊丹支審平成20年10月17日・家月61巻４号108頁）。

③ 裁判例を見る限りでは、「虐待」、「重大な侮辱」、「著しい非行」を格別に区別せずに、当該推定相続人の一連の行為が虐待、重大な侮辱又は著しい非行に該当すると認定するものが多いです。

(4) 廃除事由に該当する行為が、家族的・相続的協同関係を破壊させるものであること又は離婚・離縁原因である「継続し難い重大な事由」と同程度であること

次に、廃除を求められた推定相続人に廃除事由に該当する行為が認められるとして、これまでの裁判例では、かかる行為が、

① 家族的・相続的協同関係を破壊させるものであること（実親子関係の場合、和歌山家審平成16年11月30日・家月58巻６号57頁）

又は、

② 離婚・離縁原因である「継続し難い重大な事由」と同程度であること（夫

婦又は養親子関係の場合、名古屋金沢支決昭和60年７月22日・判タ609号84頁）が必要とされています。

i　廃除が認められるためには、推定相続人の相続権を剥奪することが社会的かつ客観的に正当とされるほどの理由が必要であり、具体的には、被相続人と推定相続人の関係が実親子関係の場合と夫婦又は養親子関係の場合に応じ、前記(4)の要件を満たす必要があります。

ii　家庭裁判所は、前記(4)の要件に関し、「虐待」、「重大な侮辱」、「著しい非行」の重大性・一時性・正当性、そのような非行に至った背景の事情（不和の原因等）、推定相続人の責任能力の有無（ない場合は廃除は認められない）、被相続人の有責性（非行に至った原因・理由が被相続人にあるか否か）、遺言後の事情（遺言廃除の場合のみ）等を総合的に斟酌考慮して家族的・相続的協同関係の継続が不可能ないし手の打ちようがないという程度に関係が破壊されているかどうかを判断します。

裁判例を見る限りでは、誰の立場から見ても極悪非道な行為であることが明白な場合には廃除が認められます。

一方で、非行が一時的な場合（東京高決昭和49年４月11日・判時741号77頁）や、推定相続人が非行に至ったことについて被相続人に問題があり、推定相続人ばかりを責められない場合（東京高判平成８年９月２日・家月49巻２号153頁）には廃除が認められないことがあります。

iii　廃除は、推定相続人の相続権を一方的に剥奪する制度であるため、家庭裁判所は廃除事由の存否について慎重に判断を行う傾向にあります。平成30年度の司法統計によれば、廃除及びその取消しが認められた例は全国で41件（受理総数：318件、既済件数：195件）にとどまっています。

4 廃除の申立てをするためには

(1) 廃除の方法

廃除の方法としては、以下の２つがあります。

①　生前廃除（民法892条）：被相続人が、生前に家庭裁判所に対して廃除を請求する方法

②　遺言廃除（民法893条）：被相続人が、遺言により廃除の意思を表示し、遺言の効力が生じた後、遺言執行者が家庭裁判所に対して廃除を請求する方法

(2) 廃除の手続

①　生前廃除について

被相続人が申立人となり、被相続人の住所地を管轄する家庭裁判所に対し（家事法188条１項）、廃除の審判申立てを行います。

② 遺言廃除について

遺言執行者が申立人となり、相続開始地（＝被相続人の最後の住所地）を管轄する家庭裁判所に対し（家事法188条１項）、廃除の審判申立てを行います。

遺言において遺言執行者が定まっていない場合は、遺言執行者の選任を行う必要があります。

③ 当事者が死亡した場合の対処

ⅰ 生前廃除の審判係属中に被相続人が死亡した場合

遺言執行者が審判手続を受継することになります。

遺言執行者がいなければ、審判が係属している家庭裁判所に対し（家事法189条１項）、親族等の申立てにより、遺産の管理者（民法895条１項）を選任して審判手続を受継させることになります。

ⅱ 生前廃除及び遺言廃除の審判係属中に廃除を求められた推定相続人が死亡した場合

審判手続は終了します。

ただし、推定相続人に配偶者がいる場合、審判手続は終了しません。なぜなら、配偶者は廃除の有無によってその地位が左右されるためです。

これに対して、推定相続人に配偶者がおらず、子がいるだけである場合は、審判手続は終了します。なぜなら、子は廃除の有無にかかわらず代襲相続するため、その地位が何ら左右されないためです。

④ 生前廃除と遺言廃除のメリット、デメリット

ⅰ 廃除は、相続権の剥奪という重大な効果を生じさせるものであるため、いずれの廃除事由も、**3**(4)のとおり被相続人の主観的な判断では足りず、客観的に被相続人との間で家族的・相続的協同関係を破壊するほどのものであることを要します。

遺言廃除の場合、廃除の意思表示が判明した時点では廃除事由を証明するために最も重要な被相続人自身が死亡しているため、廃除事由に該当する具体的事実の存在を家庭裁判所で立証することは困難を伴い、この点が遺言廃除のデメリットといえます。

一方で、生前廃除の場合は、被相続人が存命であることから、遺言廃除の場合と比べると、廃除事由に該当する具体的事実の立証はしやすいといえます。

もっとも、被相続人が虐待等を行った推定相続人に対して生前廃除の手続をとることは、推定相続人を過度に刺激するなど家族関係の更なる悪化を招く危険があるため、難しい場合もあるかと思います。そのような場合には、被相続人が亡くなった後に推定相続人を廃除できる遺言廃除の方が、メリットがあるといえます。

ii　前記のとおり遺言廃除には立証の面でデメリットがありますので、遺言廃除をする場合には、まず遺言書で推定相続人を廃除する旨をしっかり明記してください。その上で、廃除したい推定相続人につき、具体的にどのような廃除事由が存在するのかを明確にしましょう。

そして、廃除事由を根拠付ける具体的な資料を、遺言書に添えて、遺言執行者となる者にそれらをしっかり託しておく必要があります。そのため、遺言書には遺言執行者となる者（遺言執行者には、廃除手続を実際に行い、廃除の立証活動を行うことになる弁護士を指定するのがよいでしょう。）も明記しておく必要があります。

⑤　廃除の取消し

廃除は取り消すこともできます。

生前廃除が認められた後、被相続人は、いつでも、被相続人の住所地を管轄する家庭裁判所に対し（家事法188条１項）、廃除の取消しを請求することができ（民法894条１項）、廃除の取消しには遡及効が認められます（民法894条２項による893条後段の準用）。

また、生前廃除を遺言で取り消すこともでき、この場合、遺言の効力発生後に遺言執行者が廃除の取消しを請求します（民法894条２項による893条の準用）。この取消しが認められると、廃除された推定相続人は相続発生の時から相続人であったものとみなされます。

例えば、ＡがＣを廃除したとしても、Ａが宥恕した場合やＣが改悛した場合には、Ａはいつでも上記方法により廃除の取消しを行うことができます。

5 廃除審判の審理の進行

申立人たる被相続人は、廃除事由としての家族的・相続的協同関係の破壊を基礎づける具体的事実について記載した申立書及びこれを裏付ける資料を提出することになります。一方で、廃除を求められた推定相続人は、これに対する認否と反論及び資料を提出することになります。

家庭裁判所は、審判期日における第１回期日において、当事者が期日前及び期日に提出した上記書面等につき、事実の調査を行い、双方に更なる裏付け資料及び人証の申出書の提出を促します。

また、廃除を求められた推定相続人の陳述を審問期日において聴く必要があります（家事法188条３項）。

家庭裁判所は、これらを経て、被相続人の宥恕、相続人の改心等の事情を総合的に考慮し、後見的な立場から廃除事由に該当する事実の有無を審理し、廃除が相当かどうかを判断します（最決昭和55年７月10日・判タ425号77頁、最決昭和59年３月22日・判タ524号203頁）。

6 廃除が認められた場合の効果

廃除の効果は廃除された推定相続人の一身についてのみ生じ、廃除を請求した被相続人に対する相続権を剥奪します。もっとも、扶養その他の身分的法律関係には影響がなく、受遺能力も失いません（民法965条）。

そのため、子が父に廃除されたとしても、母に対する相続権を失うわけではありません。また、廃除された推定相続人の子は代襲相続することができます（民法887条２項）。例えば、Ｃに子がいる場合、ＡがＣを廃除したとしても、Ｃの子はＡの相続財産を代襲相続できるわけです。

生前廃除の場合は、認容審判の確定によって当然に廃除の効力が生じ（戸籍の届出は効力発生要件ではない。）、遺言廃除の場合は、相続開始時にさかのぼって効力が生じます（民法893条後段）。

税務

1 相続権の剥奪と廃除

Cの相続権が剥奪ないし廃除された場合、CはAの法定相続人ではなくなります。ただし、Cに子がいる場合は、その子が代襲相続人になります。

なお、Cの子が代襲相続人となった場合は、相続税の２割加算の対象にはなりません（相基通18－３）。

2 修正申告

相続税の申告期限までにCの相続権の廃除が確定しない場合は、いったんCを相続人に含めた上で遺産分割を行い、それに従って相続税の申告と納税を行うことになります。

相続税の申告期限までに申告を行わない場合、小規模宅地特例などの特例が適用できなくなりますので、注意が必要です。

16 固定資産税の通知から判明した資産の使い込み

Question 父Aが死亡し、相続人は子のB、Cである。CはAと同居していたBに対し、A名義の預金額などの開示を求めたが、「Aの預金はない」とBは主張し、開示しない。CはBがAの預金を使い込んでいる可能性があると疑っている。A名義の預金額を開示させるには、Cはどういう手続をすればよいか。

また、父Aが死亡したのち、市役所から固定資産税通知が届いた。固定資産税課税明細書に記載の所在地は地番表示であるため、不動産の詳細な所在がわからない。所在地を把握するにはどうすればよいか。

〈相続関係図〉

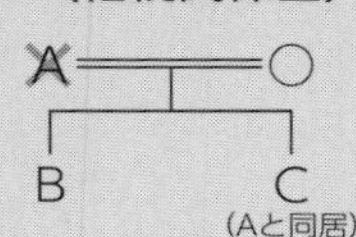

被相続人の預金を相続人のうちの１人が生前に使い込んだと疑われる場合は、他の相続人が金融機関に対して預金口座の取引経過の開示を求め、確認する方法が考えられますね。ただ、使い込みの事実関係の立証は、実務的には難しい印象があります。

ところで、使い込みが認められた場合の相続税はどうなるのでしょうか。

預金の使い込みは、贈与ですので贈与税がかかる場合がありますね。その場合、贈与税は無申告の状態ですので、本来の贈与税に加算税や延滞税をあわせて納める必要があります。それから、相続開始前３年内の使い込みは相続財産に加算されますので忘れずに。

それと、固定資産税の課税明細書は、被相続人が所有していた不動産の評価額等を確認するために相続税申告においても欠かせない資料ですが。

固定資産税の課税明細書は、自治体から毎年送付されるものですので、もっとも相続人の目につきやすい不動産の資料といえるでしょう。しかし、地番表示の自治体があることや隣接地との境界は明らかなのか、登記地積と実測地積に差異がないかなど、不動産の実態を調査するためには、もっと踏み込んだ情報収集が必要ですね。

法務

1 預金口座等の所在確認

まず、仮にＣがＡの住んでいた家に入ることができる状態であった場合は、Ａの預金通帳や保険証書、Ａ宛てに銀行や証券会社、保険会社等からの郵便物がないかを調査します。

ＣはＡの相続人なので、これらの郵便物があった場合は、銀行であれば預金口座の所在等、証券会社であれば保有株式数や評価額、保険会社であれば保険の所在及び内容を、手続をすれば開示してくれます。

また、被相続人の源泉徴収票や給与明細などから生命保険の存在、自社株、確定拠出年金などの存在が明らかになる可能性があるので、注意が必要です。

次に、Ａの預金などの所在について何の手掛かりもない場合は、ＣはＡの利用していそうな銀行等にＡの相続人であることを示す戸籍謄本等を持参するなどして相続人であることを証明した上で、Ａの預金がないかどうかを確認する必要があります。

預金の有無に関する調査は金融機関ごとに対応は異なりますが、金融機関によってはその支店だけでなく、全国にあるすべての支店に預金口座があるかを調べてくれる場合もあります。

被相続人の家や勤務先から近い場所にある銀行の支店などに当たりをつけ、調査をかけるという方法もあります。

このように、弁護士といえども、被相続人の財産を調査により発見するのは非常に困難で手間がかかるので、将来、相続人になる方は、被相続人の生前から被相続人の財産をある程度把握しておくべきだと思います。

2 被相続人名義の預金口座の取引経過の開示を求める権利の単独行使

預金者の共同相続人の１人は、他の共同相続人が同意しなくても、共同相続人全員に帰属する預金契約上の地位に基づき、被相続人名義の預金口座の取引経過の開示を求める権利を単独で行使することができます（最判平成21年１月22日・民集63巻１号228頁、判時2034号29頁）。

よって、本事例の場合は、ＣはＢからの同意を得ることなく、単独でＡ名義の預金口座の取引経過の開示を求めることができます。

ただ、各金融機関によって、対応も開示方法も様々であり、開示してくれる際にも必要書類や手続に差異があるので、各自問い合わせをして確認する必要があります。

ちなみに、以前は、各金融機関で相続人が相続手続をする際、被相続人の出生から亡くなるまでの除籍謄本、戸籍謄本などの束を各金融機関に提出する必要がありました。しかし、平成29年５月29日から、法務局に戸除籍謄本等の束と相続関係を一覧に表した図（法定相続情報一覧図）を提出すれば、法務局の登記官がその一覧図に認証文を付した写しを無料で交付してくれます。その写しを各金融機関に提出すれば、戸籍謄本の束を提出しなくても済むようになりました（法定相続情報証明制度）。

3 預金口座から不明瞭な金額の引出しがあった場合

Ｃは、Ａの預金をＢが使い込んだと疑っていますが、その金員の引出しについて、ＣはＢが使い込んだことを自ら立証しなければなりません。

ＣがＢの使い込みを主張するためには、①Ａの預金口座からの引出しをＢが行ったこと及び②その引き出したお金をＢが自分のために使ったことを立証しなければなりません。

まず、Ａの預金口座からの引出しをＢが行ったことについては、その口座からの引出しの頻度や金額、引出しがあった時期のＡの体調などを調査し、実際Ａが銀行で引き出すことができたのかを調査します。また、Ａの預金がある銀行に対して、預金口座から引き出した際に銀行に提出された引出手続の書類の開示を求めて、実際にＡの筆跡であるかなども調査します。Ａの預金口座からお金が引き出された時、Ａが引出手続をすることが可能であったかどうかや、引出手続の筆跡がＢではなかったかなどを調査し、ＢがＡの口座からお金を引き出したことを立証していきます。

次に、Ａの口座からＢがお金を引き出したことが立証できたとしても、Ｂは「Ａ

にお金をおろしてきてと頼まれたから引き出しただけで、引き出したお金はＡに渡しました」などと主張される可能性があります。

したがって、Ｃは引き出したお金がＢのために使われたことを証明するために、引き出されたお金と同額のお金がＢの口座に入金されたなどの証拠を取得して、Ｂのために使われたことを立証する必要があります。

ただ、このような立証をすることは非常に困難であることは付言しておきます。

結局、Ｃは、ＢＣ間で遺産分割協議をし、話し合いで決着がつかなければ遺産分割調停、又は、不当な使い込みについて、不当利得返還請求訴訟、又は不法行為に基づく損害賠償請求訴訟を提起することが考えられます。

税務

BがAの預金を使い込んでいた場合、BがAの預金の贈与を受けたとして課税関係を処理することになります。

1 贈与税の申告

BがAの預金を使い込んでおり、それがAのBに対する贈与に該当する場合、Bは贈与税の基礎控除額（110万円）を上回る金額について贈与税の申告と納税が必要となります（措法70条の２の４）。

ただし、贈与税の時効は７年になりますので、贈与から７年を経過した分については贈与税の申告は不要になります（国通法70条、相法36条）。

時効になっていない贈与については期限後申告が必要となり、通常の贈与税のほか、無申告加算税や延滞税を合わせて納税する必要があります。

2 ３年内贈与は相続財産に加算

Bによる預金の使い込みが、AのBに対する贈与に該当する場合であっても、Aの死亡前３年の間になされた贈与（使い込み。以下、「３年内贈与」といいます。）についてはなかったものとされ、Aの相続財産に加算されることになります。ただし、３年内贈与についても、Bは贈与税額を計算して納付することが必要です。

その上で各人の相続税額を計算し、Bの負担する相続税額から、Bが３年内贈与について支払った贈与税額を控除し、残った額をBの負担すべき相続税として支払うことになります。

3 相続税の修正申告

相続税の申告期限までにBの使い込みの事実及び金額が確定しない場合は、Bによる使い込みがなかったとして遺産分割を行い、相続税申告書を提出する必要があります。

その後、Bの使い込みの金額が確定した後、Bの贈与税の確定申告書及び相続税の修正申告書を提出することになります。

不動産

1 地番と住居表示の違いについて

地番とは法務局が定めた土地の番号で、住居表示とは住居表示に関する法律に基づいて市区町村が定めた建物の場所を表す番号です。

地番は、同じ地番は一つとしてなく、財産として土地を特定するために付けられた番号です。もともと住所としてわかりやすく、工夫して付けられたものではないことから、最初は順序よく並んでいた番号も分筆、合筆によって、飛び番ができたり、欠番ができたりと、地番が整然と並ばなくなり、結果として住所が非常にわかりにくいものになり、生活の不便が生じてきました。

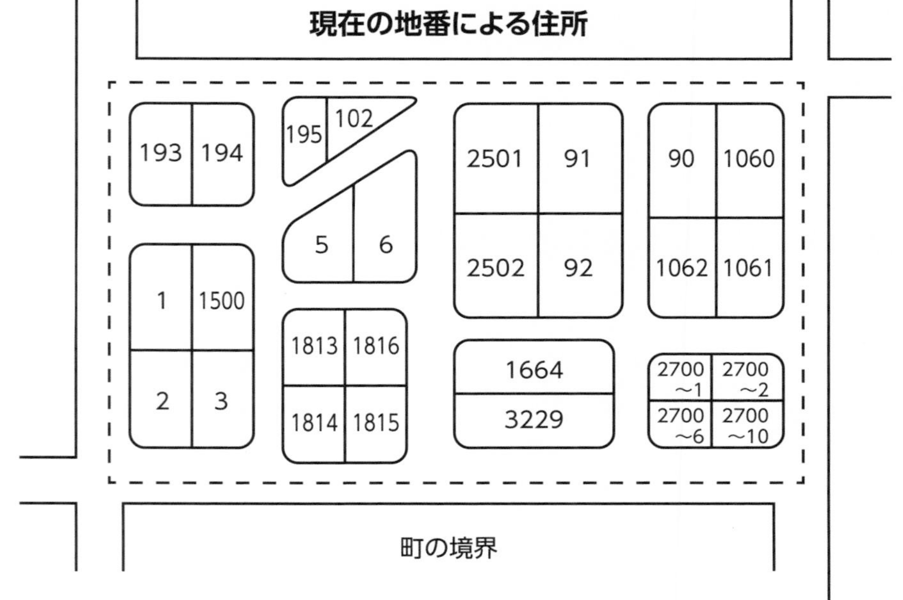

そこで、このような問題を解消するために導入されたのが、住居表示（住居表示に関する法律、昭和37年施行）制度です。

住居表示は、「道路方式」と「街区方式」がありますが、原則として「街区方式」が用いられています。

街区方式は、道路や河川などで囲まれた区画が単位となり、街区符号と住居番号で住所を表します。

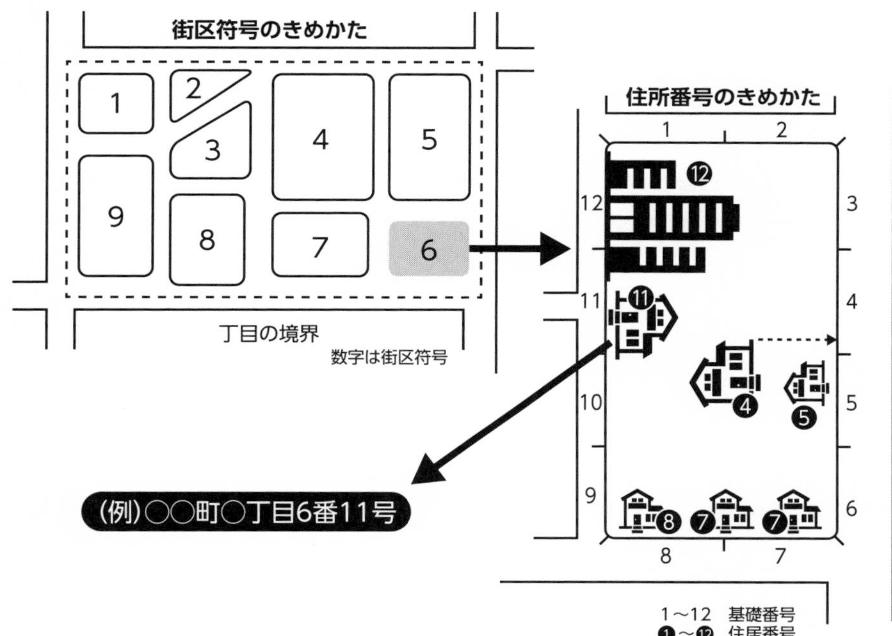

2 地番から所在地を探す方法について

住居表示実施区域においては、土地の地番と住居表示は異なることがあることから、土地の地番のみがわかっていたとしても、その土地の所在を特定することが困難な場合があります。

このような場合、市役所にて閲覧可能な地番参考図（固定資産の適正な課税に活用するために土地の所在、町名及び地番を表示した地図）、又は法務局に備え付けられているブルーマップ（住宅地図上に土地の地番を表示している地図）を活用して所在を特定します。

所在がわかっても、隣接地の境界がわからない場合は、法務局に備付けの地積測量図、建物図面、市役所で取得可能な建築計画概要書等を活用して不動産の詳細を確定します。

17 相続と税務調査

Question 被相続人Ａには遺言があり、その内容は長女Ｄ（すでに死亡）の息子であるＥに現金1,000万円を相続させ、残りのＡ名義の預金（3,000万円）及び不動産（5,000万円）をすべて長男Ｃに相続させるというものであった。相続人は、Ａの配偶者であるＢと、長男ＣとＥの３人である。Ｂ、Ｃ、Ｅは、遺言どおりの相続税の申告を行った。

しかし、その後税務調査が入り、ＢはＡの生前に仕事をしてなかったにもかかわらず、多額のＢ名義の定期預金（6,000万円）が出てきた。税務署はこの預金6,000万円は実質被相続人Ａの相続財産であると主張している。

ＢやＥはそれぞれどうすればよいか。

〈相続関係図〉

A ═══ B
C　D（すでに死亡）
E

法務

1 Ｅがとるべき対応

Ｅは、預金6,000万円について、どのような対応を取ることができるか検討してみましょう。

本事例の定期預金（6,000万円）が被相続人Ａの遺産となる場合は、預金6,000万円は遺産分割の対象となり、当然に分割されるわけではありません。

ただ、全く各相続人が遺産分割が成立するまで預金の払戻を受けられないと、Ｅの当面の生活費及びＡの葬儀費用捻出ができないこととなってしまうので、預金の３分の１×法定相続分の範囲（ただし、150万円を限度とする（法務省令）。）で単独で預金債権を行使できます（民法909条の２）。

本事例において、Ｅの法定相続分は４分の１であるので、預金6,000万円×３分の１×４分の１＝500万円となり、150万円よりも高くなります。

よって、Ｅは150万円を単独で行使できるので、預金の150万円を金融機関から払い戻すことができます。

本事例の預金がＢの固有財産である場合は、Ｅは預金について何ら取りうる手段はありません。

本事例の預金が、ＢがＡから贈与などにより受けたものであった場合は、遺留分侵害額請求の対象となり得ます。

遺留分算定の基礎となる財産は、現金1,000万円、Ａ名義の預金3,000万円、不動産5,000万円、Ｂ名義の預金6,000万円の合計１億5,000万円です。

これにＥの遺留分率の８分の１ $\left(\frac{1}{2}\times\frac{1}{4}\right)$ をかけると、1,875万円となり、これが具体的遺留分となります。

Ｅは遺言で現金1,000万円を取得しているので、875万円遺留分が侵害されていることになり、Ｃに対し、遺留分侵害を理由とする金銭給付請求権として875万円を請求することになります。

Ｃが直ちに875万円と準備できない場合は、Ｃは裁判所に対して相当の期限の許与、つまり、支払期限を延期してもらう許可を請求することができます。

2 Ｂのとれる対応

それでは、預金6,000万円がＢに帰属していると主張するため、Ｂにはどのような手続が考えられるかをみていきましょう。

原則としてＢは自分名義の預金を普通に払い戻せます。

ただ、ＣやＥが預金6,000万円はＢのものではなく、Ａの相続財産であると預金がある金融機関に通知していた場合は払戻を拒否する可能性があります。

金融機関に預金の払戻を拒否された場合は、Ｂはその預金のある金融機関に対し、預金払戻訴訟を提起することが考えられます。

Ｂは、預金6,000万円の金員の獲得経緯及び預金理由や預金経緯などを主張立証することが必要です。

税務署がＢに対して課税処分をしてきた場合は、再調査請求、審査請求、訴訟を提起することができます。

Ｂは、処分の通知を受けた日の翌日から３か月以内に、税務署長に対して「再調査の請求」を行うことができます。また、この再調査の請求を経ずに、直接国税不服審判所長に対して審査請求を行うこともできます。国税不服審判所長の裁決を受けた後、なお処分に不服があるときは、その通知を受けた日の翌日から６か月以内に裁判所に「訴訟」を起こすことができます。

税務

1 仕事をしていない場合の多額の預金

本事例におけるB名義の預金6,000万円（以下、「本件預金」といいます。）については、Bが仕事をしておらず特定の収入がなかったため、AからBに対して贈与されたものである可能性があります。

⑴ 生前贈与である場合

AからBに渡した預金で、かつ、A及びBの署名捺印等のある贈与契約書がある場合は、AからBに対する贈与であり、Bの財産となります。

この場合、贈与のあった各年度において、贈与税の基礎控除額を超える贈与があった年度については、贈与税の確定申告を行う必要があります。

⑵ 名義預金である場合

単にAがB名義の口座に預金を移しただけで、A及びBの間で贈与契約書も作成されておらず、Bも当該預金の存在を認識していなかった場合は、Bの名義預金であるにも関わらず、Aの相続財産に組み込まれることになります。

この場合、Aの相続財産に含めて相続税の申告を行う必要があります。

名義預金であるか否かの判断は、主に以下の視点から行われます。

① 贈与契約書は作成されているか

② 銀行印、通帳、キャッシュカードは預金名義人が管理していたか

2 贈与税の時効

名義預金であったとしても、贈与税の時効を経過していれば名義預金でも申告の必要はない、という意見がありますが、誤りです。

本事例の場合でも、本件預金が名義預金であると認められた場合、AとBの間で贈与契約が成立していないことになるため（Bは預金の存在を知らず、預金の管理もAが行っていた。）、そもそも贈与税の対象ではなく、最初からAの相続財産に組み込まれるためです。

3 相続税の修正申告、又は贈与税の期限後申告

本事例の預金が名義預金であると認められた場合、Aの相続税について修正申告を行う必要があります。その際、過少申告加算税と延滞税がかかります。

本事例の預金が贈与であると認められた場合で、当該贈与について贈与税の確定申告が行われていない場合は、贈与税の期限後申告を行うことになります。そ

の際、無申告加算税と延滞税がかかります。贈与税の申告を行っていないことにつき意図的であると認められた場合は、重加算税の対象となる可能性もあります。

なお、本件預金に係る贈与について贈与税の確定申告を行っていなくても、時効を迎えている場合は、贈与税の期限後申告は不要です。

18 相続財産に含まれるもの、含まれないもの

Question　夫Aの死亡により、妻Bに対して、Aが勤めていた会社より死亡退職金として1,500万円、弔慰金として500万円が支払われた。また、家のタンスからは、Aが預金した長男C名義の定期預金の預金証書1,000万円が出てきた。さらに、Cを受取人とする生命保険を契約していたので、Cに3,000万円の生命保険金が振り込まれた。なお、Aは、特許権と本の著作権のほか不動産として自宅及びその隣接する私道を所有していた。

①死亡退職金・弔慰金、②C名義の定期預金（出捐者）、③生命保険金、④特許権、⑤著作権は相続財産に含まれるか。また、これらの財産は相続税の対象となるか。

〈相続関係図〉

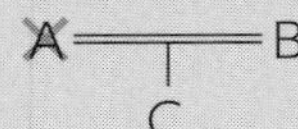

遺産分割の対象になる民法上の財産と相続税のかかる財産が違うという点は、相続事案の相談者によくある勘違いですね。

そうですね。民法上の財産に死亡退職金や生命保険金などのみなし相続財産を足したものが、相続税がかかる財産です。ただ、実際の税額計算では、ここから非課税財産を引いたり、贈与財産を足したりしますので、余計にややこしくなりますね。

それと財産の評価額については民法には規定がありませんが、一般的には時価になるのでしょうか。相続税はどうなりますか。

相続税では財産の評価額は時価であることが法律に書かれています。でも、世の中のすべての財産を時価で評価することは難しく、課税の公平性に欠けるという観点から、財産評価基本通達という評価方法の詳細なマニュアルのようなものが公表されています。実務上は、この通達を使うのが原則で、鑑定評価等による時価評価が例外というイメージでしょうか。

なるほど、それで、その通達に書かれている不動産の評価と鑑定評価とは、どこか大きく違う点があるのでしょうか。

根本的な考え方が違いますので、相違点がたくさんあるのですが、ここでは、一例として「私道」を取り上げてみましょう。相続税では不特定多数の者が通行する私道であるかどうかを基準に減額割合が設定されていますが、鑑定評価ではそれに加えて法規制や市場性を考慮して評価することになります。

法務

1 相続財産に含まれるか（総論）

民法には、相続人は、被相続人の一身に専属する権利を除き、相続開始の時から被相続人の財産に属した一切の権利義務を承継すると規定されています（民法896条）。

そこで、遺産分割の対象となるかは、被相続人の財産（相続財産）に属した権利にあたるかどうかによることになります。

(1) 死亡退職金・弔慰金

死亡退職金は、支給規定で受給権者がどのように定められているかどうかで、固有財産か相続財産であるかが決まります。

弔慰金は、一般的には、その趣旨から、受給権者の固有財産であって、相続財産には属しません。

(2) 被相続人が預金していた相続人名義の定期預金

お金を出した人の財産となるので、相続財産に含まれる可能性があります。

(3) 生命保険金

被相続人が、保険金受取人を被相続人自身と指定していた場合は、相続財産に含まれ、それ以外の場合は、相続財産にはあたりません。

(4) 知的財産権

特許権　⇒　相続財産に含まれます。

著作権　⇒　著作人格権にあたるもの以外は相続財産に含まれます。

2 遺産分割の対象となるか（各論）

ここでは1の各財産について、より詳細に検討します。

(1) 死亡退職金・弔慰金

① 退職金一般については、賃金の後払い的性格もあり、被相続人が死亡前に受給していれば、相続財産に含まれます。ところが、死亡を理由として支給される死亡退職金については、その受給権者が法律・条例・企業の内規（退職金支給規定）などで定められていることもあります。この場合、賃金の後払い的性格とは異なる立場―残された遺族の生活保障という観点から受給権者が定められていると解釈されます。

したがって、受給権者の定めがある場合には、死亡退職金は、相続財産には含まれず、当該受給権者の固有の権利となります（特殊法人の従業員：最判昭和55年11月27日・民集34巻６号815頁、地方公務員：最判昭和58年10月14日・集民140号115頁、私企業の従業員：最判昭和60年１月31日・家月37巻８号39頁）。

これに対して、退職金規定に受給権者の定めがない場合の取扱いについては、諸説あります。受給権者の定めがない上、相続人らが遺産分割協議の対象としていたことから相続財産に含まれるとした判例（神戸家尼崎支審昭和47年12月28日・家月25巻８号65頁）もありますが、受給権者を理事会決議で定めたケースでは、その受給権者の固有の権利とされました（最判昭和62年３月３日・家月39巻10号61頁、判時1232号103頁）。ここでは、理事会決議が受給権者条項を補充したと考えられたようです。

なお、受給権者が固有の財産として死亡退職金を受給した場合に、これを特別受益として持戻し対象とするべきかについて、裁判例では、賃金の後払い的性格を重視し、相続人間の実質的公平を重視する肯定説（広島高岡山支決昭和48年10月３日・家月26巻３号43頁）と、生活保障的側面を重視する否定説（東京高決昭和55年９月10日・判タ427号159頁）があります。

② 弔慰金は、一般的に、被相続人の収入に依拠してきた遺族の生活保障を目的とするものです。その目的に従い、民法の相続に関する規定とは異なる立場で、受給権者となる遺族の範囲や順位が定められている場合には、その受給権者の固有の権利となります。受給対象者の定めがない場合には、その支給の趣旨の解釈により決定することになります。

また、遺族年金については、遺族の生活保障の趣旨から受給権者固有の権利となります。

本事例では、Aの会社の死亡退職金の支給規定に従い、Aの扶養を受けていた者として第１順位に妻Bが規定されていたのであれば、1,500万円すべてが妻の固有の財産となり、相続財産には含まれないことになります。支給規定がない場合、会社が受給権者を決定した場合にはその者固有の権利となります。単に相続人全員に支給するという趣旨の場合には、相続財産に含まれることになると考えられます。

⑵　定期預金

預金に関しては、誰のものとするか（帰属）に関して、判例学説で諸説あります。

出捐者（お金を出した人）を預金者とすべきであるとする客観説、預入行為者を預金者とすべきであるとする主観説、原則として出捐者であるが預入行為者が自己を預金者と表示したときは預入行為者を預金者とすべきであるとの折衷説などがあります。

もっとも定期預金については、客観説をとる、すなわち出捐者のものとするとした判例があります（最判昭和32年12月19日・民集11巻13号2278頁、最判昭和48年３月27日・民集27巻２号376頁）。

したがって、本件では、C名義の預貯金についても、そこに預金されている1,000万円をAが支出している場合には、その名義がCであってもAの相続財産に属するものとなります。仮に、AがあえてCに贈与するつもりで、C名義で預金をしていた場合には、法的には生前贈与や遺贈・特別受益の問題となります。もっとも、その場合、みなし相続財産として相続財産に含めて計算されることになります。

なお、預金の種類が普通預金の場合には、短期間に繰り返し出し入れが行われることなどから単純に出捐者が所有者であるとすることはできず、預金名義や管理状態などの事情を考慮して誰が所有者であるか確定することになります（最判平成15年６月12日・民集57巻６号563頁）。

⑶　生命保険金

生命保険は、保険契約者が生命保険会社との契約によって、生命保険金の受取人を自由に定めることができ、その受取人の固有の財産となります。

したがって、被相続人が、受取人を「被相続人自身」と指定していた場合には、被相続人の固有財産となるため、相続開始時の相続人の財産に含まれ、遺産分割の対象となります。

これに対して、被相続人以外の特定の人（相続人であるかは不問）の場合には、その特定の人の固有の財産となるため、相続財産には含まれません。この点、税法上、みなし相続財産となることと異なります。

このことは、保険金受取人を「相続人」としていた場合や、保険契約者自身は、受取人について何の指定もしていない場合で保険契約の約款に「指定がない場合には相続人を受取人とする」とある場合でも同じで、当該相続人の固有の財産となるため、原則として、遺産分割の対象となる相続財産には含まれません。

この場合、誰が相続人であるかの確定や、相続人が複数の場合に、その相続人間で、生命保険金を受け取る権利の割合を確定するときには、民法所定の相続の法理が働きますが、生命保険金やその請求権自体は相続財産には含まれません。なお、保険契約で受取人を「相続人」とだけ指定したときは、特段の事情がない限り、その指定の中に相続人が保険金を受け取るべき権利の割合は相続分の割合によるという指定も含まれるとされています（最判平成６年７月18日・民集48巻５号1233頁）。

ただし、保険金額が遺産総額に比して大きい場合など、受取人である相続人とその他の共同相続人との間に生ずる不公平が民法903条の趣旨に照らし到底是認することができないほどに著しいものであると評価すべき特段の事情が存するため例外的に相続財産に含むものと判断したものもあります（最決平成16年10月29日・民集58巻７号1979頁）。

特段の事情の有無は、保険金の額、この額の遺産の総額に対する比率のほか、同居の有無、被相続人の介護等に対する貢献の度合いなどの保険金受取人である相続人及び他の共同相続人と被相続人との関係、各相続人の生活実態等の諸般の事情を総合考慮して判断するとしています。

本事例では、遺産総額に占める保険金の割合が定かではありませんが、例外判断をするべき特段の事情がない場合には、原則どおり、受取人として指定されているＣが3,000万円すべてを固有財産として取得します。受取人が「相続人」と指定されていた場合には、民法890条・887条１項により、妻Ｂと長男Ｃが相続人と確定し、民法900条１号の相続割合に従い、Ｂが２分の１の1,500万円、Ｃが２分の１の1,500万円を受領する権利を取得していたことになります。

⑷　知的財産権

①　特許権

特許権も相続財産となります。特許権は特許庁に出願し、特許権者の氏名等を設定登録することで発生する権利ですので、遺産分割後には、遅滞なく特許庁に相続によって権利者が変更になったことを届出する移転登録申請手続が必要です（特許法98条２項）。その際、特許番号の特定や特許権者が死亡したことや相続人であることを証明する戸籍謄本等の提出も必要となります。この移転登録申請を怠ると、特許権そのものが消滅します。また、相続人がいない場合で民法958条（相続人捜索の公告）期間内に相続人である旨の主張をする者がいない場合にも、消滅します（特許法76条）。

なお、特許権の保護期間は出願から20年です（特許法67条１項）。実用新案権などの工業所有権については、出願手続中でも、これから出願するという場合でも、同様に相続財産に含まれます。

② 著作権

著作権のうち、複製権・上演権・演奏権・公衆送信権・公の伝達権・頒布権などの財産的権利は、被相続人の財産に含まれ相続の対象となります。

もっとも、著作権は、原則として著作者の死後70年後（ただし映画の著作権は原則として公表から70年）で消滅します（著作権法51条２項、54条１項）。

よって、著作権の相続は「有効期限付き」の相続ということになります。

なお、法定相続人がいない場合、著作権は消滅します（著作権法62条１項、103条）。

この場合、著作権を残したいのであれば、遺言書で特定の個人や法人に遺贈する必要があります。

また、法定相続分を超えて著作権を相続する場合、それを第三者に主張するには、原則として著作権移転登録が必要です。

本事例では、Ａの著作権は、相続開始時から70年間の有効期限つきの相続財産として遺産分割の対象となります。そして、ＢとＣは、相続分に従って著作権の相続をするか、遺産分割によって法定相続分とは異なる割合で相続をします。法定相続分の２分の１を超えて著作権を相続した者は、著作権移転登録をすることが必要となります。

なお、著作者人格権（公表するか決める権利（公表権）、著作者自身の氏名表示を求める権利（氏名表示権）や無断改変を禁止する権利（同一性保持権））は、人格権の一種ですので、民法896条にいう「一身に専属する権利」にあたり相続の対象にはなりません。ただし、一定範囲の遺族や遺言で指定された者は、著作者や実演家が生きていたとすればその人格権侵害にあたる行為を禁止できます（著作権法60条、101条の３、116条）。

コラム

《遺産分割の対象は「遺産分割時に存在する相続財産」》

相続開始後、遺産分割がなされるまでに、共同相続人の一人が勝手に、本来、相続財産に属するはずの財産を処分するということもあり得ます。その場合、その処分をした者が得をするということになりかねません。

このような不公平を防ぐために、民法906条の２では、当該財産を処分した人以外の共同相続人全員が「その財産が遺産分割時に遺産として存在しているものとみなすこと」に同意すれば、相続開始後、遺産分割までに処分されてしまった財産が、遺産分割時においても存在するものとみなすことができるとしています。誰が処分をしたかは同意の対象ではありません。誰が処分したかが不確かな場合でも、共同相続人全員が同意すれば事足りますし、また、共同相続人全員を相手方として「当該財産が遺産分割時に遺産として存在していることの確認の訴え」を提起することもできます。

《民法909条の２前段―民法906条の２の同意要件の特則》

民法909条の２は、共同相続人が相続開始後、遺産分割までに各相続人が自由に引き出せる預貯金についての規定です。

法務省令で定める150万円を限度とし、かつ「相続開始時の債権額の３分の１×その相続人の相続割合（民法900条、901条）」を限度として預貯金債権の支払を受けて、標準的な当面の生計費、葬儀等の費用などの支払を行うことができます。

この場合、この権利行使をした共同相続人が、遺産の一部分割を受けたとみなされますので、ほかの共同相続人間からの同意は不要です。

もっとも、民法909条の２前段の基準による算定額以上の額を使用した場合には、民法906条の２の原則に戻り、やはり同意要件が必要となります。

なお、処分者が共同相続人以外であるなど、民法906条の２の適用外となる場合には、その処分をした者に対して、不当利得返還請求や不法行為損害賠償請求などの民事裁判を行って、損害の回復をするしかありません。この場合、遺産分割前の具体的な財貨帰属が確定していない状況において、損失額や損害額の確定できるかといった問題が生じ得ます。

税務

1 死亡退職金・弔慰金

(1) 死亡退職金

被相続人の死亡により、被相続人の勤務先から支払われる退職金は、判例（最高裁昭55.11.27判決）により、受給権者である遺族固有の権利であり、相続財産に含まれないと解されています。

しかし、相続税の計算においては、死亡退職金を相続財産に含めなければなりません。相続税法には「みなし相続財産」という規定があり、民法上は相続財産に含まれないものであっても、相続税の計算においては相続財産に含める、という定めがあります。この「みなし相続財産」には、死亡退職金や生命保険金などがあります（相法３条１項１号、１項２号）。

なお、死亡退職金はその全額が相続税の課税対象となるのではなく、以下の非課税限度額を超えた部分のみが相続税の課税対象とされます（相法12条）。

500万円 × 法定相続人の数 ＝ 非課税限度額

なお、この算式における「法定相続人の数」には、相続放棄をした人や養子を含みます（養子の数は、実子がいるときは１人、実子がいないときは２人まで）（相法12条、15条）。

⑵　弔慰金

被相続人の死亡によって受ける弔慰金や花輪代、葬祭料などについては、以下のとおり定められています（相基通21の３－９）。

①　被相続人の雇用主などから弔慰金などの名目で受け取った金銭などのうち、実質上退職手当金等に該当すると認められる部分は相続税の対象になります。

②　上記①以外の部分については、次に掲げる金額を弔慰金等に相当する金額とし、その金額を超える部分に相当する金額は退職手当金等として相続税の対象となります。

（ⅰ）被相続人の死亡が業務上の死亡であるとき
被相続人の死亡当時の普通給与の３年分に相当する額

（ⅱ）被相続人の死亡が業務上の死亡でないとき
被相続人の死亡当時の普通給与の半年分に相当する額

(注)　通給与とは、俸給、給料、賃金、扶養手当、勤務地手当、特殊勤務地手当などの合計額をいいます。

2 相続人名義の定期預金

いわゆる「名義預金」であり、**事例17**を参照してください。

3 生命保険金

生命保険金は、保険契約に基づき受取人が受け取るものであるため、通常は相続財産ではなく、受取人固有の財産となります（最三小判昭和40年２月２日等）。そのため、生命保険金は遺産分割の対象とならず、原則として遺産分割協議書へ記載する必要もありません。

しかし、相続税の計算においては、**1**⑴の死亡退職金と同様に、生命保険金も相続財産に含めなければなりません。これは、生命保険金も相続税法上の「みなし相続財産」に該当するためです。

なお、生命保険金はその全額が相続税の課税対象となるのではなく、以下の非課税限度額を超えた部分のみが相続税の課税対象とされます（相法12条）。

500万円 × 法定相続人の数 ＝ 非課税限度額

なお、この算式における「法定相続人の数」には、相続放棄をした人や養子を含みます（養子の数は、実子がいるときは１人、実子がいないときは２人まで）（相法12条、15条）。

4 特許権

特許権も相続税の対象となります。特許権には、被相続人が自ら使用している場合と、他人に使用させている場合があり、それぞれ評価額の計算方法が異なります。

(1) 特許権を被相続人が自ら使用している場合

被相続人の営業権に含めて評価します（財評通145）。営業権の評価額は、財産評価基本通達165において、以下のとおり計算することとされています。

① 営業権=超過利益金額×営業権の持続年数に応ずる基準年利率による複利年金現価率（原則10年）

② 超過利益金額＝平均利益金額×0.5－標準企業者報酬額－総資産価額 × 0.05

なお、医師、弁護士のようにその者の技術、手腕又は才能等を主とする事業に係る営業権で、その事業者の死亡とともに消滅するものは、評価しないものと定められています。

（注） ②の計算式において、各用語の意義は以下のとおりです（財評通166）。

平均利益金額：所得税法上の申告所得に以下の金額を加算した金額につき、過去３年間の平均をとった金額をいいます。ただし、過去３年間の平均が前年度の申告所得を超える場合、前年度の申告所得を平均利益金額とします。

・非経常的な利益や損失　・支払利子　・青色専従者給与又は事業専従者控除額

標準企業者報酬額：算出した平均利益金額により、以下のように計算します。

平均利益金額が１億円以下	平均利益金額×0.3＋1,000万円
平均利益金額が１億円超３億円以下	平均利益金額×0.2＋2,000万円
平均利益金額が３億円超５億円以下	平均利益金額×0.1＋5,000万円
平均利益金額が５億円超	平均利益金額×0.05＋7,500万円

総資産価額：課税時期の前年度末日における総資産の総額です。

(3) 特許権を他人（個人及び法人）に使用させている場合

特許権を使用することで将来得られる補償金（収益）の金額を、現在の価値に割引いて評価します。具体的には、以下のX_1からXnまでの合計金額になります。

X_1=相続発生後１年目の補償金年額×同１年後の基準年利率による複利現価率

X_2=相続発生後２年目の補償金年額×同２年後の基準年利率による複利現価率

…

X_n=相続発生後n年目の補償金年額×同n年後の基準年利率による複利現価率

ここでいう「n年」は、相続発生時から特許権の存続期間が終了するまでの年数以下であることが必要です。

5 著作権

著作権も相続税の対象になります。著作権の評価額は、次の算式により計算します（財評通148）。

年平均印税収入の額×0.5×評価倍率

（注） この計算式において、各用語の意義は以下のとおりです。
　年平均印税収入の額：課税時期の前年より前の３年間の印税収入金額の平均金額をいいます。
　評価倍率：著作物に精通した者の意見を基に印税収入を得られる期間を推定し、その期間に応じた複利年金原価率をいいます。

不動産

相続税の対象となるため、自宅及び私道の評価が必要となります。自宅については別の事例（**事例19**）にて説明があるため、本事例においては、私道及びその評価について記載します。

1 私道について

私道とは、個人や団体所有の土地のうち、道路として使用されている区域のことをいいます。一般的には、市町村等が所有する公道に対するものです。

私道は、個人等の所有であるため、基本的には使用収益、処分等は可能ですが、実質的には利用者の範囲や法令に基づく道路の規定などにより使用収益、処分等が制約されます。

したがって、私道の評価を行うにあたっては、私道の性格を十分に把握する必要があります。

私道は、一つの考え方として、下記４種類に分類できます。

(1) ４ｍ未満の行き止まり道路（原則、特定の者のみが通行）
(2) ４ｍ未満の不特定多数の者の通行の用に供されている道路
(3) ４ｍ以上の行き止まり道路（原則、特定の者のみが通行）
(4) ４ｍ以上の不特定多数の者の通行の用

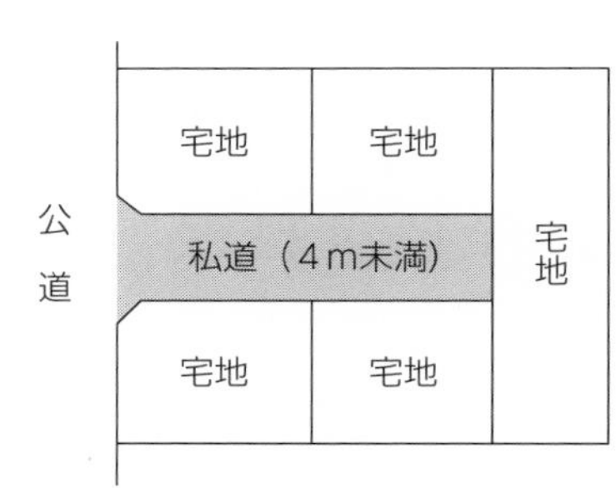

に供されている道路

⑴　４m未満の行き止まり道路

上図のような行き止まり道路に住宅等が配置されていることがよくあります。建物が建てられない私道もありますが、建物が建てられている場合には、通常は建築基準法42条２項の道路に該当することになります。ただし、上記建築基準法42条２項道路でない場合は、適法に建物が建築できない場合があるので、注意が必要です。

また、行き止まりの先が集会所や公園になっている場合もあり、この場合は不特定多数の者の通行の用に供されている道路と認定される可能性があります。

⑵　４m未満の不特定多数の者の通行の用に供されている道路

下図のように、行き止まり道路でなく、両端が公道等に接続している道路で、通常は不特定多数の者の通行の用に供されている道路です。⑴と同様に建物が建てられない私道もありますが、当該私道沿いに建物が建ち並んでいる場合は、通常、建築基準法42条２項の道路に指定されています。ただし、建築基準法の道路として指定される前の未判定道路の場合もあるので、どのような性格の私道であるか注意が必要です。

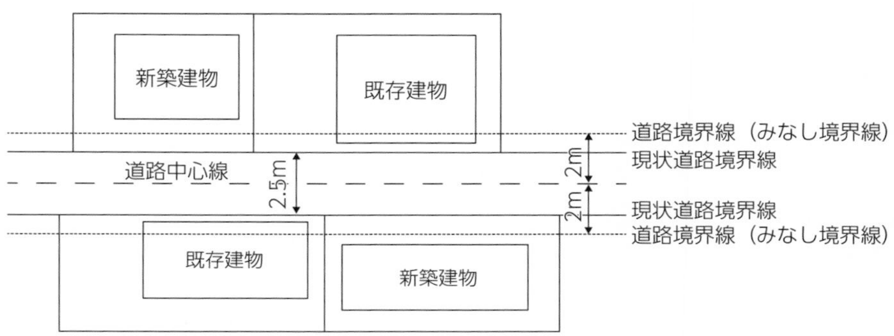

⑶　４m以上の行き止まり道路

下図のように道路沿いに住宅等が配置されていることが多く、小規模な住宅地開発等によく見られる道路です。この場合は、通常建築基準法42条１項１号道路又は42条１項２号道路に指定されていると考えられます。下図は一例ですが、私道部分の所有形態には様々なものがあり、ライフラインの工事などにも影響が大きいため、所有形態の確認が重要になるとともに、宅地＋私道の取引価格にも影響があります。

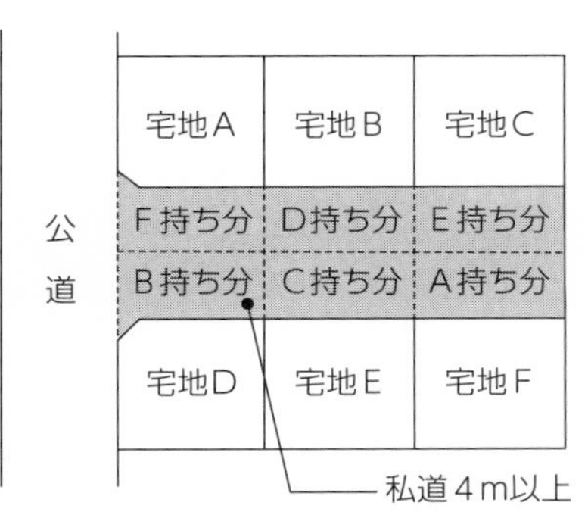

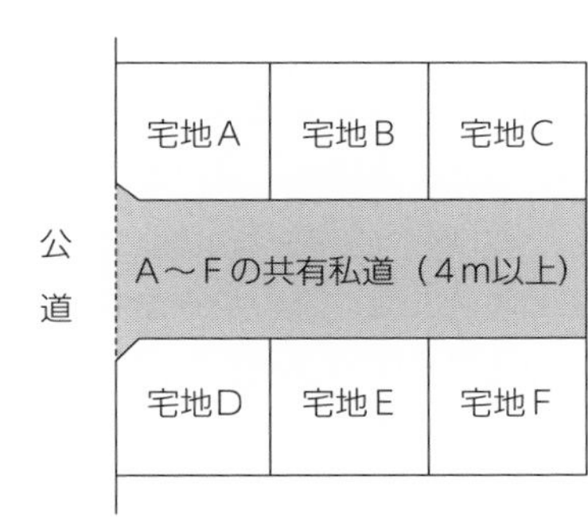

(4)　４m以上の不特定多数の者の通行の用に供されている道路

基準日（建築基準法施行時（昭和25年）又は都市計画区域の指定日）に現に存する道路の場合は、建築基準法42条１項３号道路に該当するため、通常は建物の建築が可能です。

基準日以降に整備された道路は、通常は道路整備後、建築基準法42条１項２号道路（開発道路）等の指定がなされている可能性が高いです。

2 財産評価基本通達に基づいた私道の評価

財産評価基本通達24によると、私道の用に供されている土地の価額は、路線価方式等で求めた宅地価額の100分の30に相当する価額によって評価することになっています。

この場合において、その私道が不特定多数の者の通行の用に供されているときは、その私道の価額は評価しない、つまりゼロ評価になります。これを単純に考えると、上記私道の分類における1(1)・(3)は宅地価額の30％、1(2)・(4)においては宅地価額の０％（価値なし）となります。相続税を算出する際の私道の評価は、通常、上記財産評価基本通達に基づいた評価を行います。

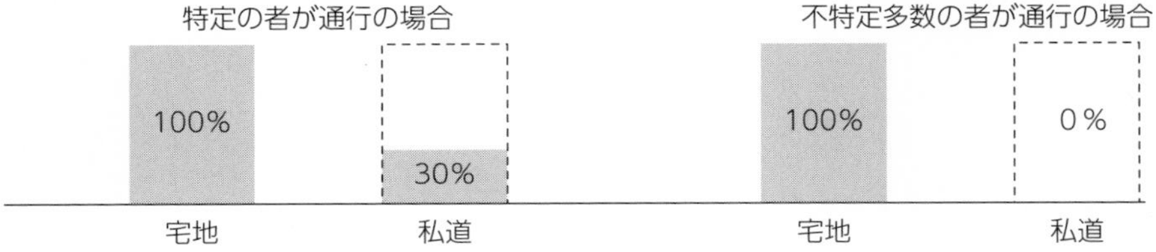

3 不動産鑑定士による私道の評価

不動産鑑定士が私道の時価評価を行う場合、上記私道の分類などに基づき当該私道の市場性を勘案して評価を行います。

また、不動産鑑定を行う際に参考とする土地価格比準表（地価調査研究会）では、私道に対する減価率として、△50～△100％とされており、建築基準法の指定を受けた道路など原則廃止ができない公道の性格の強い私道についてはより大きな減価率（△80～△100％）を適用することになっています。

これは、個人等の所有であるにもかかわらず、実質的には使用が制限され、道路の廃止もできないことから市場性が著しく低くなることが反映されているものと考えられます。

したがって、不動産鑑定士が私道の評価を行う場合、市場における私道単独の取引事例や私道を含む宅地の取引事例等に基づく検証を行い、宅地に対する減価率を査定の上、評価を行いますが、通常私道の価値は周辺宅地価格の０～30％になるものが多いと思われます。

4 財産評価基本通達による評価と鑑定評価の相違点

2のとおり、財産評価基本通達では、路線価方式等により求めた宅地価額に対し、私道が不特定多数の者の通行の用に供されているか否かによる私道減価を行い評価します。

これは、税の公平性等の観点から画一的で簡易な評価となっています。

一方、鑑定評価では、宅地評価において、個別の不動産について周辺における取引価格や不動産から得られる収益から求めた価格をもとに宅地価格を求めます。また、私道減価については、私道の性格（法規制や実際の利用状況等）からくる利用上の制約や当該制約に基づく市場性を勘案して求めることになります。私道の性格については、上記４種類に分けることができますが、各種類の私道の中でも例外があるため詳細な調査が必要となります。

以上から、財産評価基本通達において私道を特定の者のみが通行する場合、私道の価値は宅地の30％と一律で評価されますが、私道の性格によっては実質的に所有者の使用上のメリットはなく、市場性が著しく乏しいことから当該私道の価値は10％以下になることもあります。

したがって、特定の者が通行する私道の評価においては、不動産鑑定士による鑑定評価も視野に検討されることをお勧めします。

19 相続人に不在者等がいる場合の自宅の相続

Question　亡くなった父の相続人は母Aと子B、C、Dである。現在、Aが父の自宅に居住している。Bは実家近くのマンションに住んでいる。Cは海外に居住している。Dは放浪癖があり、現在どこにいるかわからない。この遺産分割についてどのように行えばよいか。

なお、父親の遺産として、自宅としての土地建物と、預貯金がある。自宅としての土地建物の分割にあたっては、どのような点に留意すればよいか。

〈相続関係図〉

父＝＝＝A
（子）B、C（海外居住者）、D（行方不明者）

最近では相続人が海外に居住しているという例も少なくありませんね。遺産分割にあたっては、現地の日本領事館からその相続人の証明書等の発行を受けて手続を行います。

海外に居住している相続人でも、国内の財産を相続するときには日本の相続税がかかります。

相続人が行方不明の場合は、失踪宣告を受ける方法や不在者財産管理人の選任を申し立てる方法が考えられますね。遺言等がない場合、このような手続をとらざるを得ないでしょう。

そのとおりですね。次に相続財産を見てみましょう。自宅の敷地の相続に関しては、土地の評価額を80％減額できる小規模宅地特例の適用可否の確認が欠かせませんね。

不動産鑑定士

小規模宅地特例は、租税特別措置法に基づく課税価格の規定ですね。
不動産の相続税評価は、財産評価基本通達に基づきますが、通達のルールだけでは宅地の高低差などの画一的な基準で反映できない要素もあるため、個別性の強い不動産の場合は、鑑定評価による相続税申告も検討すべきですね。

法務

1 総論

自宅の土地建物の名義変更や預貯金の解約等を行うためには、相続人全員の実印及び印鑑証明書、住民票や戸籍謄本なども必要になります。

しかし、本事例のCのように海外に居住しているため日本に住民票がない場合、通常と異なる手続をとる必要があります。

また、Dのように所在不明な相続人がいる場合でも、その人を除いて遺産分割協議書を作成することはできません。この場合、家庭裁判所にDの財産を管理する不在者財産管理人の選任の申立てをした上で、同管理人を交えて、遺産分割協議を行う必要があります。

2 遺産分割の原則

遺産分割は相続人全員の合意が必要です。海外移住者や行方不明者を除いて遺産分割を行うことはできません。これらを除いて遺産分割をした場合、無効となります（**事例20**参照）。

3 海外居住者の相続人

Cは海外に居住しており、これに応じた手続が必要です。Cの所在がわからない場合、外務省の在外調査（詳細は外務省のホームページなどでご確認ください。）などを通じて調査する方法があります。

当該相続人が日本に住民票を残していない場合、印鑑証明書に代わる『サイン証明書』、住民票に代わる『在留証明書』、帰化している場合には戸籍に代わる『相続証明書』など日本に居住している場合とは異なる書類を準備する必要があります。サイン証明書や在留証明書は、日本の在外公館（大使館や領事館など）で申請し発給してもらいます。

このように通常とは異なる手続や資料が必要ですので、外務省、大使館・領事館、銀行等に問い合わせしてください。

4 行方不明者の相続人

(1) 相続人の捜索

相続人に行方不明者がいる場合、その者の死亡が明らかになっていない以上、当該相続人なしで遺産分割協議はできません。

まずは、行方不明者を捜索する必要があります。最後の住所地を訪ねたり、捜索願を出したりして、行方不明者を探します。なお、弁護士に委任した場合、住民票や戸籍附票から最後の住所地を捜索したり、携帯電話番号から請求書送付先を調べたりすることができます。また、捜索願が出されたことを証明する書面を取得し、後述する失踪宣告や不在者財産管理人選任のための資料を収集します。

(2) 行方不明者の死亡が確認できた場合

捜索の過程で、行方不明者が死亡していた場合は、死亡時に行方不明者の相続が発生しているので、その相続人間で遺産分割をして、各種の手続を行います。また、最後の音信から７年経過していた場合や、災害等で１年以上生死不明な場合、利害関係人（本事例ではA、B又はC）が家庭裁判所に審判を申立て、失踪宣告により死亡とみなすことができます（民法30条）。また、死亡したことは確定しているが、死体を発見できない場合などに適用される認定死亡という制度もあります（戸籍法89条）。これらの場合、行方不明者を被相続人として行方不明者の相続人で遺産分割を行うことになります。

本事例の場合、Dの相続人がA以外にいない場合、A、B、Cの３人で亡き父の遺産分割をすることが可能になるということです。

(3) 行方不明者の死亡が確認できないとき

上記の失踪宣告を受けられない場合は、利害関係人が家庭裁判所に行方不明者の財産を管理する不在者財産管理人（民法25条）の選任申立てをして、同管理人を交えて遺産分割を行う必要があります。行方不明者の財産が少ない場合、予納金が30万～100万円程度かかることもあるので、現実に選任するべきかどうかは検討する必要があります。

不在者財産管理人は、原則として行方不明者の法定相続分を取得することになりますが、行方不明になる事情や、援助関係などを考慮して、法定相続分以下の取得分を認める場合があります。また、他の相続人に資力がある場合などは、行方不明者が帰ってきた際に他の相続人が行方不明者に金銭等を支払う内容の遺産分割協議も考えられます。これは、万が一、行方不明者が戻ってきたときに遺産の相続分相当額の金銭を行方不明者に支払うものです。この場合、預金などはすべて他の相続人が取得するので、いったんすべてを解約することが可能です。

税務

1 小規模宅地特例

母Aは被相続人の配偶者であり、かつ被相続人と同居していたため、自宅敷地はAが相続すると小規模宅地特例を適用することができる可能性があります。なお、適用できる場合、330㎡までで80％評価減が可能です（措法69条の４）。

相続人である子B、C、Dは、被相続人と同居していないため、自宅敷地を相続しても小規模宅地特例を適用することができません。

また、本事例ではDが行方不明者となっているため、不在者財産管理人の選任を申し立てるなどして、相続税の申告期限までに遺産分割協議を確定しないと、小規模宅地特例を適用することができません。

2 非居住者と相続税

Cは海外に居住しているけれども、日本国籍があるため、相続税の納税義務は以下の表により判定することになります。以下の表において、「居住者」とは、国内に「住所」を有し、又は、現在まで引き続き１年以上「居所」を有する個人をいい、「居住者」以外の個人を「非居住者」といいます。

なお、本事例では相続財産がすべて国内財産であることから、居住地や日本国籍の有無にかかわらず、Cが納税義務を免れることはありません。

<table>
<tr><th colspan="3" rowspan="3">相続人の情報
被相続人の状況</th><th colspan="2">相続開始時の住所が国内にあり</th><th colspan="3">相続開始時の住所が国内になし</th></tr>
<tr><th colspan="2"></th><th colspan="2">日本国籍あり</th><th rowspan="2">日本国籍なし</th></tr>
<tr><th>一時居住者以外（注１）</th><th>一時居住者（注１）</th><th>相続開始前10年以内で国内に住所あり</th><th>相続開始時10年以内で国内に住所なし</th></tr>
<tr><td rowspan="2">相続開始時に国内に住所あり</td><td colspan="2">一時居住者以外（注１）</td><td>◎</td><td>◎</td><td>◎</td><td>◎</td><td>◎</td></tr>
<tr><td colspan="2">一時居住者（注１）</td><td>◎</td><td>△</td><td>◎</td><td>△</td><td>△</td></tr>
<tr><td rowspan="3">相続開始時に国内に住所なし</td><td rowspan="2">相続開始前10年以内で国内に住所あり</td><td>非居住外国人以外（注２）</td><td>◎</td><td>◎</td><td>◎</td><td>◎</td><td>◎</td></tr>
<tr><td>非居住外国人（注２）</td><td>◎</td><td>△</td><td>◎</td><td>△</td><td>△</td></tr>
<tr><td colspan="2">相続開始前10年以内で国内に住所なし</td><td>◎</td><td>△</td><td>◎</td><td>△</td><td>△</td></tr>
</table>

◎ …　国内財産及び国外財産に課税
△ …　国内財産のみに課税
（注１）　一時居住者：相続開始時に在留資格を有する者であって、相続の開始前15年以内において国内に住所を有していた期間の合計が10年以下である者
（注２）　非居住外国人：日本国籍のない者で、相続の開始前15年以内において国内に住所を有していた期間の合計が10年以下である者

不動産

遺産分割及び相続税の計算等において、相続財産である自宅（土地・建物）の時価の把握が必要となります。

1 財産評価基本通達による評価

相続税を算出する際の財産評価は、通常、国税庁の財産評価基本通達に基づき行われます。本事例における相続財産である自宅の評価についても同様です。

相続財産の評価について財産評価基本通達では、不動産の評価の原則として、①評価単位、②時価、③財産の評価の３点について規定しています。それぞれについて以下のような説明があります（財評通１）。

①　財産の価額は、宅地、農地、借地権、建物等の評価単位ごとに評価する。

②　財産の価額は、時価によるものとし、時価とは、課税時期において、それぞれの財産の現況に応じ、不特定多数の当事者間で自由な取引が行われる場合に通常成立すると認められる価額をいい、その価額は、この通達の定めによって評価した価額による。

③　財産の評価に当たっては、その財産の価額に影響を及ぼすべきすべての事情を考慮する。

不動産の評価にあたっては、まず対象となる不動産がどの不動産であるか、範囲はどこまでか、権利関係はどのようになっているか、について確認し、特定する必要があります。これにより上記①の評価単位を決めることができます。

本事例のような自宅の評価について、市街地の一般的な戸建住宅の場合、土地は財産評価基本通達の路線価と各種補正率（間口が狭い、奥行きが長すぎる、形状が悪いなどのマイナス面や角地、三方路などのプラス面の補正率）を用いて査定した土地単価に土地の面積を乗じて求め、建物は固定資産税評価額を建物時価と査定し、土地価格と建物価格を合算した額が、自宅の評価額となります。

なお、路線価とは、国税庁が公開している路線（道路）に面する標準的な宅地の１㎡当たりの価額のことです。

2 財産評価基本通達による評価の留意点

財産評価基本通達は、相続時における財産の評価について、評価の簡便性、統一性、公平性の観点から画一的に評価できるように作成されているため、個別性の強い不動産については以下の点に留意する必要があります。

財産評価基本通達１(3)に「財産の評価に当たっては、その財産の価額に影響を及ぼすべきすべての事情を考慮する。」と記載されていますが、財産評価通達の規定だけでは時価に反映しきれない減価要因があり、適正な時価と比較し、評価額が高くなる場合があります。その例として、土地については、敷地内高低差がある場合や土地の一部が土砂災害特別計画区域（レッドゾーン）にかかっている場合などがあり、また無道路地などのように補正率が規定されている要因についても、現実の取引における減価より小さな減価として査定される場合があります。

また、建物についても比較的大きな鉄筋コンクリート造の建物等においては、一般市場における総額による市場性の減退が反映されにくいことや木造住宅では20年経過すると１割程度の価値となるのと比較し、鉄筋コンクリート造では法定耐用年数が長いため、新築価格の５割以上の価値と評価されることなどから、固定資産税評価額が実勢価格より高額になっている場合があります。このような場合に財産評価基本通達による評価では、相続税を多く支払うことになるため、不動産の適正な時価評価として不動産鑑定士による不動産鑑定評価書が有効な場合があります。

3 不動産鑑定士による不動産鑑定評価について

不動産鑑定士による不動産鑑定評価においては、本事例の場合、「自用の建物及びその敷地（注）」の価格を求めることになります。

不動産鑑定評価基準では、自用の建物及びその敷地の鑑定評価額は、積算価格、比準価格及び収益価格を関連づけて決定することとなっています。しかしながら、土地・建物一体の取引事例と対象不動産との比較の困難性などから比準価格の試算は行われないことが多く、土地価格と建物価格をそれぞれ査定し、それらを合算して価格を求める積算価格と、対象不動産を賃貸に供することを想定した場合に得られる収益に基づき試算した収益価格を関連づけて対象不動産の鑑定評価額を決定します。

なお、財産評価基本通達における不動産評価では、収益価格は採用されていないため、鑑定評価においても対象不動産の特徴に留意の上、積算価格と収益価格から対象不動産の鑑定評価額を求めた理由を丁寧に説明する必要があります。

(注) 自用の建物及びその敷地とは、建物所有者とその敷地の所有者とが同一人であり、その使用者による使用収益を制約する権利の付着していない場合における当該建物及びその敷地をいいます。

20 遺産分割協議後に新たな相続人が発見された場合

Question　莫大な財産を残して死亡した父Aには、妻１人と子４人がおり、法定相続分どおり遺産分割を行った。しかし、その後に、Aの隠し子の存在が明らかになった。このように相続人が新たに発見された場合、どうすればよいか。

〈相続関係図〉

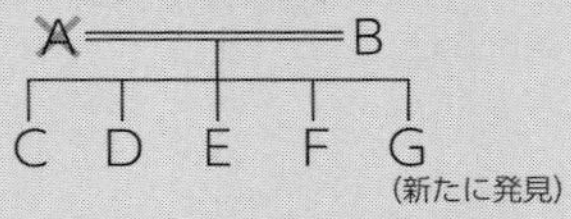

先日、話し合いを重ねた遺産分割協議が何とかまとまり、大きな額の相続税の申告を無事に終えてホッと一息ついていたところで、「先生！父の隠し子だとおっしゃる方からお手紙が…」と大慌ての相続人から電話がありまして…。
先生、やっぱりこれは遺産分割協議からやり直しでしょうか。

残念ですがそうなりますね。遺産分割協議は、相続人全員で行う必要があり、１人でも欠けている場合は無効になってしまうのです。

ということは、相続税の修正申告も必要になりますね。あれ？遺産分割協議のやり直しのときの不動産の価格時点は、相続開始時点に遡るという理解でいいのでしょうか。

相続開始時点と決められているのは相続税評価ですね。遺産分割協議での不動産の価格時点は、相続人全員の合意が前提ですが、遺産分割協議の時点を選択することもできます。

法務

参加すべき相続人を除外した遺産分割は無効です。

したがって、隠し子を加えて、全員で遺産分割をやり直す必要があります。

ただし、相続開始後に認知されたことによって相続人になった場合、その相続人は相続分相当の価額を請求できるにとどまります。

1 相続人は誰か

(1) 父Aの相続人は誰か

まず、相続人は誰かということが確定してから、遺産がもらえる割合、「相続分」というものが決まることになります。

① 被相続人の妻や夫（配偶者）は必ず相続人となります（民法890条前段）。

被相続人が結婚しており、配偶者がいる場合はその配偶者は必ず相続人になります。

② 子→親や祖父母などの直系尊属→兄弟姉妹の順で相続人になります。

被相続人に子がいる場合は、子が相続人になります（民法887条）。

被相続人が亡くなったときに、すでに子が死亡しており、子にも子（被相続人から見ると孫）がいる場合は、子の代わりにその孫に相続されることになります（代襲相続）。

被相続人に子がいないときは、その親や祖父母などの直系尊属が相続人になります（民法889条）。

被相続人に子、親、祖父母などの直系尊属がいないときは、その兄弟姉妹が相続人となります。兄弟姉妹がすでに亡くなっている場合は、兄弟姉妹の子が相続人になります。ただし、兄弟姉妹の孫は代襲相続しない（民法889条２項）ので注意してください。

③ 被相続人に、配偶者、子、親や祖父母などの直系尊属、兄弟姉妹が一切いない場合は、相続人がいないことになります。

相続人がいない場合は、相続財産は法人とされ（民法951条）、家庭裁判所が利害関係人又は検察官の請求によって相続財産管理人を選任して（民法952条）、この管理人が相続財産の清算を行います（民法957条）。清算後に残った財産は、被相続人の世話をしていたものなど、特別縁故者がいない限り、日本の国庫に帰属することになります（民法959条）。

(2) 相続割合（相続分）（民法900条）

① 相続人が配偶者と子が相続人の場合

相続分は、配偶者と子で２分の１ずつです。

②　相続人が配偶者と直系尊属の場合

相続分は配偶者３分の２、親が３分の１です。

③　相続人が配偶者と兄弟姉妹の場合

相続分は配偶者が４分の３、兄弟姉妹が４分の１です。

このとき、被相続人と父母の一方のみを同じく兄弟姉妹（半血兄弟姉妹といいます。）の相続分は父母の両方が同じ兄弟姉妹（全血兄弟姉妹といいます。）の２分の１になります。

⑶　被相続人Aの相続人は誰で、相続割合はどのくらいか

Aには妻１人と隠し子を入れて子が５人います。よって、相続人は妻と子５人ということになります。

妻と子５人の相続分について、まず、妻は２分の１になります。そして、子は残りの２分の１を５人で均等に分けることになるので、10分の１ずつということになります。

子は隠し子や、婚姻関係にない、いわゆる愛人や内縁の妻の子（非嫡出子）であっても相続分は変わりません（最決平成25年９月４日・民集67巻６号1320頁）。

2 遺産分割とは

⑴　遺産分割の手続

遺産分割とは、被相続人の遺産について、相続人全員で誰がもらうか確定する手続です。

相続人で話し合って、遺産を分割することを「協議分割」といいます。

相続人間で話し合っても解決できない場合は、裁判所の協力を得て話し合って分割内容を決める「調停分割」と裁判所に分割内容を決めてもらう「審判分割」があります。

⑵　具体例

例えば、被相続人Aには、5,000万円相当の自宅とその敷地、預金5,000万円、200万円の車１台と暗号資産200万円相当の遺産があるとします。

このとき遺言がないとすると、自宅とその敷地については、法定相続分どおり、妻が２分の１、子５人が10分の１ずつの持分を持ち、６人で共有することになります。

そうなると、たとえ、妻が自宅とその敷地を処分しようと思っても、全員の同意が必要になるなど、非常に面倒なことになります。

そこで、相続人全員でどの遺産が欲しいかなどを話し合います。

その結果、皆で話し合って、妻に自宅と土地、子のうちのひとりはAの介護などをしていたため、預金のうち1,000万円と車と暗号資産、残りの子は預金1,000万円ずつ分割することに決まった場合は、この内容で分割することができます。

もちろん、皆が合意すれば、自宅とその敷地、車や暗号資産をすべてお金に換えて、相続分どおりに分けるということも可能です。

3 相続人が漏れている中で行った遺産分割はどうなるか

遺産分割というのは相続人全員で、遺産につき、誰がどれだけもらうかを確定する手続です。相続人全員で話し合うというのが必要不可欠なのです。

したがって、本事例のように、遺産分割の話し合いに参加すべきであった隠し子が参加していない遺産分割の話し合いは無効です。

よって、隠し子を入れた相続人６人で、あらためて遺産分割の話し合いをする必要があります。

4 死後認知によって相続人が新たに生じた場合

被相続人の死亡時には相続人ではなかったが、死後認知によって相続人になった子が、他の相続人の遺産分割後に、他の相続人に対し、遺産分割の請求をしてきた場合は以下のとおりです。

隠し子以外の相続人である妻と子４人が遺産分割の話し合いをして決定した後に、Ａの死後認知によってＡの隠し子が新たに相続人となった場合は、妻と子４人にとっては全く予期せぬことであり、大きな不利益を被りかねません。

例えば、妻に自宅と敷地を分割することに決定したにもかかわらず、遺産分割をやり直さなくてはならないとすると、自宅に定住しようとしていた妻にとっては、とんでもない不利益です。

よって、このように、死後認知によって相続人が新たに生じた場合は、その相続分に従い、お金を請求することしかできません（民法910条）。

税務

1 遺産分割のやり直しによる相続税の再計算

遺産分割協議後に新たな相続人が発見された場合には、遺産分割協議をやり直すことになるため、新たな遺産分割協議に基づいて、相続税の計算及び相続税申告書の作成をやり直す必要があります。

相続税の計算は、大きく２段階に分かれます。

《第１段階》：相続財産が法定相続割合どおりに相続されたと仮定して相続税を計算

《第２段階》：第１段階で計算した相続税を、実際の遺産相続の割合（金額比）で再按分して、各相続人の相続税負担額を計算

《第１段階》では、いかなる相続であっても、法定相続割合で遺産分割が行われたと仮定して相続税を計算します。この計算では、実際の遺産分割協議書の内容、すなわち実際に遺産分割がどのように行われたかは関係ありません。

この**《第１段階》**の計算により、法定相続割合で計算した各相続人が負担すべき相続税額が計算されます。この各相続人の相続税額の合計額をもって、**《第２段階》**の計算が行われます。

《第２段階》では、**《第１段階》**で計算した相続税額の合計額を、実際の遺産分割の割合によって按分し、各相続人が実際に納めるべき相続税額を計算します。すなわち、遺産分割により各相続人が相続した財産の金額比により、相続税額の合計額を各相続人に按分します。この金額比には、相続税の計算に用いられた各資産の相続税評価額が用いられます。

相続税の計算後に隠し子の存在が明らかになると、この隠し子を含めて遺産分割協議が再度行われるため、**《第２段階》**の計算をやり直す必要があります。

2 相続税の２割加算について

相続人の中に、被相続人の一親等の血族及び配偶者以外の人が含まれる場合には、その人の相続税額にその相続税額の２割に相当する金額が加算されます。これを相続税の２割加算といいます。

本事例では、被相続人の現在の妻との子ではない隠し子の存在が明らかになっていますが、この隠し子は被相続人の実子であり、被相続人の一親等の血族に該当しますから、相続税の２割加算の対象にはなりません。

3 相続税の申告期限について

相続税は、相続人が相続開始を知った日（被相続人の死亡した日であることが多い）の翌日から10か月以内に申告と納税を完了しなければなりません。

被相続人の隠し子の存在が明らかになった場合、相続税の申告期限との関係は以下のとおりになります。

《ケース１》：隠し子が明らかになった時点で相続税の申告は完了していない（期限が到来していない）

《ケース２》：隠し子が明らかになった時点で相続税の申告が完了しており、かつ期限が到来していない

《ケース３》：隠し子が明らかになった時点で相続税の申告が完了しており、かつ期限も到来している

《ケース１》の場合は、ただちに遺産分割協議をやり直し、それに基づいて相続税の申告と納税を行うことになります。相続税の期限内に申告を終えることが重要ですが、遺産分割協議が円滑に進まず相続税の申告を期限内に終えることが困難な場合も考えられます。

そのような場合には、遺産分割がなされないままで、いったん申告と納税を行うことになります。これは、「申告期限後３年以内の分割見込書」を税務署に提出し、実際の遺産分割協議がまだであるため、いったん法定相続割合で相続したと仮定して相続税を計算・納税する手続です。そのため、遺産分割は未了ですが、法定相続割合で相続したと仮定して、各相続人が申告と納税を行うことになります。

その後、遺産分割が成立した時点で、実際の遺産分割に基づいて相続税を再計算し、各相続人が相続税の追加納税をするか還付を受けます。

仮に何の届出も行わずに無申告のまま期限を経過してしまった場合、無申告加算税が課される他、大変有利な各種特例が適用できないことになりますので、くれぐれもご注意ください。

《ケース２》の場合は、相続税の申告が完了していますが、期限内であれば訂正申告を行うことが可能です。すなわち、期限内に相続税の申告書を再度提出・納税をすれば、後で提出した申告書が正規の申告となります。

遺産分割協議が円滑に進まず、期限内に再度申告書を提出することができない場合であっても、隠し子が含まれない状態での申告書が提出されているため、無申告にはならず、無申告加算税は課されません。この場合は、遺産分割が成立した時点で修正申告書を提出し、税額の過不足を精算することになります。

《ケース３》の場合は、すでに期限を経過しているため、修正申告書を提出し、税額の過不足を精算することになります。

不動産

1 価格時点

相続税の算定や遺産分割協議の際に必要となる不動産の価格は、価格時点をい

つにするのか、によって価格が異なる場合があることに注意が必要です。

価格時点とは、不動産の価格を求める基準となる日です。不動産の価格は様々な要因によって決まりますが、その要因は時の経過とともに変動するため、価格時点が定められないと不動産の価格は基本的には求めることができません。

相続税の算定を行う際は、相続が発生した日が基準となりますが、遺産分割協議においては、相続人全員が合意すれば、必ずしも相続発生時点を価格時点とする必要はありません。したがって、本事例では、遺産に含まれる不動産の価格を、①相続発生時点、②一度目の遺産分割協議時点、③相続人が新たに発見された後の遺産分割協議時点、の３つの時点のうち、いつの時点を採用するのかを相続人全員で決めることになります。

このとき、その不動産の周辺の地価がおおむね横ばいで推移している場合は、価格時点が大きな問題にはならないと思われますが、地価が上昇していたり、下落していたりするときには、価格時点をいつに設定するのかによって、不動産の価格が異なってくるため、価格時点をいつにするのかが問題となります。

対象となる不動産の相続税路線価や固定資産税評価額を時系列でみてみると、周辺地域の地価の上昇や下落をおおまかに把握することが可能です。

2 時価

また、相続の際に必要とされる不動産の時価について、相続税算定の際の相続税路線価は市場価格（＝時価）のおおむね80％、固定資産税の評価額は市場価格のおおむね70％とされています。そのため、遺産分割協議において、相続税路線価や固定資産税評価額をそのまま用いると、市場価格よりも低い価格となるケースが多いです。ただし、特殊な画地である場合、例えば急な傾斜地や道路に接道していない画地、周辺の画地よりも規模が大きい画地などには、当てはめることが困難です。

さらに、相続税路線価や固定資産税評価額は、都心部などで地価が大きく上昇している場合、地方圏や災害等で地価が大きく下落している場合には、市場価格とは乖離していることが多いため、正確な時価を求めることが困難となります。

遺産分割協議においては、不動産を相続し金銭等を支払う側の相続人にとっては、不動産の価格を低く抑えたいという心理が働き、逆に不動産を相続せず金銭等を受け取る側の相続人にとっては、不動産の価格を高く見積もりたいという心理が働きます。そのため、利害関係のある相続人による不動産の価格の算定は恣意的に操作されることが多く、不動産の価格で争いが起きることが多いです。

3 不動産の価格を求める際の条件

不動産の鑑定評価においては、不動産の正常価格（＝時価）を求めることが可能ですが、この正常価格を求める際の条件についても、注意が必要です。

先ほど述べたように、金銭等を支払う側は不動産の価格を低く抑えたいため、その不動産の価格を求める際に、不利となる条件（例えば本来更地として評価すべきところを底地として評価するなど）を付けたり、逆に金銭等を受け取る側は不動産の価格を高く見積もりたいため、有利となる条件（例えば本来建物が建築できない土地に、建物が建築できるものとして評価するなど）を付けたりすると、求められた価格が恣意的なものになり、結局は争いに繋がってしまいます。

すなわち、不動産鑑定士による不動産の鑑定評価では、不動産の正常価格（＝時価）を把握することが可能ですが、相続人が依頼する際に恣意的な条件を付けてしまうと、正確な不動産の価格を提示することができなくなります。

そのため、相続の際に不動産の価格を求める必要があるときは、恣意的な条件を付けたりせず、ありのままの「正常価格」を求めることが重要です。

本事例では、①価格時点をいつにするのかを検討する、②時価を適切に把握する、③争いが生じるような恣意的な条件は付けない、の３つがポイントとなります。

21 法定相続人がいないとき

Question　A（90歳）は結婚しておらず、子や兄弟もいないので、相続人がいない。Aには相続財産として5,000万円の預貯金とAの自宅（土地建物）があり、隣人Bに対して500万円の借金がある。

Aの近所に住む隣人Bは長年にわたりAを親身になって世話をしてきた。なお、Bの自宅敷地は、Aの自宅敷地に隣接する旗竿地の形状で、AとBの敷地をあわせると整形地の形状となる。

①　AはBに遺産をすべて渡したいと思っている。

②　Bは長年Aの世話をしてきたので、少しぐらい自分にも遺産が欲しいと考えている。

相続人がいない場合の遺産の処理はどうなるか。また、Bに遺産を渡すにはどのような手続をすればよいか。

①のように被相続人の意思であれば、養子縁組や遺言による遺贈等になりますね。ここでは、②の相続人ではない隣人Ｂの立場から特別縁故者に対する財産分与に触れてみましょう。

特別縁故者になるための要件はあるのですか。

Ⓐ生計が同じであった者、Ⓑ療養看護に努めた者、Ⓒ特別の縁故があった者の３つのパターンがあります。本事例はⒷ又はⒸに該当する可能性がありますね。

税務上は、特別縁故者への財産分与は相続税が２割加算になりますので注意が必要ですね。遺言による遺贈等も同様です。養子縁組であれば２割加算はありません。

相続財産に目を向けると、ＡとＢの自宅敷地が隣接しているようですので、相続を機に２つの土地を一体利用できれば資産価値が上がりますね。

法務

1 AがBに遺産を渡す方法

⑴　養子縁組

まず、AがBを養子にして相続人とした上で法定相続させることが考えられます。

この場合、後述する相続人不存在の場合の相続財産管理人による清算手続は行われないことになります。

⑵　遺贈

また、Aが遺言書を作成してBに対して財産を遺贈することが考えられます。

遺贈のメリット、デメリットは**事例24**で記述してあるとおりですが、特にAがBに財産を包括遺贈した場合、包括受遺者であるBは相続人と同一の権利義務を有することとなるため、後述する相続人不存在の場合の相続財産管理人による清算手続が行われないことには注意が必要です。

⑶　生前贈与、死因贈与

さらに、AがBに対して財産を生前贈与又は死因贈与をすることが考えられます。

これら方法のメリット、デメリットは**事例24**で記述してあるとおりですが、これら方法の場合BはAの相続人にはなりません。

したがって、後述する相続人不存在の場合の相続財産管理人による清算手続が行われ、Bはその清算手続の中で財産を受け取ることになります。

⑷　清算手続での優劣関係

さて、特定遺贈、生前贈与、死因贈与を行った場合、相続財産管理人から清算を受けられる順番には優劣があります（民法957条２項、929条、931条）。これによると、

i　優先権のある相続債権者（民法929条ただし書）

ii　期間内に申出をしたか「知れている」相続債権者（民法929条本文）

iii　期間内に申出をしたか「知れている」受遺者（民法931条）

の順番とされています。

ここで、相続債権者とは生前受贈者又は死因受贈者のことをいうので、清算手

続の中で生前贈与、死因贈与は特定遺贈より優先することになります。

⑸　本事例の解決

本事例ではまずAがBを相続人にするかどうかによってその後の手続の流れが大きく変わります。

相続人不存在の場合の相続財産管理人の相続財産の清算手続は手続自体に時間もかかる上、相続財産管理人に対してBの方から権利主張をしなければならないなど、財産を譲り受けるために手間がかかります。

したがって、Bを養子にするかBに財産を包括遺贈することによりBを相続人（又はそれと同等の地位）にすることを検討するべきです。

2 BがAの財産を譲り受ける方法（特別縁故者の問題）

⑴　特別縁故者制度の概要

Bは Aの相続人ではないため、Aが生前のうちに何らかの対応をしていない限り、原則としてBは財産を受け取ることができません。

そして、相続人がいない場合相続財産は、相続財産管理人による相続財産の清算手続を経て、最終的には国庫に帰属することになります。

もっとも、BはAの生前、長年にわたってAを世話してきました。たとえ相続人ではなくとも亡くなった者に一定の繋がりがあった者に対しては、少しでも相続財産を分与して、国庫に帰属させる相続財産を減少させる方が望ましいといえます。

そこで、民法は、相続人がいない場合に、生前に被相続人との関係が深かったもの（「特別縁故者」といいます。）に、被相続人の財産の一部又は全部を与える制度を定めています。この制度を「特別縁故者に対する相続財産分与制度」といいます（民法958条の３第１項）。

もっとも、この制度は、本来は財産を与えられる資格がないものに対して財産を与えるものですから、相続人や被相続人の債権者に優先して財産を与える必要はありません。

したがって、特別縁故者が財産分与を受けられるのは、相続人が存在しないことが確定し、相続財産管理人による相続財産の清算が終わった後もなお財産が残っている場合に限られるのです。

⑵　相続人が存在しない場合の清算手続の概観

そもそも、相続人が存在しない場合、つまり戸籍簿上相続人が存在しない場合や推定相続人の全員が相続を放棄したことで相続人がいなくなった場合、相続財産管理人による相続財産の清算手続は、以下の流れで進行していきます。

まず、被相続人から財産を譲り受けることを約束していた生前受贈者などの利害関係人などが家庭裁判所に対して「相続財産管理人」の選任を請求します。

相続財産管理人は相続財産を管理しながら、相続人及び被相続人から生前に財産の譲渡を約束されていた利害関係人等を捜索していきます。捜索活動は、基本的には、官報に被相続人が死亡した事実などの情報を記載して広く知らせることにより相続人や利害関係人が名乗り出てくるのを待つ、という方法を取ります。

二段階の捜索活動を経ても相続人が見つからない場合、相続財産管理人は利害関係人に対して、被相続人の負っていた債務の弁済や被相続人が生前に約束していた財産の譲渡を被相続人に代わって行うなど、清算業務を行っていきます。

清算後も相続財産が残余している場合、相続財産管理人は特別縁故者に対する財産分与を行い、それでも残余した相続財産は国庫に帰属することとなります。

これが、相続財産管理人による相続財産の清算業務の一連の流れです（詳細は下記コラム参照）。

No	精算業務	条文
①	相続財産管理人の選任	民法951条、952条１項
②	相続財産管理人選任の公告（１回目の公告）	民法952条２項
	２か月間	
③	相続債権者・受遺者への請求申出催告の公告（２回目の公告）	民法957条１項
	２か月以上	
④	清算開始	
⑤	相続人捜索の公告（３回目の公告）	
	６か月以上	
⑥	相続人不存在の確定と失権	
⑦	特別縁故者への財産分与	民法958条の３
⑧	特別縁故者に対する財産分与まで行われた後でなおも残余した財産については、国庫に帰属	

⑶ 「特別縁故者」とは

さて、相続財産管理人に対して財産分与を求めることができる「特別縁故者」とはどのような人でしょうか。

特別縁故者とされるのは、次のいずれかに該当する人です（民法958条の３第１項）。

① 被相続人と生計を同じくしていた者

② 被相続人の療養看護に努めた者

③ その他被相続人と特別の縁故があったもの

以下、細かく見ていきます。

①　被相続人と生計を同じくしていた者

これは、家族共同体としての生活を営みながら相続権のないものをいい、さらに次のように細かく分類されます。

i　法律的な親族関係はないが、実質的に親族同様の関係にある者 ＝内縁の配偶者や事実上の養子など ii　親族関係にあるが相続人とされていない者 ＝同居の叔父や叔母、被相続人より先に死亡した子の配偶者など iii　親族関係にない全くの他人

このうち、iiiについて特別縁故者として認められた例は極めて稀であり、むしろ③その他被相続人と特別の縁故があったものかどうかを検討することが一般的です。

②　被相続人の療養看護に努めた者

「療養看護に努める」とは、被相続人の疾病について直接療養・看護をすることだけでなく、被相続人が療養看護を受ける病院や施設への入院、入所の手続、入通院の送迎、定期的なお見舞いなど、療養看護の周辺部分に尽力したものも含まれるとされています。

この類型に該当するものは、被相続人に対する療養看護の開始前から被相続人を療養看護していても不自然でないような一定の人間関係にあるものがほとんどです。

なお、これら療養看護に対して報酬を得ている場合、報酬以上の貢献をして初めて特別縁故者に該当すると判断されることが一般的です。

③　その他被相続人と特別の縁故があったもの

この類型に該当するのは、①や②には該当しないもののこれらに準ずる程度の具体的かつ現実的な交流が被相続人との間に存在し、相続財産を分与することが被相続人の意思に合致するであろうと考えられる程度に被相続人と密接な関係にあったものとされています（東京家審昭和60年11月19日・判タ575号56頁）。

「具体的かつ現実的な交流」には多くの形があり、被相続人の身上監護のみならず、被相続人への経済的援助や精神的援助、被相続人の生前の活動へのサポートなど様々な要素が裁判上検討されています。特に、近時では療養看護自体は施設などが行っていて物理的に療養看護を行っていなくとも、親族として被相続人の身元引受人や成年後見人、財産管理等をすることで被相続人の精神的な支えになっていたことも重視されています。被相続人との関係が深ければ、むしろ被相続人から援助を受けていた場合であっても被相続人の遺志を汲んで財産分与を認めた例もあります。

なお、全くの他人よりは親族関係にあるものの方が縁故の度合いが軽くとも「特別の縁故」があったと認められる傾向にあります。親族関係になくても、相当深い交流があり、かつ被相続人が財産を与える意思を明確に表明していた場合などは、例えば被相続人の身の回りの世話をした介護施設などの法人を特別縁故者として認めた例もあります。

⑷ 申立ての方法

BがAの特別縁故者として財産分与を求める場合、まだ相続財産管理人が選任されていない段階であれば、まず相続開始地（被相続人の住所）の家庭裁判所に対してAの相続財産管理人の選任申立てを行う必要があります。

この際、家庭裁判所が相続財産管理人を選任するかどうかは裁判所の判断によるため、特別縁故者として申立てる場合には、申立書に被相続人と具体的にどのような関係にあったかを具体的に明記し、また、把握できている相続財産はすべて記載しておき、相続人が不存在であることを示す資料を集めておくなど、相続人が不存在の場合の相続財産の清算手続が開始されるように事前に十分に準備して申立てを行う必要があることに注意が必要です。

⑸ 効果

実際に特別縁故者に対して分与される財産は、その者に分与を行うことが相当か否かの判断も含めて、家庭裁判所の裁量により決定されます。

⑹ 本事例の解決

本事例では、BのAに対する世話の内容によっては、特別縁故者に該当する余地があります。

もっとも、特別縁故者に対する財産分与の申立てに至るまでは、上記のとおり相続人不存在の場合の相続財産管理人による清算手続のいくつものステップを踏む必要があり、最低でも被相続人の死亡から10か月の期間を要する上、相続人捜索の公告期間経過後３か月以内に申立てを行わなければならないという期間制限もあります。

さらに、「特別縁故者」に該当するかどうか、Bに分与される財産の内容などは家庭裁判所の裁量により決定され、本事例のようにAと親族関係にない全くの他人であるBにとって、特別縁故者に該当するためのハードルは相当に高いものになると考えられます。

したがって、BがAの財産の分与を求めるのであれば、Aの生存中に何らかの話し合いをしておくことも検討すべきかもしれません。

相続人がいない場合の手続きの流れ（コラム）

① 相続財産管理人の選任（民法951条、952条１項）

まず、相続財産の譲渡を約束されていた生前贈与の受贈者などの利害関係人、又は検察官からの請求により、家庭裁判所は「相続財産管理人」を選任します。

相続財産管理人の任務は、相続人がいない相続財産（相続財産法人）を適切に管理し、その清算を行うことです。

② 相続財産管理人選任の公告（民法952条２項）（１回目の公告）

相続財産管理人が選任されると、家庭裁判所は官報で相続財産管理人選任の公告を行います。これは、実質的には相続人を捜索する１回目の公告の意味を持ちます。

相続財産管理人は、ここから２か月間、相続財産を維持・管理しながら相続人の出現を待ちます。

〔２か月間〕

③ 相続債権者・受遺者への請求申出催告の公告（民法957条１項）（２回目の公告）

②の期間に相続人が名乗り出なければ、相続財産管理人はすべての相続債権者及び受遺者に対して、２か月以上の期間内に債権の申し出を行うよう公告を行います。つまり、相続財産に権利主張できるものに権利を主張させるのです。

なお、この時点で相続財産管理人が把握している債権者に対しては、全体的な公告だけではなく個別でも催告しなければなりません。また、この時点で把握している債権者に対しては、まだ弁済を拒絶することができます（民法957条２項、928条）。

この手続は、実質的には、相続人を捜索する第２回目の公告の意味を持ちます。

〔２か月以上〕

④ 清算開始

③の期間が満了すると、相続財産管理人は、ここまでで判明している相続債権者や受遺者に対する弁済の手続を開始します。逆に、この時点までに相続財産管理人に知れておらず申し出もしなかった相続債権者や受遺者は、清算手続から排斥されてしまい、相続財産からの弁済を受けることができなくなります（民法957条２項、927条２項）。

⑤ 相続人捜索の公告（３回目の公告）

③の期間の経過後もなお相続人が現れない場合、相続財産管理人は６か月以上の期間を定めて相続人捜索の公告を行います。

なお、④の手続の結果相続人に与えられる財産が無いことが明らかな場合、この手続には進まないのが通常です。

〔6か月以上〕

⑥　相続人不存在の確定と失権

⑤の期間が満了するまでに名乗り出なかった相続人、相続債権者、受遺者は、確定的に権利を失います。

⑦　特別縁故者への財産分与（民法958条の3）

この時点でまだなお相続財産に残余がある場合、ようやく特別縁故者に対する財産分与が検討されます。

特別縁故者は、⑤の期間満了から3か月以内に、家庭裁判所に財産分与の申立てをします。申立てがあると、家庭裁判所は、分与が相当かどうか相続財産管理人に意見を聞き（家事法205条）、相続財産管理人は、管理業務の中で得た生前の被相続人の生活状況、申立てをした縁故者の関わりの程度などの情報をもとに、「特別の縁故」があったか否かについて意見を述べます。

その結果、家庭裁判所は一定の財産を特別縁故者に分与することになります。

⑧　特別縁故者に対する財産分与まで行われた後でなおも残余した財産については、国庫に帰属します。

税務

1 相続税の2割加算

相続、遺贈や相続時精算課税に係る贈与によって財産を取得した人が、被相続人の一親等の血族及び配偶者以外の人である場合には、その人の相続税額にその相続税額の2割に相当する金額が加算されます。これを相続税の2割加算といいます。

そのため、Aが遺産のすべてをBに相続する旨の遺言を残した場合は、Bが相続税を納めることになりますが、その際にはこの相続税の2割加算が適用されますので、注意が必要です。

ただし、BがAの養子となった場合、養子は被相続人の一親等の法定血族であることから、相続税額の2割加算の対象とはなりません。

2 借入金の債務控除

AはBから500万円の借入金がありましたが、BがAから遺産を相続する場合、この借入金も相続することになりますので、相続税の計算において債務控除することができます。これはBが遺言によって相続する場合でも、BがAの養子になって相続する場合でも同じです。

ただし、債務控除をするためには、500万円の借入金が確実に債務であると認められることが必要です。合理的な返済期限や利息等を定めた金銭消費貸借契約書を作成し、金融機関を経由して借入や返済を行うことで履歴を残しておく、等の検討が必要です。

もし500万円の借入金が債務でないと認められた場合は、AからBに対する贈与となり、相続税の計算において債務控除できません。それればかりか、Aにおいて贈与税がかかることになり、Aの贈与税債務をBが承継することになります（この贈与税債務は、相続税の計算において債務控除ができます）。

不動産

相続人がいない場合に、相続人以外の方に資産を移す方法については、**法務**の項目を参照していただければと思います。ここでは、Aの相続財産のうち、自宅土地について、隣人Ｂが取得した場合に、別の方（隣人Ｂ以外の方）が取得した場合と比べてより高い利用価値が生じるケースを紹介します。

なお、本事例は、相続が発生したことにより土地を譲り受ける場合ですから、譲受人にとって損な話ではありません（ただし、支払う相続税については、**税務**を参照してください。）。その中で、隣人Ｂが取得するからこそ生じるメリットについてご紹介します。

例えば、Aと隣人Bの土地の形状が下記のような形状であったとします。

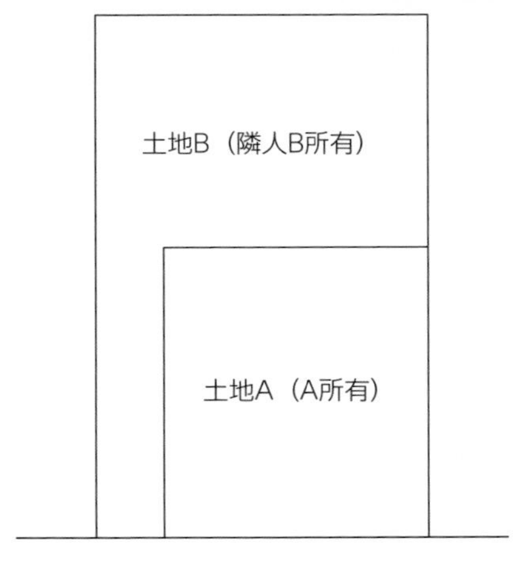

通常、土地Ａの時価は、土地Ａのみを利用することを前提に形成されます。ところが、土地Ａを「隣人Bが取得する」ことを前提とすると、隣人Bは、従前の土地Bと、取得する土地Ａを併せて一体として利用できるようになります（下図参照）。その結果、隣人Bの所有する土地は、従前、不整形地であったものが、併合後には整形地になります。具体的なメリットとして、併合前は間口の狭い土地だったものが、併合により間口が広がることで宅地への出入が容易になることや、今まで有効に使えなかった通路部分が有効に利用できるようになります。

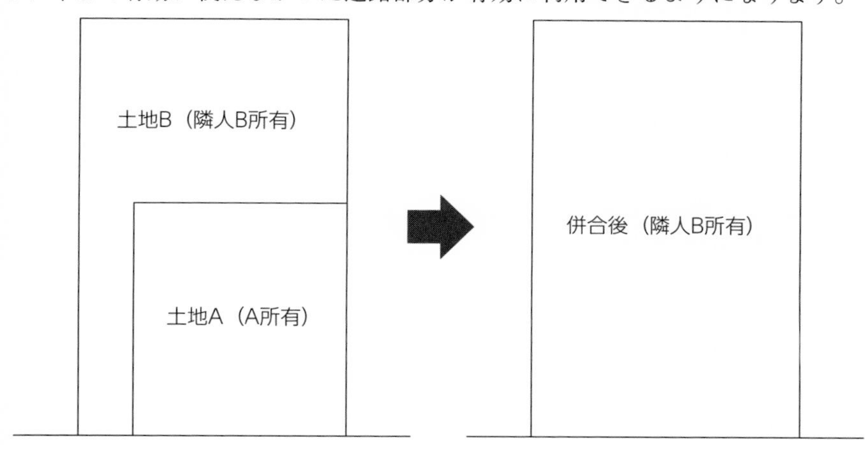

なお、不動産の鑑定評価において、隣人Bが土地Ａを購入することを前提とした場合の、隣人Bにとっての適正な価格を「限定価格」といいます。上記の例において、「限定価格」を求めると、第三者にとっての適正価格（正常価格）に比べて高くなります。これは、Ｂにとって、正常価格に比べてより多くお金を支払ったとしても、購入する価値があるということになります（下記**コラム**参照）。

限定価格を求める場合のその他の例として考えられるのは、借地権者が底地の併合を目的とする売買や、経済合理性に反する不動産の分割を前提とする売買等において、限定価格を求める場合があります。

本事例は、売買ではなく、隣人が土地を譲り受けるケースであるため、鑑定評価が必要な場面ではないかもしれませんが、隣地を併合する場合においては、より高い利用価値が生じるケースがあることを知っていただけると幸いです。

コラム

《具体的な限定価格の求め方》

本事例は、相続が発生したことにより隣人が土地を譲り受けるケースですが、鑑定評価において、限定価格が依頼されるケースとして考えられるのが、「隣人Ｂが土地Ａを購入することを前提とした場合の、隣人Ｂにとっての適正な価格を知りたい」というものです。隣地の売買に当たって、価格の交渉のために、鑑定評価が用いられる場合があります。そこで、具体的な限定価格の求め方の一例を挙げておきます。

土地A単独の時価が10万円/㎡×100㎡＝1,000万円、土地B単独の時価は、土地が不整形地であることを考慮して、７万円/㎡×100㎡＝700万円であったとします。また、併合後の土地は整形地になるので、10万円/㎡×（100㎡＋100㎡）＝2,000万円となるとします。なお、規模が大きくなることによって土地の単価に影響がある場合がありますが、ここでは省略しています。

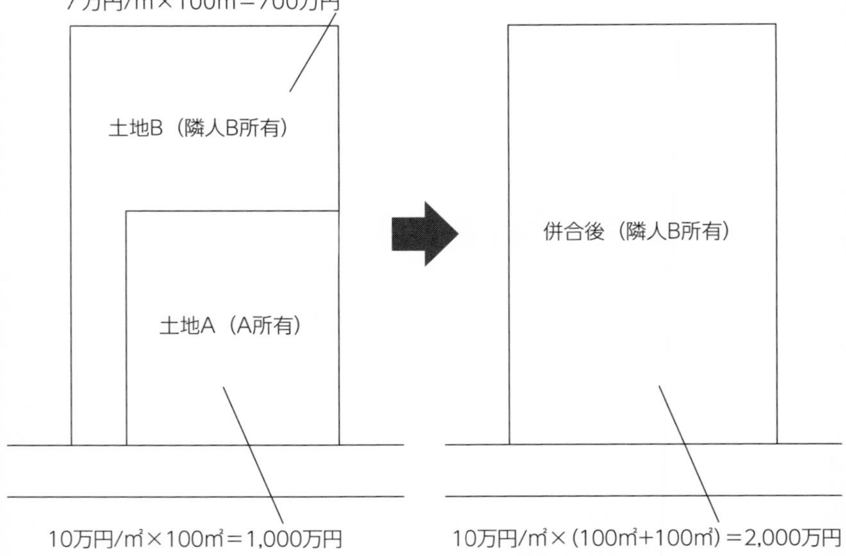

この場合、併合される前後の土地価格を比べてみると、以下のとおりです。

（併合前の土地価格）

土地A＋土地B＝1,000万円＋700万円＝1,700万円

（併合後の土地価格）

2,000万円

つまり、土地Aと土地Bが併合されると、2,000万円－1,700万円＝300万円の増分価値が発生することになります。

土地Aの限定価格の鑑定評価を行う場合には、この増分価値のうち、土地Aが寄与する部分を査定して、土地Aに配分される額を求めます。配分の方法としては、総額比による方法や、買入限度額比による方法等、様々な方法がありますが、ここでは、買入限度額比による方法によって配分した場合をご紹介します。なお、どのような方法によって配分するかは、不動産の個別性等を考慮して、各不動産鑑定士が判断することになります。

買入限度額比による方法とは、土地A・Bのそれぞれの価値の増加分（買入限度額）の比によって配分する考え方であり、最もオーソドックスな方法です。

まず、土地Aの買入限度額は、

（併合による一体の価格）－（土地B単独の価格）

＝2,000万円－700万円＝1,300万円

となります。つまり、土地Bの所有者から見れば、土地Aを購入するに当たって、最大で1,300万円支払っても損はしないということになります。

一方、土地Bの買入限度額は、

（併合による一体の価格）－（土地A単独の価格）

＝2,000万円－1,000万円＝1,000万円

となります。同様に、土地Aの所有者から見れば、併合する場合に最大で1,000万円支払っても損はしないということになります。

このそれぞれの買入限度額の比を用いて、土地Aを購入する場合の配分率を求めます。

配分率＝（土地Ａの買入限度額）／((土地Ａの買入限度額)

＋（土地Ｂの買入限度額))

＝1,300万円/（1,300万円+1,000万円)

≒56.5％

したがって、増分価値300万円の56.5％である約170万円が土地Ａに配分されると考えます。以上より、求める限定価格は、

土地A単独の価格＋（増分価値のうち、土地Aに配分される額）

＝1,000万円＋170万円

＝1,170万円

となります。これは、通常の市場価値でいうと、土地Aは1,000万円の価値ですが、隣人Bにとっては、1,170万円が適正であるということになります。

なお、限定価格を求める評価の依頼先としては、法人や行政期間等の規模の大きな組織であることが多くあります。これは、組織内において、購入価格が妥当なのか検討するために利用されるためです。今回のケースは、ＡもＢも個人ですから、鑑定評価が必要なケースではありません。ただし、「隣地は倍出しても買え！」という言葉があるように、鑑定を使わない場合でも、隣地を取得

すると上記のようなメリットが生じる場合があることを知っておいていただければと思います。

22 不動産を多数所有している場合の相続税対策

Question　Aは地主の家系に生まれ、賃貸マンション3棟、貸駐車場3か所、事業用貸地2か所、農地1か所を所有している。先祖代々の大事な資産であり、いずれ妻B、子Cに相続させたいと思っているが、どの不動産も市街地に存在するため評価額が高く、何らかの相続税対策をする必要性を感じている。税理士や銀行から、不動産管理会社の設立や新たな収益物件の建設を勧められているが、どうすればよいか。

〈相続関係図〉

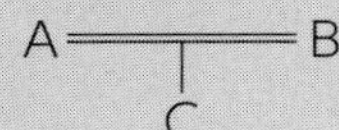

賃貸物件の取得は相続税を減らす効果はあります。でも、資産の中で不動産の割合が多くなると、納税資金が不足することがありますので、その点は注意が必要ですね。

確かに賃貸物件の新築時の相続税評価額は、市場価値と比べて低いと感じることがありますね。例えば、「空室が少ない」と、市場価値を考慮する鑑定評価では価格は上がりますが、所有者の利用制限に配慮する相続税評価では価格が下がる逆転現象が起こります。

節税対策としては、賃貸物件の建設が有効とされることがありますが、そもそも想定しているような収益を上げることができるかという視点でもよく検討する必要がありますね。

不動産管理会社の設立はどうでしょうか。

賃貸収入を法人に集め、親族などに所得を分散する節税効果はあります。運営形態や譲渡所得税をよく検討しシミュレーションした上で実行することが重要です。

法務

1 はじめに

Aとしては、まず、相続財産の内容を把握する必要があります。次に、相続財産の評価額が、相続税の基礎控除額を超えていることにより、相続税がかかるとして、どれほどの相続税がかかるか試算する必要があるでしょう。

相続税対策として、預貯金を不動産に変えることで節税効果が生まれる可能性はありますが、相続人が相続税を納めるにあたって、結局、流動資産が足りず不動産を売却する必要があるようでは本末転倒です。代々受け継いできた不動産を次の世代に引き継ぐためにも、相続人の納税資金まで目を配った対策が必要です。

また、Aは、死後に妻に相続させるつもりでいますが、人の生き死にはわからないため、場合によっては、妻の方が先に亡くなることもありえます。そのため、亡くなる順番が逆転することも念頭に置いておくべきでしょう。遺言作成にあたっては、「妻が先に死亡していたときは、子○○に財産を相続させる」などと条件付きで作成しますが、遺漏のないようにするため専門家に相談してください。

2 新たな収益物件の建設について

預貯金を不動産に変えると、不動産の評価額が、その建築費用などに費やした金額以下になり得るため節税効果が生じる可能性があります（詳細は**不動産**の項目を参照してください。）。しかし、この節税効果だけを見込んで新たな収益物件を建築すると別の問題が生じ得ます。なぜなら、収益物件なのですから、賃借人が部屋を借りて初めて収益が生じるのであって、賃貸借のニーズがない場所に建築しても意味がないからです。建築費用を賃借人からの賃料で回収するまでには、長期間必要です。建築後、修繕等のためにさらに費用投下する必要が生じることも想定されます。そのため、建築する際に、節税効果や短期的な賃料収入だけでなく、長期間のトータルで検討して利益をあげることができるのかという視点が必要です。

以下、不動産に関し、近時問題となったものを紹介します。

(1) サブリース事業

① サブリースとは

サブリースというのは、一般的に、不動産を建築したオーナーが、会社に賃借物件を一括で賃貸し、当該会社が実際に入居する入居者に転貸し、加えて物件の管理もするという契約形態を指します。オーナーにとっては会社に一括して賃貸しているので、実際の入居者数にかかわらず一定の賃料収入が得られるということや、煩雑な賃貸借契約の管理をせずともよいというメリットがあります。

② サブリースの問題点

i 契約内容の問題

ところが、このサブリース契約を巡り、オーナーと会社側に契約内容の認識が異なるため、オーナー側が会社に対し訴訟を提起するという問題が生じています。具体的には、会社側がオーナーに対して、賃料は一定期間固定としていたにもかかわらず、家賃の減額を求めたことに対し、オーナー側が会社側に訴訟を提起したという事案があります。

このような事態も踏まえ、国土交通省は、消費者庁と連携して、注意喚起をするためサブリース契約の注意点を公表しています（出典：国土交通省ホームページhttp://www.mlit.go.jp/report/press/totikensangyo16_hh_000180.html）。サブリース契約は単なる賃貸借ではなく入居者に対する転貸まで予定したものですから、契約条項が複雑になるものと考えられます。

加えて、賃貸借契約に関する法律関係については、これまで賃借人が弱い立場であるという前提に賃借人を保護する流れで法律が定められ、判例が形成されてきました。この流れに対し、サブリースにおいては、賃借人は事業者でありこの前提とは異なる事情があるといえますが、どういった判例が形成されるかは今後の推移を見守る必要があります。なお、少し古いですが、最判平成15年10月21日・民集57巻９号1213頁は、サブリース事業者による賃料減額請求権（借地借家法32条）の行使を認め、これを極めて制限的に解した高裁判決を差し戻しています（最判平成16年11月８日・判タ1173号192頁も同旨。）。

以上の点を踏まえ、Aがサブリース事業を検討するにあたっては、事前に、賃貸借契約締結にあたってどのようなリスクがあるか検討すべきでしょう。

なお、令和２年６月12日で、サブリース事業者に対し、故意に事実を告げず又は不実を告げる等の不当な勧誘行為を禁止し、重要事項の説明を義務付け、また賃貸住宅管理業に係る登録制度を創設するといった内容の「賃貸住宅の管理業務の適正化に関する法律」が成立しています。当該法律が施行された後（公布後１年以内に施行される）は、事業者に規制がかかることになるため、今後の動きを見守る必要があります。

ii　事業として成立しないという問題

また、オーナーが一定の賃料収入を得ることができるとはいえ、当初の予定どおり入居者が集まらないといった問題も生じています。ニーズのない場所に不動産を建築した結果、入居者が入らず、したがってサブリース事業者の経営が破綻して、業者がオーナーに賃料を支払うことができなくなるという問題も生じています。そもそも、事業として成立しないのに事業化してしまったというのが根本的な問題です。

(2)　不正融資問題

これは、不動産建設にあたり、不動産業者や金融機関内部の人間が、融資を求める不動産オーナーになろうとする者の預金残高や所得確認資料など審査に必要な情報を改ざんし、金融機関が、その改ざんを見過ごしあるいは見て見ぬふりをした結果、融資がなされるという問題です。この根本的な問題点は、本来であれば融資されない融資がなされた結果、オーナーが、不相当に過大な債務を負うということにあります。無論、オーナーの自己責任と片付けることもできますが、オーナー側に必要な情報が提供されて合理的に検討する機会があれば、このような問題は起きないとも考えられます。

本事例の場合、自己資金で不動産建設が可能かもしれません。しかし、この不正融資問題は、事業者も、場合によっては金融機関も、ルールを逸脱してもいいから、やみくもに不動産建設事業を実現することを目指すことがあるということを示しています。今後、不動産投資を考える際には、冷静に見通しを検討する必要があるといえます。

税務

1 現状分析（財産目録作成、相続税試算）

相続税対策としては、遺産分割対策（円満相続対策）、納税資金対策、節税対策の３つの対策があります。相続税対策を行うには、まずは現状分析を行いましょう。新たな収益物件の建設は節税対策になりますが、そもそも相続税がかからない方の場合は相続税対策を行う必要はありません。また、不動産は現金と異なり流動性が低く、納税資金が不足してしまうという問題が生じることがあります。

そのため、まずは、財産目録や相続人関係図を作成して、相続税試算を行いどういった相続税対策を行うのがよいかを信頼できる相続の専門家に相談しながら行うことが大切になります。

2 節税対策

(1) 不動産管理会社の設立

不動産管理会社を設立して、親族を役員とすることで役員報酬を支払い、所得分散による節税対策を行うことができます。主な運営形態としては、３つの方式があります。

① 不動産を会社に売却して会社所有とする方式

Aが所有している賃貸マンションの不動産を不動産管理会社に売却する方式です。

この場合、相続税の節税効果はありますが、不動産管理会社で不動産の購入資金のために多額の資金を準備することとAが不動産売却の譲渡税を支払う必要があるというデメリットがあります。

② 会社に管理業務を委託する方式

Aが所有している不動産は不動産管理会社に売却せず、Aが不動産管理業務を不動産管理会社に委託する方式です。この場合、不動産の管理委託業務費として不動産管理会社に支払うことになるので、外部の不動産管理会社に委託した場合の委託料相場と乖離しないように管理委託費の設定に留意が必要です。

③ 会社に不動産を賃貸し会社がエンドユーザーに転貸する方式

Aが所有する不動産を不動産管理会社に一括賃貸し、それを不動産管理会社が第三者に転貸する方式（いわゆるサブリース方式）です。サブリース方式は、空室リスクなどを不動産管理会社が負担する分②の管理業務よりも高い管理料を収受できますが、②の方式と同様に外部の不動産管理会社に委託した場合の委託料相場と乖離しないように管理委託費の設定に留意が必要です。

(2) 収益物件建築の留意点

収益物件の建設も、不動産の評価額が現金でもっているより低くなり節税効果があります。

加えて、賃貸アパートなどの場合は、土地は貸家建付地評価、建物は貸家評価となり、さらに評価額が低くなり、節税対策に有効です。ただし、収益物件の建築は相続税の節税対策にはなりますが、空室が多いと受け取れる賃料が少なくなり不動産経営上の問題が生じます。

そのため、収益物件建築にあたっては相続税の節税のみでなく将来の賃料見込みなどを考慮して検討する必要があります。

⑶　青空駐車場は更地評価

貸駐車場が青空駐車場（未舗装の駐車場）の場合は、小規模宅地特例が使えないので、砂利引きやアスファルトで舗装するなどの対策を行うことが有効です。

⑷　土地を分筆

複数道路に面している土地等は、分筆することで評価額を下げられることがあります。例えば複数の道路に面している土地を１方向のみに接するようにすることで、評価額を下げられることがあります。ただし、ただ単に相続税の節税だけを目的に分筆した場合で、実体のない合理的でない分筆の場合は、せっかくの対策が税務上否認されてしまうこともありますので、相続税に詳しい税理士や不動産鑑定士などに相談することをお勧めします。

⑸　広大地がなくなり、地積規模の大きな宅地の評価

平成30年度の税制改正により広大地評価がなくなり、地積規模の大きな宅地として評価することに変更されました。広大地評価は、評価方法があいまいなところがありましたが、改正により、地積や所在地域の容積率などの具体的基準による容易な判断が可能になりました。

地積規模の大きな宅地の評価額 ＝路線価×奥行価格補正率×不整形補正率などの各種画地補正率×規模格差補正率×地積（㎡）

⑹　物納、延納

相続税の納税・申告期限は、被相続人が死亡したことを知った日の翌日から10か月以内に現金で一括納付するのが原則です。ただし、相続税については、特別な納付方法として延納・物納制度があります。延納は何年かに分けて納めるもので、物納は相続などでもらった財産そのもので納めるものです。この延納・物納を希望する場合は、申告書の提出期限までに税務署に申請書を提出して、許可を受ける必要がありますが、厳しい条件がありますので、相続人が相続税の納税で困らないように、生前にしっかりと相続税対策を行っておきましょう。

3 遺産分割対策（円満相続対策）

公正証書遺言作成（２次相続(注)の相続税も考慮したタックスプランニング）

公正証書遺言の作成は、円満相続（もめない相続・相続人の負担軽減）を行うために、有効な生前対策です。相続財産をどのように分けるのかによって、１次相続と２次相続のトータルで支払う相続税等の税額が２倍以上変わってくることもあるので、遺言書を作成する場合は、２次相続の相続税も考慮して作成するこ

とをおすすめします。

(注) 2次相続とは、親世代の一方配偶者が亡くなった場合の相続を1次相続とすると、他方配偶者が亡くなり、財産が子世代へと相続されることをいいます。

不動産

まずは、現状を把握することがスタートになります（**税務**参照）。その上で、相続税対策が必要であれば、何か対策をしていくことになります。

資産家の方にとって、資産をどのような状態で所有して相続を迎えるのがいいのか、悩ましい問題だと思われます。後述するように、賃貸マンション等は、現金で所有する場合に比べて、相続税の評価上有利にはなりますが、本事例のように、相続税が課税されることが見込まれるような場合には、納税資金として現金も必要になります。相続税対策として何から進めるかについては、一概にいえるものではないと思いますが、ここでは、相続税評価額と鑑定評価額（正常価格）の違いに着目して、どのような状態で不動産を保有しておくのがいいか、参考にしていただければと思います。

まず、相続税の申告について、資産の評価は時価によるものとされていますが、ここでいう時価とは、通常、財産評価基本通達に沿って評価した額をいいます。一方で、同じ時価といっても、不動産鑑定士が通常評価する正常価格は、実際に市場で売買される適正な価格というイメージを持っていただければ結構です。

では、所有されている賃貸マンション及び事業用貸地について、相続税評価額と正常価格ではどのような違いがあるのでしょうか。

1 賃貸マンション

財産評価基本通達に沿って賃貸マンションを評価すると、おおむね以下のとおりになります。

土地：土地価格×（1－（借地権割合×借家権割合×賃貸割合））

建物：建物価格×（1－借家権割合×賃貸割合）

(注) 借地権割合とは、土地を賃借することで土地を利用できる権利の土地価格に対する割合をいいます。
借家権割合とは、建物を賃借することで建物を利用できる権利の建物価格に対する割合をいいます。

制度上、財産評価基本通達では、土地と建物を別の資産と捉えて、別々に評価されます。ここでいう土地価格は、路線価をベースにしたもので、通常、公示価格の約80%程度の水準になっています。また、建物価格は、1棟の家屋ごとに、その家屋の固定資産税評価額により評価するとされています。なお、この建物の固定資産税評価額は、新築時の評価額に経年に応じた補正率を乗じて評価されているのですが、新築時の評価額については、実際の建築費と比べて低い水準（約50％程度といわれています。）で評価されています。

つまり、土地・建物いずれも、単体では低めの評価がなされています。

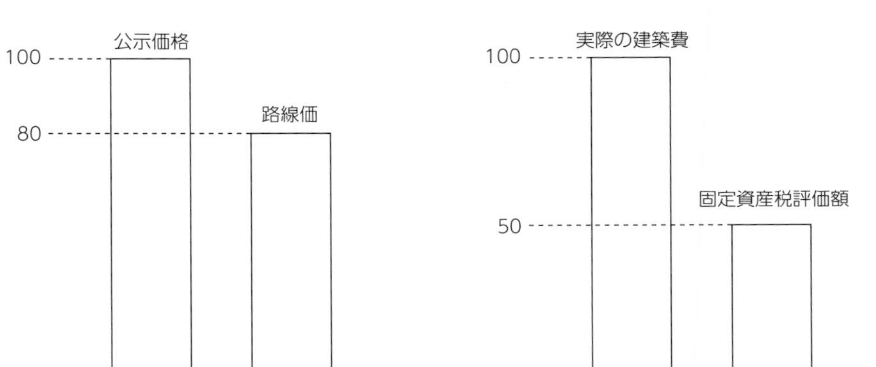

（注）　土地の路線価については、公示価格に対しておおむね80％の水準になっていますが、市場で取引される時価については、エリアによって異なります。一般的に、市場で取引される時価は、都心部においては、公示価格より高い水準であるのに対し、地方では公示価格を下回ることも多くあります。したがって、本文で「単体では低めの評価がなされている」と書いていますが、市場で取引される時価が路線価を下回るエリアもあります。

また、借地権割合や借家権割合は、国税庁のホームページで調べることができますが、その物件が存する地域によって画一的に決められた割合を用います。賃貸マンションの入居者がこれらの権利を有しているため、その分を除く評価となっています。

具体的に、土地価格が公示価格の80％、建物価格が実際の建物価格の50％、借地権割合が60％、借家権割合が30％、マンションの賃貸割合が100％であると仮定すると、土地及び建物の相続税評価は以下のとおりです。

土地：（公示価格×80％）×（1－（60％×30％×100％））

⇒公示価格×約66％

建物：（実際の建物価格×50％）×（1－（30％×100％））

⇒実際の建物価格×35％

この例でいうと、賃貸マンションの評価は、土地については、公示価格の約66％程度、建物については、実際の建物価格の約35％程度になります。

一方、一般の市場において、賃貸マンションが取引される価格は、土地と建物を一体として、投資用の不動産としての収益性が重視されて決まります。すなわち、そのマンションを所有すると、年間どの程度の収入が見込めて、費用がどの程度必要になって、空室リスクがどの程度あって、将来売却するにあたっていくら程度で売却できて…等々、そのマンションの収益性を左右する様々な要因が、価格に影響を与えることになります。投資家の目線で価格が決定されるため、賃貸需要が旺盛なエリアに存している場合、価格は上昇する傾向にあります。鑑定評価において求める正常価格は、これらの要因を反映して決定されます。

そこで、相続税評価額と正常価格の２つの価格を比べてみます。財産評価基本通達の考え方では、そもそも低めの土地価格、建物価格が設定されている上、賃貸することによって、借地権割合や借家権割合などを考慮することになるため、評価額は低くなります。一方、正常価格は、収益性を重視して価格が決定されることから、物件の立地条件などによっては、価格が上昇します。例えば、「空室が少ない」という要因は、賃貸収入が安定することから、通常、賃貸マンションのオーナーにとって喜ばしいことであり、鑑定評価においても価格が上昇する要因になりますが、相続税評価においては、賃貸割合が大きくなり、自分で利用できる部分が少なくなるという理由で、評価額が下がる要因となっています。

このように、価格へのアプローチが異なるため、相続税評価額と正常価格では差異が生じることが多くあります。なお、相続税での財産評価において収益性を反映させないのは、個別性が高く画一的処理が困難で、将来見込まれる収入に恣意性が介入するためといわれています。

令和元年現在の市況を考えますと、投資家の賃貸マンションに対する購買需要は旺盛となっており、鑑定評価で求める正常価格が相続税評価額に比べて高い場合がほとんどです。このため、賃貸マンションについては、現金で資産を保有する場合に比べて評価上有利となるため、相続税対策に有効です。ただし、賃貸需要が希薄な地域や、マンション・アパートが供給過剰になっている地域においては、賃貸マンション経営が成り立つかどうかという目線からの検討は必要です。

2 事業用貸地

それでは、事業用貸地はどうでしょうか。賃貸マンションと同様に、正常価格と相続税評価額を比べてみます。なお、ここでは、普通借地権（期間満了時に借地人からの更新が認められているもの）を前提に話を進めます。

貸地（駐車場で貸しているなど、建物を建てないものは除きます。）は、鑑定評価において「底地」と呼ばれています。底地の正常価格を構成するものとして、様々な要素がありますが、最も大きいのは地代の水準です。つまり、高い地代が発生している場合などであれば、底地の価格を上昇させる要因となり、都心部の商業地などにおいては、更地価格を上回るものも見受けられます。一方で、地代が低い場合、底地の正常価格についても低廉な場合が多くなります。その他、契約の内容や契約の種類なども価格に影響があるところですが、一般的に底地は需要者が限られているので、市場流通性が低い不動産であり、よほど高い賃料が得られる場合でない限り、低い価格でしか売却ができないと考えられます。なお、地代が低廉な底地について、買取業者の購入価格は、おおむね更地価格の10％程度といわれています。

これに対し、財産評価基本通達に沿って底地を評価すると、以下のとおりになります。

底地：土地価格×（１－借地権割合）

相続税評価においては、路線価をベースとした更地価格に底地の割合（１－借地権割合）を乗じて求めます。この借地権割合は、国税庁のホームページで調べられますが、所在地によって画一的に決められているものです。

このように、底地については、一般的に市場流通性が低いため、正常価格が相続税評価額を下回ることも多くあります。適正価格が相続税評価額の水準に満たないような場合は、売却して納税資金に充てるという選択肢も考えられるでしょう。なお、底地は、一般的に需要者が不動産業者などに限定されるので、売却するには時間を要することが多いと思われます。売却活動を始めたのに、なかなか買手が見つからず、物件を所有したまま相続を迎えてしまうことがないよう、長期的なスパンで計画を立てるのがよいと思われます。

なお、普通借地権ではなく、事業用定期借地権が設定されている場合は、賃貸借の契約期間が終了すると土地が返還されるため、鑑定評価における底地の評価としては、普通借地権に比べて高くなります。一方、相続税評価においても、借地権の残存期間に応じて、普通借地権とは異なる割合が決められています。事業用定期借地権が設定されている場合についても、相続税評価額と正常価格を比較することが有効になります。

コラム

《相続税評価が時価を上回る場合の鑑定評価》

相続税の申告において、国税庁は、原則として、財産評価基本通達によって申告することとしています。しかし、不動産は同じものが２つとなく、それぞれ個別的な要素をもっています。財産評価基本通達では画一的な評価となるため、どうしても市場の水準とかけ離れてしまうことがあります。そこで、財産評価基本通達では、「この通達の定めによって評価することが著しく不適当と認められる財産の価額は、国税庁長官の指示を受けて評価する。」とされています。すなわち、特別の事情がある場合には、鑑定評価による申告が認められています。以下では、鑑定評価を用いて申告した実例を踏まえて、鑑定評価による申告が有効と考えられるケースを紹介します。

⑴ 山林

所在：関西圏

現況：山林

用途地域：都市計画区域外

面積：約５万㎡

相続税評価額：約１億円（約2,000円/㎡）

相続税評価額を「単価」でみると、約2,000円/㎡程度の水準で、都市計画区域外に存することもあって、低廉な水準です。しかし、山林の場合、単価は低くても、面積が大きいことから、評価額の「総額」が大きくなります。本物件は、面積が約５万㎡の山林ですから、総額では約１億円にもなります。

市場において、都市計画区域外の山林の需要は希薄であることが一般的であり、この物件についても、地元不動産業者の意見は、「需要はない」、「使い道がない」といったものです。極端な話ですが、「ただでも売れない」（需要が極めて希薄であることの例えと理解しています。）という話も聞きます。

そこで、取引事例を調べると、民間で取引された山林の事例が全くないわけではなく、おおむね数百円/㎡程度の水準となっていました。なお、取引事例については、過去２年間に売買されたもので、面積500㎡以上のものを調査しましたが、特殊な事情を含むものを除いて1,000円/㎡を超えるものはありませんでした。

鑑定評価の結果、約4,000万円（約800円/㎡）と評価して申告を行いました。このように、山林については、単価の違いが小さくても、総額が大きくなることから、相続税評価が時価と乖離する場合があるため、鑑定評価が有効になる場合があります。

⑵ 地積規模の大きな宅地との関係

現行の財産評価基本通達において、規模が大きいことによる減価については、「地積規模の大きな宅地の評価」において減価することができます。適用できれば、減価によっておおむね約70〜80％程度の評価額になります。

そもそも、「地積規模の大きな宅地」において減価が認められる理由は、主な需要者が戸建住宅の開発業者になると考えられる土地だからです。戸建住宅の開発業者は、開発行為を行うに当たって、主に以下の理由から土地を高い値段で買うことはできません。

① 道路や公園を整備する必要があるため、エンドユーザーに転売できない土地（潰れ地）が生じること

② 上下水道の工事、道路の舗装、擁壁の整備、販売のための広告費が必要となること

③ 売残りリスクや金利（土地を購入するにあたって、通常は融資を受ける

ため）などが必要であること

ただし、この「地積規模の大きな宅地」の減額が使えるかどうかは、明確に線引きがされています。例えば、面積については、三大都市圏であれば、500㎡以上、三大都市圏以外では1,000㎡以上の土地について適用が可能ですが、少しでも面積要件を満たさない土地については、適用できません。また、適用できる地域についても、普通商業・併用住宅地区又は普通住宅地区に限られており、例えば中小工場地区であれば、適用できません。

ところが、不動産市場においては、土地の面積が500㎡又は1,000㎡を少し切る場合でも戸建住宅の開発は行われますし、中小工場地区においても戸建住宅の開発が盛んな地域もあります。

また、「地積規模の大きな宅地」が適用できたとしても、上記①～③の理由による減価を反映しきれない場合もあります。エンドユーザーの購入する相場が路線価程度である場合などは、戸建住宅の開発を想定した場合の時価が相続税評価額よりも低いケースもあります。

このように、地積規模の大きな宅地との関係で、鑑定評価での申告が有効になる場合があるため、検討が必要です。

⑶　高低差

所在：関西圏

現況：宅地

用途地域：第１種低層住居専用地域

面積：約1,700㎡

相続税評価額：約6,000万円（約36,000円/㎡）

道路との高低差：約２ｍ

場所は関西圏で、約1,700㎡の土地です。ただし、前面道路より約２ｍ程度敷地が高く接面しています。土地の面積を考慮すると、戸建住宅の開発業者が主な需要者と考えられる土地になりますが、敷地との高低差があるため、必要となる造成費用が高くなってしまいます。

道路との高低差がある敷地については、相続税評価においても「利用価値が著しく低下している宅地」として減価が可能ですが、開発行為を想定した試算を行うと、約4,400万円（約26,000円/㎡）となりました。

このように、高低差という要因については、相続税の評価においても考慮されているものの、相続税の減価は画一的なものであり、実態を反映しきれていない場合があります。

⑷　接道義務を満たしていない土地

土地上に建築物を建築する場合は、「接道義務」といって、原則として、建築基準法上の道路に２ｍ以上接しなければならないとされています。したがって、道路に面していない土地や、道路に面していても、その道路が建築基準法上の道路でない場合は、建物を建築することができない土地であるため、土地の価値は低いものとなります（このルールは建築基準法に定められているものですが、法律が施行される以前から建っている建物は多数あるので、現在建物が建っているからといって、その敷地が面する道路が建築基準法上の道路というわけではありません。）。

無道路地については、相続税評価においても、減額することができますが、減額幅に限度があるため、時価を反映しきれない場合があります。無道路地を評価する場合、鑑定評価上は用地買収することにより接道義務を満たすことを想定しますが、周辺に建築基準法上の道路がない開発素地などは、用地買収する面積が大きいことから、戸建住宅の開発を想定すると赤字になることもあります。このような場合は、例えば「資材置場の敷地」としか利用できないという判断をするため、相続税評価が時価と乖離することになります。

23 社団法人設立による相続対策

Question Aは所有する収益不動産を一般社団法人に移すことを考えているが、相続に際しどのような効果があるか。また、最近の税制改正は何か影響するか。

法務

1 総論

株式会社等は、営利目的で設立され、設立には出資金が必要です。その結果、出資した人の「持ち分（株式など）」があり、これを対象として払戻し請求や持ち分の譲渡ということがありますし、持ち分に応じた配当があります。

これに対して、一般社団法人は、公益目的でも営利目的でも設立もできますが、いずれの場合にも、「持ち分」という概念はなく、配当もありません。

すなわち、株式会社における株式は、相続発生時には相続財産と評価されるのに対し、一般社団法人に移行した財産は、持ち分がないため、相続財産とは考えられず、相続税の課税対象とならないため、相続税対策として従来、有効な手段であるとされてきました。

ここでは、一般社団法人の簡単な説明とともに、相続税対策としての有効性と、平成30年度税制改正による影響などを解説します。

2 一般社団法人とは

(1) 一般社団法人とは

一般社団法人及び一般財団法人に関する法律に基づき、設立される人の集まりをいいます。このうち、最終事業年度に係る貸借対照表の負債の部に計上した額の合計額が200億円以上である一般社団法人を大規模一般社団法人といいます（一般社団法２条２号）。

事業の目的は、公益性のあるものではなく、収益事業も可能ですが、利益が出たとしてもその利益を一般社団法人の構成員（社員）や外部の者に対して分配することはできません。

なお、定款の定め又は社員総会で決定して、役員に対して報酬を支払うことはできます。

一般社団法人が活動資金を必要とする場合、その調達方法としては、基金制度があります。これは、株式会社でいう出資に代替するものですが、以下の違いがあります。

すなわち、基金の設置は義務ではありません。設置する場合には、定款に、その定めをすることが必要です（一般社団法131条）。そして、基金の拠出者を募集するときには、その都度、募集事項を定める必要があります。基金の拠出は、法人の社員でなくてもできますし、金銭以外のもの（不動産など）を拠出の目的物とすることもできます。いずれの場合にも、拠出された基金は、定めた期日において返還する義務があり、完全に法人の資産になるわけではありません。

⑵　法制定の沿革

明治時代から、営利目的ではなく広く公益を目的とする事業を営む法人については、公益法人制度が制定されており、主務官庁の許可を受けて公益法人となれば、税制面で優遇措置がありました。

ところが、実際には、公益性に乏しく営利を目的としているものもあり、官僚の天下りの温床にもなっていたため、その是正のため、平成20年12月１日から法人制度の改正を目的とした３つの法律が施行されました。

・「一般社団法人及び一般財団法人に関する法律」
・「公益社団法人及び公益財団法人の認定等に関する法律」
・「一般社団法人及び一般財団法人に関する法律及び公益社団法人及び公益財団法人の認定等に関する法律の施行に伴う関係法律の整備等に関する法律」

これらの法律により、公益社団法人、公益財団法人、一般社団法人、一般財団法人の４つの法人が設立できることになりました。ただし、公益社団法人、公益財団法人になるには、従来の社団法人又は財団法人から移行するか、一般社団法人・一般財団法人を設立後、移行して設立する必要があります。また、その法人の事業の主たる目的が、公益目的事業（23事業のいずれか）に該当することを含めた18項目の公益性該当基準を満たすことの認定を受ける必要があります。

3 設立要件

人的要件　　：設立時社員は２人以上（資格要件なし）、役員として理事１名の選任が必要

（注１）　大規模一般社団法人の場合は、理事会の設置（理事３名以上、監事１名以上、会計監査人１名以上）が必

要です。

設立時資本金：０円から設立可能

法人の名称　：名称中に一般社団法人という文字を使用すること（一般社団法５条１項）

定款の作成　：作成後、公証人役場で認証を受けること（一般社団法10条～13条）

登記　　　　：主たる事務所の管轄法務局において、設立登記が必要（一般社団法22条）

（注２）許認可を受ける必要はありません。

公益性（個人や特定集団の利益ではなく、不特定かつ多数人の利益を増やすことが目的であること）は不要です。

なお、公益性が認められると、税金の優遇措置があります。

4 一般社団法人の相続

相続時において、株式会社の株式を引き継ぐ場合、これに相続税が課税されますが、一般社団法人の引継ぎは、社員を交代する手続のみで完了し、相続税が加算されることがなかったため、従来は、例えば親が一般社団法人を設立し、収益不動産や自社株式などの資産を一般社団法人に売却や贈与の形で移せば、そのとき、贈与税等は課税されますが、一度、当該税金を支払えば、その後は、相続税がかかることなく、資産承継ができるとして、有効な相続対策とされてきました。

しかしながら、平成30年４月１日以降、一定の要件のもとで相続税が加算されることとなり、必ずしも相続税対策にはならなくなりました（この詳細は**税務**を参照してください。）。

そうすると、一般社団法人の設立の相続におけるメリットは、多数の財産がある場合に、その引継ぎを社員の地位の交代のみで引継ぎが可能であるというメリットが残るくらいとなります。

5 本事例の場合

平成30年３月31日までに設立した場合には、経過措置の適用がありますが、本事例ではこれから一般社団法人を設立するかどうかなので、節税対策としては意味がありません。

税務

1 課税関係

(1) 相続税について

一般社団法人は出資持分がないので、一般社団法人の資産に相続税がかかりませんでしたが、平成30年度税制改正があり、一定の要件のもとで相続税が加算されることとなりました（**2 平成30年度税制改正**）。

(2) 一般社団法人に財産移転時の課税関係

移転者（個人）が一般社団法人に資産移転する場合、移転時の移転資産の時価で譲渡したとみなして、一般社団法人と移転者に課税関係が生じます。

① 一般社団法人側

一般社団法人が、移転者（個人）から移転資産の低額譲渡・贈与を受けた場合、移転資産の時価と実際の譲渡価格の差額を受贈益として益金算入されて法人税等が課されます（法法22条）。

② 移転者（個人）側

移転資産を現金とした場合、特に移転者に課税関係は発生しません。移転資産を有価証券や不動産とする場合は、移転資産の時価を譲渡収入とみなして、売却益が生じていた場合、譲渡所得税が生じます（所法33条、59条）。

2 平成30年度税制改正

平成30年度税制改正により、一般社団法人を利用した相続税・贈与税などの課税逃れを防ぐための見直しが実施されました。これにより、特定一般社団法人等に該当すると判断されると、特定一般社団法人等の理事が亡くなったときには、特定一般社団法人等に対して相続税が課税されることになりました。

課税財産の対象額は、死亡した被相続人の相続開始の時におけるその特定一般社団法人等の純資産額をその時における同族理事の数に１を加えた数で除して計算した金額に相当する金額をその被相続人から遺贈により取得したものと、その特定一般社団法人等を個人とそれぞれみなして、相続税が課されます。またその相続税額は２割加算となります。

経過措置として、平成30年３月31日以前に設立された一般社団法人等について令和３年４月１日以後当該一般社団法人等の理事死亡に係る相続税について適用されます。

(注) 特定一般社団法人等の定義

特定一般社団法人等とは、次に掲げる要件のいずれかを満たす一般社団法人等をいいます。

イ　相続開始の直前におけるその被相続人に係る同族理事の数の理事の総数のうちに占める割合が２分の１を超えること。

ロ　相続開始前５年以内において、その被相続人に係る同族理事の数の理事の総数のうちに占める割合が２分の１を超える期間の合計が３年以上であること。

（出典：国税庁ホームページhttp://www.nta.go.jp/taxes/shiraberu/taxanswer/sozoku/4143.htm）

3 本事例の場合

(1)　Aの相続時の課税関係

同族会社の資産管理のための一般社団法人は、親族のみ又は同族役員が過半数となりますので、通常2の相続税の課税要件に該当し、Aの相続時に一般社団法人に相続税が課税されます。

(2)　Aが所有する収益不動産を一般社団法人に移す時の課税関係

Aは、収益不動産の時価を譲渡収入とみなして、売却益が生じていた場合、譲渡所得税が生じます（所法33条、59条）。

一般社団法人は、収益不動産の時価と実際の譲渡価格の差額を受贈益として益金算入されて法人税等が課されます（法法22条）。

不動産

一般社団法人に収益不動産を移転した状態で、仮にAが死亡したとしても、一般社団法人が所有する収益不動産は、相続財産に含まれません。また、一度個人が所有する不動産を一般社団法人に移転すると、子や孫の代になっても、半永久的に相続税の課税を免れることになります。そこで、平成30年度に税制改正が行われ、課税を免れる法人の要件が明確になりました（改正の詳細な内容及びその影響については、**税務**を参照してください。）。

改正後の要件を満たす一般社団法人を設立して、そこに資産を移転することで、個人の資産を切り離すことができるため、相続対策が可能です。ただし、一般社団法人を新たに設立するとして、個人が所有する不動産をどのように一般社団法人へ移転するかが問題となります。方法としては、贈与や売買が考えられます。

売買によって、個人が所有する不動産を一般社団法人に移転する場合、所得税法では、その時における価額、いわゆる時価によらなければならないとされています。この時価については、様々な捉え方がありますが、不動産鑑定士が通常評価する価格（正常価格）は、時価を表すものの一つと考えられます。

税制が改正されましたので、この制度をどのように利用するか、どの資産をどのように移転させるかについては、税理士にご相談の上、必要があれば、鑑定評価を利用いただければと思います。

なお、贈与によって不動産を一般社団法人に移転する場合には、税金が課されますので、上記**税務**を参照してください。

24 生前贈与

Question Ａは自宅敷地の他、多額の現預金と多数の収益物件を所有している。このまま相続を迎えると相続税が多額になることから、親族に対して生前贈与をしたいと考えている。生前贈与の対象は、配偶者であるＢ、子であるＣ及びＤ、Ｃの配偶者であるＭ、その子（Ａの孫）であるＮ、Ａの妹であるＸの６名である。Ｄは特別障害者精神障害者１級である。生前贈与に際し、何か留意すべき点はあるか。

〈相続関係図〉

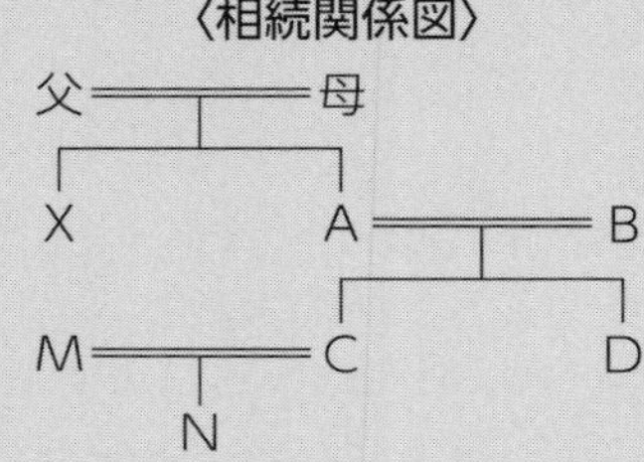

贈与の場合の留意点は何がありますか。

生前贈与は、暦年で110万円を超えると原則贈与税がかかります。

税金のことにとらわれがちですが、自分が思う生前贈与ができるように、しっかり内容をつめる必要があります。

贈与契約書って作ったほうがいいんですかね。

そうですね。後で贈与があったかなかったともめないためには、証拠になるものがあったほうがいいです。

法務

1 生前贈与（贈与）とは

贈与しようとする者が、ある財産を無償で、贈与相手（受贈者）に与える意思を示し、受贈者が、これを受け取ることを了承する意思を示すことで成立する契約です（民法550条）。

すなわち、贈与契約には書面の作成は不要です。

もっとも、後日の紛争防止のためには書面を作成する方が好ましいところです。

贈与契約は原則として解除できますが、以下の場合には、解除が制限されます。

① 贈与の目的物を特定し、かつ、贈与する意思を示した書面を作成したときは、その作成の時点から、贈与契約を解除することはできなくなります。

なお、贈与の意思と贈与を受ける意思（受諾意思）が同じ書面に示されている必要はありません。

② また、贈与契約を履行が終了した部分についても贈与契約を解除することができません。

2 例外―負担付き贈与（民法553条）

負担付き贈与とは、贈与の相手に対し、贈与の目的物を与えることと引き換えに、一定の給付をするべき債務を負担させるものをいいます。

例えば、養親が養子に対し、一定の財産を与えることと引き換えに、養親を扶養する義務を負うことを条件とするものをいいます。

負担付贈与においては、受贈者がその負担を履行しなければ、贈与者は、贈与契約を解除することができます（民法541条、542条）。

3 贈与契約の効果

贈与者は、贈与を受ける者（受贈者）に対し、贈与の目的者を引き渡す義務があります（民法550条、551条）。

この意味ですが、旧民法のもとでは、贈与契約が成立した後になって贈与の目的物に欠陥（瑕疵）があると分かった場合、贈与者が、贈与時、その欠陥があることを知らなかったのであれば、贈与者は、原則として責任を負いませんでした。

しかし、令和２年４月施行の民法下では、契約責任説という考え方に基づき、贈与の目的物が、その贈与契約の趣旨に適合しない場合には、贈与者は、債務不履行の一般原則により責任を負うこととなりました。

ただし、改正民法下でも、贈与契約は、贈与の目的物として特定したときの状態のものを引き渡すという合意であったと推定する規定はおかれています（民法551条１項）。

なお、負担付贈与の場合は、受贈者の負担の限度において、贈与者は、受贈者に生じた損害に対し責任を負うことになります（民法553条）。

4 贈与の種類

生前贈与と類似の制度として、遺贈や死因贈与などがあります。以下は、その定義と、各メリットとデメリット（5参照）を記載します。

① **遺贈（民法964条）**

遺言によって他人に財産を与える意思を示すものです。

② **死因贈与（民法554条）**

被相続人の死亡により効力を発生するという条件付きの贈与契約です。

5 生前贈与・死因贈与・遺贈のメリットとデメリット

⑴ 遺贈のメリット

生前贈与・死因贈与（契約）と違って、財産を与えようとする側の一方的な意思表示、すなわち、遺言書に記載すれば効力を持ちます。そのため、財産を与えられる側（受贈者）にさえ秘密にしておくこともできます。また、遺言を作成し直すことで撤回することもできます。

⑵ 遺贈のデメリット

上述⑴のとおり、遺贈は遺贈者の一方的な意思表示で行えますが、これは、受贈者からも、一方的に放棄されるリスクがあります（民法986条１項）。

⑶ 死因贈与のメリット

死因贈与は、贈与契約の一種ですが、その性質に反しない限り遺贈の規定が準用されます（民法554条）。

すなわち、遺贈と生前贈与の中間の性質を持つものとされます。

遺贈と同様に贈与者の最新の意思を尊重するため、贈与者の死亡前は原則として民法1022条を準用して撤回の自由が認められています（最判昭和47年５月25日・民集26巻４号86頁）。

ただし、負担付死因贈与については、贈与者の生前にその負担部分の全部またはこれに類する程度に履行した場合には、特段の事情がない限り撤回が認められないとされます（最判昭和57年４月30日・民集36巻４号763頁）。

(4) 死因贈与のデメリット

受贈者側からすると、贈与者の生存中は自己への財産譲渡が確定せず、不安定な立場に置かれます。

これを少しでも解消する手段として、贈与の目的財産が不動産の場合には、贈与者の生前中に死因贈与を原因とする所有権移転登記の仮登記を行うことが考えられます。この仮登記をすると、贈与者が当該目的不動産を受贈者に贈与しようとしていることを客観的・対外的に示すことができるので、贈与者としても第三者としても、当該目的不動産について死因贈与がなされるとあらためて認識することになります。

	生前贈与	死因贈与（民法554条）	遺贈（民法964条）
意義	一般的な贈与契約。贈与しようとする者と贈与される者との意思が合致しったときに効力を生じるもの。	贈与契約のうち、贈与しようとする者の死亡によって、贈与契約が効力を生じるもの。	遺言によって行うもので、遺言者が単独で（受ける側の了承なく）自己の有する財産（相続財産）を誰に与えるかを決める処分行為。
効力発生時期	贈与者と受贈者の意思が合致したとき。	贈与者の死亡時。	遺言者の死亡時。
年齢等の制限	20歳から単独で可能（民法４条、５条）。	20歳から単独で可能（民法４条、５条）。	遺言可能年齢である15歳から（民法961条）。
代理人によること	○	○	×
遺留分侵害額請求の対象か	○	○	○
負担付・条件付きとすることの可否	○	○	○

6 制限能力の場合

(1) 財産を与える側が精神疾患等により単独で法律行為をできるだけの行為能力がない場合

一般に、生前贈与と死因贈与は20歳から、遺贈は15歳から、単独で行うことができます。しかしながら、これらの年齢を超えていても、精神障害等で、有効に法律行為をできない場合があります。このような場合には、成年後見人の選任が必要になります。

(2) 財産をもらう側（受贈者側）が精神疾患等で行為能力が不十分の場合

未成年者の場合は、一般に法律行為を行う際には、法定代理人の同意がなければ当該法律行為は取消の対象となります。

ただし、単に権利を得、又は義務を免れる法律行為については、単独で行うことができると定められていますので、単純な生前贈与や遺贈・死因贈与の場合には単独で受贈者となれます（民法５条１項ただし書）。負担付き贈与の場合には、当該未成年者に一定の義務が生じますので、単独で行った場合、取消することができます（民法５条１項本文）。

これに対して、成人の場合には、行為能力が不十分の場合、成年後見人の選任などをした上で、贈与契約をするなど必要です。成年被後見人の場合には、単に権利を得、又は義務を免れる行為であっても、単独で行った場合も成年後見人の同意があった場合にも、取消対象となります（民法９条参照）。

7 注意点－遺留分侵害額請求の対象となりうるもの

(1) 次のような贈与は、遺留分侵害額請求の対象財産となります（民法1044条）。

・ 相続開始前１年間に「締結された」生前贈与（民法1044条１項前段）

ただし、贈与契約が１年より前に締結されておれば、履行自体が相続開始前１年以内であっても含まれません。

・ 共同相続人の一人に対してなされた相続開始前10年以内になされたもので、特別受益と評価される生前贈与（民法1044条３項）

特別受益と評価される部分に限っては期間は10年になります。

・ 期間を問わず、遺留分権利者に損害を加えることを知ってされたもの（民法1044条１項後段）

誰が相続人かを知っている必要はなく、また、積極的に加害しようという意思がなくとも、遺留分権利者である誰かに害を与えることを知っていれば、これにあたります。

(2) 遺留分侵害額請求における贈与は、すべての無償処分をいいます。

相続分の譲渡（最判平成30年10月19日判決民集72巻５号900頁）や、相続人に対するものに限らず（民法903条のみなし相続財産とは異なります。）、無償での債務免除や担保供与なども含みます。

(3) 負担付贈与の場合には、その対象財産から負担の価額を控除されたものが遺留分侵害額請求の対象財産に組み込まれます（民法1045条１項）。

8 定期贈与（民法552条）

贈与者が死亡するまで、定期的に一定の額や物を贈与し続ける贈与をいいます。

法律上有効な贈与契約ですが、税務上は注意が必要です。

すなわち、「年間110万円までの贈与は非課税」という税制優遇制度がありますが、定期贈与において、「総額でいくら贈与する予定か最初から決まっていた」と評価されると、その総額に対して贈与税が課税されます。その場合、110万円までの基礎控除は、１回しか使えないことになります。

9 事例への回答

生前贈与によって、各人に対して財産を与えることはできます。一方で、まだまだ本人が当該財産を使用していたい場合や後になって意思が変わる可能性があるのであれば、遺贈や死因贈与も検討対象に入れるべきです。

ただし、ほかの相続人の遺留分を侵害するほどに特定人に対して贈与した場合には、遺留分侵害額請求の対象となります。

また、特別障害者精神障害者が贈与の当事者となる場合、後で法律行為をする能力がなかったなどと争われないよう、有効に贈与契約をするため、成年後見人等の制度を利用することが望ましいといえます。

税務

1 現状分析（相続人関係図、財産目録作成し、相続税試算を行う）

事例22参照。

2 基本は、贈与税と相続税限界税率を比較して、生前贈与を行う

生前贈与を行うことで、配偶者、子供や孫に財産移転することができ、税務上も節税効果があり有効な相続対策となります。生前贈与を行うにあたり税務上の留意点としては、贈与税を考慮すること、せっかく実施した生前贈与が税務上なかったこととされたり、名義預金と認定されないようにすることがポイントとなります。

(1) 贈与税について

贈与税は、個人から財産をもらったときにかかる税金です。１人の人が１月１日から12月31日までの１年間にもらった財産額が暦年合計で110万円を超えている場合、贈与税申告の提出・納税を行う必要があります。贈与税の税率は①一般税率と②特定税率の区分があり、以下のとおりとなります（相法21条の２、21条の５、21条の７、措法70条の２の４、70条の２の５）。

①　**一般税率**（特定税率が適用される場合以外の税率です。）

基礎控除後の課税価格	200万円以下	300万円以下	400万円以下	600万円以下	1,000万円以下	1,500万円以下	3,000万円以下	3,000万円超
税　率	10%	15%	20%	30%	40%	45%	50%	55%
控除額	—	10万円	25万円	65万円	125万円	175万円	250万円	400万円

②　**特定税率**（直系尊属（祖父母や父母など）から、その年の１月１日において20歳以上の者（子・孫など）への贈与に適用される税率です。）

基礎控除後の課税価格	200万円以下	400万円以下	600万円以下	1,000万円以下	1,500万円以下	3,000万円以下	4,500万円以下	4,500万円超
税　率	10%	15%	20%	30%	40%	45%	50%	55%
控除額	—	10万円	30万円	90万円	190万円	265万円	415万円	640万円

⑵　死亡前３年以内の贈与は相続上なかったことに

相続などにより財産を取得した人が、被相続人からその相続開始前３年以内（死亡の日からさかのぼって３年前の日から死亡の日までの間）に贈与を受けた財産があるときには、その人の相続税の課税価格に贈与を受けた財産の贈与の時の価額を加算します。

そのため、生前贈与はなるべく早くから計画的に行うことが大切になります。また、相続人・受遺者以外への生前贈与は持戻しがないので、孫への生前贈与も有効な相続税対策となります。

⑶　名義預金と認定されないように注意

名義預金とは、口座の名義人が孫であってもその実質的な管理者が祖父であり、その拠出金を祖父が出している場合等が該当します。名義預金認定がなされるとせっかく、コツコツと孫名義で預金していても相続税が課税されることとなるので、適切に生前贈与を行いましょう。

名義預金と認定されない主なポイントとしては、２つあります。

①　贈与契約書を作成して贈与者・受遺者間で贈与の意思があったことをわかるようにしておくこと

②　通帳の管理を口座名義人がご自身で管理しておくこと

3 各種贈与の特例を活用する

原則として、暦年で110万円を超える場合、贈与税が課税されますが、配偶者への自宅贈与、相続時精算課税、住宅取得資金贈与、教育資金贈与、結婚子育て資金贈与、障害者の贈与税非課税などのいくつかの特例があります。

本事例では子Dは特別障害者精神障害者１級ということなので、障害者の贈与税非課税（特定贈与信託）についてご紹介します。特定贈与信託は、相続税法21

条の４第１項に規定する特別障害者扶養信託契約に基づく財産の信託として、特定障害者の方の生活の安定を図ることを目的に、そのご親族等（委託者）が金銭等の財産を信託会社等（受託者）に信託するものです。信託会社は、信託された財産を管理・運用し、特定障害者（受益者）のかたの生活費や医療費として定期的に交付します。このメリットは大きく２つあります。

１つ目は、一定の金額（特別障害者6,000万円、特別障害者以外の特定の障害者3,000万円）まで非課税で特定障害者（受益者）へ贈与できます。

２つ目は、財産保全できる点です。万が一、ご親族等が亡くなられた場合でも、引き続き障害者の方に生活費や医療費が信託会社から定期的に交付されます。

（注） 特別障害者とは、①特別障害者及び②障害者のうち精神に障害がある方をいいます。

不動産

1 不動産の生前贈与が有効な場合

現金を贈与する場合については、税務を参照していただければと思います。資産をお持ちの方でも、現金が手持ちにない方もおられると思います。そこで、ここでは不動産の生前贈与について考えます。

まず、不動産を生前贈与するとした場合、その資産の所有権がAから受贈者に移転することから、相続時精算課税等を適用する場合を除いて、贈与した資産は相続税の対象から外れることになります。一方で、贈与による贈与税が課されることになります。

そこで、生前贈与を行って贈与税を支払う場合と、生前贈与を行わずに相続税を支払う場合で、どちらが税額のメリットがあるのか検討を行うことが重要です。

2 生前贈与における留意点

次に、多数の収益物件を所有しているとのことですが、収益物件を生前贈与した場合、その後この収益物件から得られる収益は、受贈者（贈与を受けた者）の所得になります。そこで、仮に配偶者であるBに収益物件を生前贈与した場合、Bの資産が今後増えていくことが予想されるため、場合によっては２次相続の対策をする必要が生じてきます。

賃貸マンションを例に挙げると、収入については、賃料収入、共益費収入がメインになります。この他、場合によっては、礼金（一時金のうち、返却しなくてよいもの）や駐車場収入、自動販売機の収入、太陽光発電による収入、看板収入等があります。一方、必要となる費用としては、維持管理費（清掃や設備点検、警備にかかる費用）、共用部の水道光熱費、修繕費、プロパティマネジメントフィー（賃料の集金等物件の管理に要する費用）、募集費用（仲介手数料）、土地・建物の固定資産税、損害保険料が挙げられます。収入に対してどの程度費用が必要になるかというと、鑑定評価の目線では、おおむね２～３割程度が標準的です。すなわち、収入の約７～８割程度が手元に残っていくと考えられます。

また、賃貸マンションを建築又は購入していた場合、通常は金融機関から借入を行うため、手元に残ったお金から返済を行います。しかし、返済期間が終わってしまえば、手元に現金が残っていくことになります。可能であれば、収益物件は配偶者よりも子であるＣやＤに贈与する方が、相続税の対策という面で有効になります。

また、これから地価が上昇すると予想される土地についても、同様のことがいえます。すなわち、地価が上昇しているエリアに立地する物件を配偶者に贈与すると、２次相続の場面で評価額が上昇していることになります。この場合も、可能であれば、配偶者よりも子に贈与した方が有利になります（ただし、相続の発生時期はわかりませんので、あくまでも予測に基づく判断になります。）。

それでは、実際に所有されている物件が立地している場所について、地価の動向を知るにはどうすればよいでしょうか。あくまで、参考になりますが、不動産鑑定士が定期的に評価している地価公示や都道府県地価調査の価格の推移が参考になります。この地価公示や地価調査のポイントは、比較的多くの地点が対象になっているので、お近くのポイントの水準を把握しておくと参考になります。

3 相続時精算課税について

相続時精算課税とは、生前に財産を贈与するものの、贈与時には課税がなされずに、相続が発生した時点において、相続税で精算する制度です。

Ａは多数の収益物件を所有しているとのことですが、例えばこれを子に生前贈与すると、そこから上がる収益は子の収益になるため、相続税対策上は有利となります。このとき、相続時精算課税を適用すると、2,500万円を上限に、贈与税はかからないこととなります。生前に贈与を行いたいけれども、贈与時に贈与税を支払いたくない場合は、検討の余地があります。

ただし、相続時精算課税には、毎年の110万円の控除が適用できなくなること等、デメリットもあるため、適用する場合には、税理士と相談されることをお勧めします。

コラム

【コラム：相続発生後の遺産分割】

事例24は、生前に贈与を行う場合の留意点ですが、相続が発生した後、誰がどの財産を相続するかについては、揉め事の起きやすい場面であると思われます。生前贈与の場合も同様ですが、財産の配分が不平等であると感じる場合にトラブルが起きるケースが多いのではないでしょうか。

相続の場合、生前贈与の場合と同様に、原則として、国税庁の定める財産評価基本通達に沿って資産を評価し、これをベースに相続税が課せられます。一方で、不動産の鑑定評価において通常求められる価格（正常価格）とは、一般の市場において取引される適正な価格をイメージして頂ければと思います。この正常価格は、相続税評価額と異なることも多く（事例22参照）、財産評価基本通達により求めた相続税評価額を基に、平等に財産を配分しようとすると、トラブルが起きる原因になることがあります。

例えば、Ａが所有する収益物件の一つについて、相続税評価額が5,000万円であるとします。これを子Ｃが相続し、これと同額の現金5,000万円を子Ｄが相続するとします。この場合、税務上は、子ＣとＤが同額の資産を贈与しているため、原則として同じ金額の相続税が課せられます。

ところが、子Ｃが相続した収益物件は、物件が都心部の駅に近くに立地している場合等、立地条件によっては、より高値で売却できる可能性があります（事例22参照）。令和元年の市況を考慮すると、相続税評価額の２倍以上で売却できることも少なくありません。そうなると、現金5,000万円を受け取ったＤとしては、納得のできるものではないですね。

そこで、各資産について、鑑定評価による正常価格を目安として、実際に売却する場合の適正な価格を把握しておくことが有効になるものと考えます。設問の方の例であれば、所有する不動産は自宅敷地の他、多数の収益物件ですが、それぞれ適正な価格を把握することは簡単ではありません。自宅敷地でいくつか例示してみます。

【例１】自宅敷地の規模が大きいケース

例えば、敷地の規模が100㎡程度の住宅が建ち並ぶ住宅地の中において、下図のように、Ａの自宅の敷地が約1,000㎡程度であったとします。

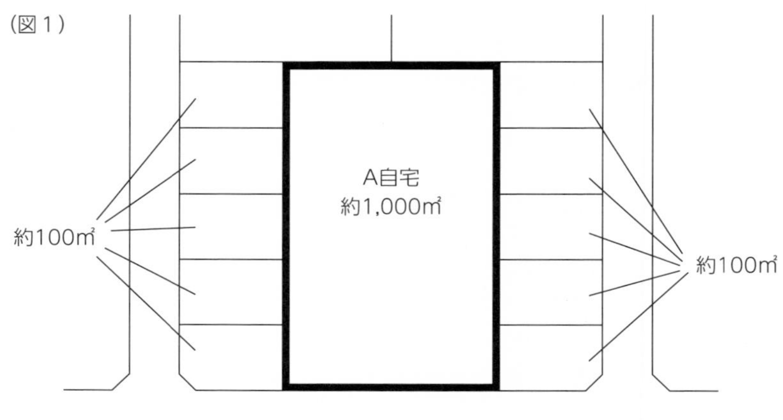

この場合、相続税評価では、市街化調整区域でないことや、工業専用地域でないこと等の要件を満たせば、「地積規模の大きな宅地」に該当し、路線価をベースとした価格のおおむね７～８割程度に補正されます。なお、この補正率は、面積と地区区分によって、画一的に計算されます。

一方、一般のマーケットにおいては、Ａの自宅のように規模の大きな土地については、戸建住宅の開発を目的とする不動産業者等が主な需要者となります。（図１）のような形状、街路条件であることを前提とすると、不動産業者は、（図２）のような開発道路を用いた開発を行うことが想定されます。

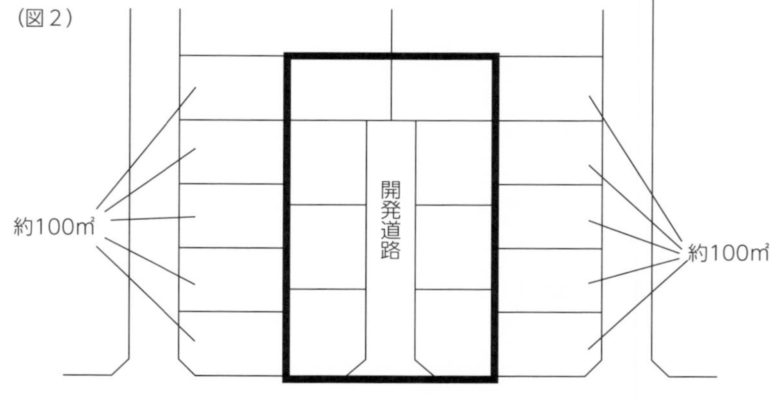

不動産業者が購入する際の目線として、戸建開発の事業としての採算性が重視されます。具体的に（図２）のような想定を前提とすると、収入は、造成後の区画の販売により得られる収入、費用は造成工事費、販売費や一般管理費、開発期間中の固定資産税等になります。その他、業者利益や金融機関からの借

入金利、土地が売れ残るリスク等を考慮して、土地の購入費用を検討します。一般に、完成後の住宅用地の販売単価が低いエリアである場合、開発道路や公園に要する土地の面積が大きく、販売できる面積が小さい場合、敷地に高低差があり、造成工事費用が高くなると想定される場合等については、不動産業者にとって、土地の購入費用が下がる要因となります。

このように、地積規模の大きな宅地については、面積に応じて画一的に補正率が計算されるのに対し、一般のマーケットにおいては開発を想定するに当たって様々な要因が影響することから、売却に当たっての適正な価格が相続税評価額を下回ることも十分に考えられます。

【例２】市場流通性の低い建物が建っている

例えば、①建物の築年数が古い、②建物が特殊な間取り・仕様になっている、③周辺の環境に合っていない等の要因は、実際の市場において需要が限定されてしまい、低い金額でしか売れないケースがあります。これを鑑定評価においては、土地・建物の価格に市場性修正を施して、価格に反映させています。

正常価格：(土地価格+建物価格) ×市場性修正→土地・建物の価格

一方で、相続税評価においては、土地と建物の価格をそれぞれ評価して、最後に合計して計算されます。市場流通性の低い建物が建っていても、これによる減価を考慮する場面がありません。

このように、相続税評価においては、市場性の減価は考慮されないのに対して、鑑定評価で求める正常価格は、市場性の減価が生じている場合、それが反映されます。建物を取り壊した方が良いと判断される物件については、更地から取壊費用を控除した水準にまで価格が下がる可能性もあります。

これらは相続税評価額と鑑定評価における正常価格の差異が生じる一例になります。相続税評価額をもとに財産を配分すると、実際に売却する場合の適正な価格と乖離が生じるケースが多くあります。売却する場合の適正な価格を把握しておき、その価格を目安に財産の分配を考えると、トラブルが少なくなるのではないでしょうか。

25 借地権の評価と相続

他人から土地を賃借して事業をしているが、相続の際に留意すべき点はあるか。

財産評価基本通達に基づくと、借地権が設定されている土地の路線価や借地権割合により、借地権の評価額は変動します。

不動産鑑定評価基準に基づくと、借地権の種類、現行の地代水準などの要因により、借地権の価格は変動します。

借地権の相続では、使用貸借と賃貸借で相続での取扱いが異なります。
また、土地の賃貸人が死亡した場合の賃料債権の取扱いにも注意が必要です。

法務

1 本事例における留意点

土地の借主たる地位（借地権）は財産権の一種であることから、相続財産として相続の対象となります。

借地権は、不可分債権（多数人が１個の不可分な給付を目的とする債権を有する場合をいいます。民法428条）であるから、相続開始により共同相続人による準共有状態（数人で所有権以外の財産権（例えば債権）を有する状態をいいます。民法264条）となり、これを解消するには遺産分割手続が必要となります。

また、借地権が共同相続された場合の賃料債務は不可分債務（多数人が１個の不可分な給付を目的とする債務を負担する場合をいいます。民法430条）となります（大判大正11年11月24日・民集１巻670頁）。この場合、賃貸人は、１人の賃借人に対して、又は同時に若しくは順次にすべての賃借人に対し、賃料の全部又は一部の支払を請求することができます。

なお、他人から賃借しているものが公営住宅の場合は、公営住宅法の規定の趣旨に鑑み、入居者（賃借人）が死亡した場合、その相続人は公営住宅を使用する権利を当然に承継すると解する余地はないとされています（最判平成２年10月18日・民集44巻７号1021頁）。

2 使用貸借の場合の処理

使用貸借契約に基づき不動産を賃借している借主が死亡した場合、使用貸借契約はその効力を失います（旧民法599条、民法597条３項）。これは、使用貸借関係が貸主と借主の特別な人的関係に基礎を置くものであることに由来するものです。

もっとも、不動産の使用貸借契約が締結される場合、旧民法599条（民法597条３項）をそのまま適用するのが必ずしも妥当でないとして同条の適用を否定した裁判例がありますので、注意が必要です（親族間の建物所有目的での土地の使用貸借契約における借主死亡の場合に旧民法599条の適用を否定した裁判例として東京地判平成５年９月14日・判タ870号208頁、貸主と借主が実親子同然の関係で、建物を使用貸借している借主が死亡いた場合に旧民法599条の適用を否定した裁判例として東京高判平成13年４月18日・判時1754号79頁）。

一方で、使用貸借契約に基づく貸主たる地位は相続されることになります。

3 土地の賃貸人が死亡した場合の相続の留意点

土地の貸主たる地位もまた、財産権の一種であることから、相続財産として相続の対象となります。

共同相続の場合の使用収益させる債務は、その性質上不可分債務となります（最判昭和45年５月22日・民集24巻５号415頁）。

そして、相続開始時までに発生した賃料債権は可分債権（分割債権と同義、分割債権とは、１個の同一の給付を目的とした債権が多数の者に分割的に帰属する関係をいいます。民法427条）として各共同相続人に承継されます。相続開始から遺産分割までの間に発生した賃料債権についても、遺産とは別個の財産であって、各共同相続人がその相続分に応じて分割単独債権として取得し、遺産分割の遡及効によってその効力が覆ることはありません（最判平成17年９月８日・民集59巻７号1931頁）。つまり、各共同相続人は、自身が相続した賃料債権のみを単独で行使することができます。

相続開始後の賃料が被相続人の普通預金や通常貯金に入金された場合は、賃料は賃料債権としての性質を失い、賃料は従来の残高と合わせて１個の預貯金債権となり、遺産分割の対象となります（最決平成28年12月19日・民集70巻８号2121頁及び同決定の鬼丸かおる裁判官補足意見）。

税務

1 相続税法上の借地権の分類

借地権とは、建物の所有を目的とする地上権又は土地の賃借権をいいます（借地借家法２条１項）。借地権には、以下のとおり５種類の借地権があります。

(1) 借地権（旧借地法、借地借家法（(2)から(5)までを除く。））

(2) 定期借地権（借地借家法第22条）

(3) 事業用定期借地権等（借地借家法第23条）

(4) 建物譲渡特約付借地権（借地借家法第24条）

(5) 一時使用目的の借地権（借地借家法第25条）

借地権を評価する場合には、(1)を「借地権」（以下「借地権」といいます。）、(2)～(4)を「定期借地権等」（以下「定期借地権等」といいます。）及び(5)を「一時使用目的の借地権」に区分して評価します。

2 借地権

借地権の価額は、借地権の目的となっている宅地が権利の付着していない、自用地（他人の権利の目的となっていない場合の土地で、いわゆる更地をいいます。以下同じです。）としての価額に借地権割合を乗じて求めます。この借地権割合は、借地事情が似ている地域ごとに定められており、路線価図や評価倍率表に表示されています。路線価図や評価倍率表は、国税庁ホームページで閲覧できます。

3 定期借地権等の評価

定期借地権等の価額は、原則として、課税時期（相続又は遺贈の場合は被相続人の死亡の日、贈与の場合は贈与により財産を取得した日）において借地人に帰属する経済的利益及びその存続期間を基として評定した価額によって評価します。ただし、定期借地権等の設定時と課税時期とで、借地人に帰属する経済的利益に変化がないような場合等、課税上弊害がない場合に限り、その定期借地権等の目的となっている宅地の課税時期における自用地としての価額に、一定の算式により計算した数値を乗じて計算することができます。

4 一時使用のための借地権の価額

一時使用のための借地権の価額は、通常の借地権の価額と同様にその借地権の所在する地域について定められた借地権割合を自用地としての価額に乗じて評価することは適当ではありませんので、雑種地の賃借権の評価方法と同じように評価します。

雑種地の賃借権の価額は、原則として、その賃貸借契約の内容、利用の状況等を勘案して評価しますが、次のように評価することができます。

(1) 地上権に準ずる権利として評価することが相当と認められる賃借権（例えば、賃借権の登記がされているもの、設定の対価として権利金や一時金の支払のあるもの、堅固な構築物の所有を目的とするものなどが該当します。）

雑種地の自用地としての価額×法定地上権割合と借地権割合とのいずれか低い割合

(2) (1)以外の賃借権

雑種地の自用地としての価額×法定地上権割合×１／２

不動産

1 借地権とは

(1) 借地権とは

上記事例では、土地を賃借していますが、借地借家法（廃止前の旧借地法を含む）に基づく建物所有目的の地上権又は土地賃借権を借地権といいます。したがって、建物以外の工作物や竹木等を所有するための借地のほか、使用貸借契約に基づく借地については、借地権は発生しません。例えば、街中でよく見かける時間貸し駐車場は、駐車場事業会社が地主から土地を借りて事業を行っていることが多いですが、建物所有目的の借地ではないため借地権は発生しません。

(2) 借地権の価格とは

不動産鑑定評価基準によると、借地権の価格は以下のように定められています。

> 借地権の価格は、借地借家法（廃止前の借地法を含む。）に基づき土地を使用収益することにより借地権者に帰属する経済的利益（一時金の授受に基づくものを含む。）を貨幣額で表示したものである。借地権者に帰属する経済的利益とは、土地を使用収益することによる広範な諸利益を基礎とするものであるが、特に次に掲げるものが中心となる。
>
> ① 土地を長期間占有し、独占的に使用収益し得る借地権者の安定的利益
>
> ② 借地権の付着している宅地の経済価値に即応した適正な賃料と実際支払賃料との乖離（賃料差額）及びその乖離の持続する期間を基礎にして成り立つ経済的利益の現在価値のうち、慣行的に取引の対象となっている部分

上記の①は法的側面から見た利益で、借地人が法的に保護されている程度が強いほど借地権価格は高くなります。例えば、とある土地についての賃貸借契約が普通借地契約である場合と定期借地契約である場合とを比較した場合、普通借地

契約は契約期間が満了しても更新できる可能性が高いのに対して、定期借地契約の場合は借地期間満了に伴い確定的に契約が終了してしまうため、一般的に普通借地契約を前提とする借地権の方が借地人にとって利益が大きいことから価値が高くなります。

また上記の②は経済的側面から見た利益で、仮に現行地代が相場地代よりも低い場合には、借地人に経済的利益（いわゆる借り得と呼ばれるもので、換言すれば賃料差額を意味します。）が発生しており、賃料差額が大きければ大きいほど借地人にメリットが生じていることから、借地権価格も連動して高くなります。

2 借地権の評価

借地権の評価は、借地権の取引慣行が成熟している地域であるかどうかで評価手法が異なってきます。例えば、東京の銀座のような日本を代表する高度商業地域であれば土地の希少価値が非常に高いために、土地を借りる権利である借地権自体が取引の対象とされることも散見されるため、借地権の取引慣行の成熟の程度の高い地域といえます。一方、地方で借地権又は借地権付建物の取引がほとんどみられないような地域については、借地権の取引慣行の成熟の程度の低い地域といえます。

(1) 借地権の取引慣行の成熟の程度の高い地域

この場合の借地権の鑑定評価は、以下の手法を併用して借地権価格を求めます。

① 取引事例比較法（注１）

② 土地残余法（借地権残余法）（注２）

③ 賃料差額還元法（注３）

④ 借地権割合法（注４）

(2) 借地権の取引慣行の成熟の程度の低い地域

この場合の借地権の鑑定評価は、以下の手法を併用して借地権価格を求めます。

① 土地残余法（借地権残余法）

② 賃料差額還元法

③ 底地価格控除法（注５）

（注１） 取引事例比較法：評価する不動産（借地権）と類似する不動産（借地権）の取引事例とを比較することで価格を求める手法

（注２） 土地残余法：借地上に借地権付建物を想定し、当該借地権付建物の収益を踏まえ借地権自体が生み出す収益に着目して価格を求める手法

（注３） 賃料差額還元法：現行地代と相場地代との差額である賃料差額に着目して価格を求める手法

（注４） 借地権割合法：更地価格に借地権割合（更地価格に対する借地権価格の割合のことで、地域によって割合は異なる）を乗じて価格を求める手法

（注５） 底地価格控除法：更地価格から底地価格を控除して価格を求める手法

3 評価にあたっての留意事項

借地権価格に影響を与える要因は複数ありますが、特に下記の要因については留意することが必要です。

⑴ 賃料差額が発生しているかどうか？ また賃料差額が大きいかどうか？

例えば、下記のように同一路線上にある２つの画地（画地１、画地２：２つの画地は形状・面積等同じ、借地契約期間・借地の目的等いずれも同じで、地代のみ差がある場合を想定）があった場合、それぞれの借地契約内容を不動産鑑定評価では反映させるため、借地権価格としては画地１（地代が安いため借地人にとって借り得が大きい）＞画地２（地代が高いため借地人にとって借り得が小さい）となります。

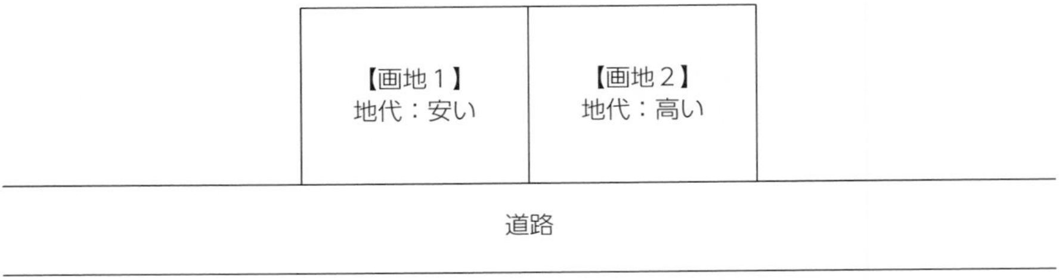

【画地１】 地代：安い	【画地２】 地代：高い

道路

なお、現行地代が非常に安く、近い将来に地代の増額が予測される場合は、近い将来に賃料差額が縮小することから、借地権価格にマイナスの影響を与える可能性があることを考慮することが必要となります。逆に地代の減額が予想される場合も、その影響を考慮することが必要となります。

⑵ 契約形態は普通借地契約か定期借地契約のいずれか？

例えば、下記のように同一路線上にある２つの画地（画地１、画地２：２つの画地は形状・面積等同じ、借地の目的・地代同じ、契約形態のみ差がある場合を想定）があった場合、それぞれの借地契約内容を不動産鑑定評価では反映させるため、借地権価格としては画地１（普通借地契約は契約期間が満了しても更新できる可能性が高く、法的に保護される程度が強い）＞画地２（借地期間満了による契約満了に伴い確定的に権利を失う）となります。

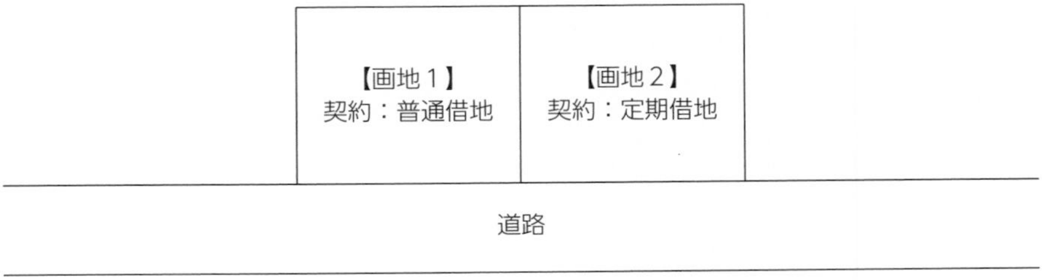

【画地１】 契約：普通借地	【画地２】 契約：定期借地

道路

なお、定期借地契約の場合は、残存期間の長短によっても借地権の価値は異なります。つまり、残存期間が長いほど借地権の価値は高く、逆に残存期間が短い借地権の価値は低くなります。例えば、残存期間が残り１年といった借地権については、原状回復等の期間を考えると借地人が土地を使用できる期間は僅かしかないため、借地権の価値はほぼゼロに近いといえます。

26 相続税の税務調査

Question 先日、父親の相続税申告と納税が完了したが、相続税の申告がその後の生活に影響を与えることはあるか。特に相続があると必ず税務調査が来るのか。

税務

相続により相続税の確定申告書を提出した後、最も気になるのは「税務調査が来るか否か」でしょう。税務調査は、２年前に提出された相続税申告書を中心に行われるようですが（国税庁「平成30事務年度における相続税の調査等の状況」）、提出された相続税申告書のうち、約12％程度が税務調査の対象になるようです（平成28年に相続税の課税対象となった被相続人の数は約10万6,000人で、平成30事務年度における相続税の実施調査件数は12,463件）。

税務調査の対象割合は12％程度ですが、平成30事務年度に調査の対象となった12,463件のうち申告漏れ等があった件数は10,684件と、実に調査の対象の85.7％になります。税務調査の対象になると、85.7％の確率で何らかの申告漏れ等があることになります。

それ以外の点では、相続財産があっても、翌年の住民税や健康保険料には影響はありません。ただし、収益不動産を相続するなど各年度の所得金額が増える場合には、所得の変動を通じて住民税や健康保険料に影響が出る可能性があります。

また、農地の納税猶予を受けた場合、３年ごとに納税猶予の継続手続が必要になります。手続の期限を忘れないようにすることも必要ですが、農業を引き続き行っている旨の農業委員会の証明書が必要になるなど、手続の準備に時間がかかることも想定されますので、余裕をもった準備を心がけることが重要です。

国外に不動産を保有する場合

Question 父Aは、老後、ハワイに移住することを考え、現地に不動産を購入していたが、子Bは、この不動産の相続について、管理が困難なため、相続放棄も視野に入れた検討をしている。相続が発生した場合どうすればよいか。

〈相続関係図〉

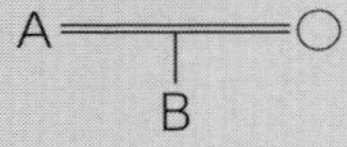

税務

1 相続が発生した場合

被相続人が保有する海外不動産も相続財産として含めて相続税申告を行う必要があります。海外不動産の評価は、不動産鑑定士に依頼して、評価証明書などを入手する必要があります。

2 海外不動産を売却した場合

海外不動産を売却した場合、税務上、大きく２つの手続が必要です。

１つ目が売却した現地の税制を確認して、その国の税金を納めることです。本事例のハワイの場合、日本人はハワイ州側から見れば非居住者となります。ハワイ非居住者が不動産を譲渡したときには、売却益が生じていたか否かにかかわらず、ハワイ州と連邦（アメリカ合衆国）に源泉税を納める必要があります。

２つ目は日本での確定申告手続です。ハワイで不動産売却益が生じている場合、確定申告を行い、譲渡所得税を納める必要があります。譲渡所得税の税率は、短期所有（５年以内）で約20%、長期所有（５年超）で約40%となっています。この際、ハワイで支払った源泉税の一部について外国税額控除ができますので忘れないように注意しましょう。

3 海外不動産を保有中の税務手続

その年の12月31日時点で、日本国外に保有する財産の総額が5,000万円を超える場合、翌年３月15日までに所轄税務署に国外財産調書を提出する必要があります。なお、国外財産調書の提出制度においては、下記の措置があります。（国税庁タックスアンサーNo.7456「国外財産調書の提出義務」、国外送金等調書法５条、６条、10条、国外送金等調書令10～12条、国外送金等調書規12条、13条）

⑴ 国外財産調書の提出がある場合の過少申告加算税などの軽減措置

国外財産調書を提出期限内に提出した場合には、国外財産調書に記載がある国外財産に関する所得税及び復興特別所得税（以下「所得税等」といいます。）又は相続税の申告漏れが生じたときであっても、その国外財産に関する申告漏れに係る部分の過少申告加算税などについて、税額が５％軽減されます。

⑵ 国外財産調書の提出がない場合などの過少申告加算税などの加重措置

国外財産調書の提出が提出期限内にない場合又は提出期限内に提出された国外財産調書に記載すべき国外財産の記載がない場合（重要な事項の記載が不十分と認められる場合を含みます。）に、その国外財産に関する所得税等の申告漏れ（死亡した方に係るものを除きます。）が生じたときは、その国外財産に関する申告漏れに係る部分の過少申告加算税などについて、税額が５％加重されます。

⑶ 正当な理由のない国外財産調書の不提出などに対する罰則

国外財産調書に偽りの記載をして提出した場合又は国外財産調書を正当な理由がなく提出期限内に提出しなかった場合には、１年以下の懲役又は50万円以下の罰金に処されることがあります。ただし、提出期限内に提出しなかった場合については、情状により、その刑を免除することができることとされています。

不動産

1 相続が発生したら

海外不動産を取得しても管理が困難であるので、相続したくないという気持ちもあると思いますが、一度、所有の海外不動産の価値を把握するほうがいいと考えます。

相続した不動産の価値が低いと思っていても、評価をしてみるとかなり高額な不動産であったということが稀にあります。

これらより、海外不動産を所有していた場合は、一度、不動産鑑定士に時価を聞いてみることをおすすめします。

2 海外不動産の評価ついて

海外不動産の鑑定評価を依頼された場合には、以下のいずれかの方法にて鑑定評価を実施することになります。

① 不動産鑑定士が海外現地に赴き鑑定評価を行う

② 海外現地の不動産鑑定人を補助員・共同作業員として鑑定評価を行う

ただし、国内の不動産鑑定士は、海外不動産について鑑定評価を行い得るほどに諸事情に十分精通していることは稀であることから、後段の「海外現地の不動産鑑定人を補助員・共同作業員」として鑑定評価を行うことが合理的かつ現実的であるといえます。

この場合の鑑定評価は、不動産鑑定士が、

・海外現地において専門職業家として認定又は公認された不動産鑑定人との連携・共同作業により、

・海外現地において認定又は公認された不動産の鑑定評価に基づき、

鑑定評価を行うことが原則となります（国土交通省「海外投資不動産鑑定評価ガイドライン」より抜粋）。

3 アメリカの不動産事情について

⑴ 土地の所有について

アメリカは、州により不動産の規定が異なりますが、外国人の土地所有に関して規制は無く、誰でも土地の所有権を取得することができます。

登記制度は土地に関するもののみであり、下記の２つがあります。

① 証書登録制度（RECPRDING SYSTEM)

→売主から買主に物件移転の意思をもって交付される不動産物件譲渡証書を登記所へ提出し、その謄本が年代順に編綴されます。

② トレンス・システム（TORRENS TITLE SYSTEM)

→土地の所有者は登記者に土地の登記を申し立て、調査官の実質的審査によって所有書の申請に不備がないことが確認されると、登記者は証明書を所有者に発行します。

登記被譲渡者は、登記官が発行した２部の証明書のうち１つである副本と譲渡証書を登記所に提出します。

⑵ 不動産鑑定制度について

アメリカは、日本の不動産鑑定士制度に類似する資格者の技能や法的又は社会的位置づけがある制度を有しています。

資格・称号名等は以下のとおりです。

不動産鑑定評価に当たっては、鑑定評価基準（USPAP）にしたがって財産の評価がなされます。

なお、鑑定評価基準の作成団体は、非営利法人のAppraisal Foundationです。

資格・称号	州公証・公認鑑定人	MAI（商・住・工） SRPA（商・住・工） SRA（住）
登録機関	州不動産鑑定評価委員会	不動産鑑定協会
所属団体	同上	同上
人数	約９万5,000人	約6,000人

（出典：国土交通省『海外投資不動産鑑定評価ガイドライン』別表）

参考文献

・片岡武、管野眞一『家庭裁判所における遺産分割・遺留分の実務』日本加除出版
・岡口基一『要件事実マニュアル　第５版　第５巻』ぎょうせい
・東京弁護士会法友会編『Ｑ＆Ａ改正相続法の実務』ぎょうせい
・一般財団法人都市農地活用センター編『ケース別　農地の権利移転・転用可否判断の手引』新日本法規出版
・江頭憲治郎『株式会社法　第６版』有斐閣
・神田秀樹『会社法　第16版』弘文堂
・田中亘『会社法』東京大学出版会
・伊藤靖史、大杉謙一、田中亘、松井秀征『LEGALQUEST 会社法　第３版』有斐閣
・柴田堅太郎『中小企業買収の法務』中央経済社
・東京弁護士会法友全期会相続実務研究会編『遺産分割実務マニュアル　第３版』ぎょうせい
・潮見佳男『詳解 相続法』弘文堂
・潮見佳男編『新注釈民法（19）』有斐閣
・中川善之助、泉久雄編『新版注釈民法（26）』有斐閣
・雨宮則夫、梶村太市編『現代裁判法大系（11）』新日本法規
・正影秀明『相続財産管理人、不在者財産管理人に関する実務』日本加除出版
・『ジュリスト　2019年４月号（No.1530）』有斐閣

執筆者紹介（順不同）

■税理士　松下　洋之

2003年京都大学経済学部卒業。同年公認会計士試験合格。2009年税理士登録。松下洋之公認会計士事務所代表として、個人・法人の税務顧問として活動。

■弁護士　野田　賢太郎

弁護士。関西学院大学卒業。近畿大学法科大学院修了。野田総合法律事務所に入所。大阪市民間活力導入プロジェクト事業提案評価会議委員（2013～2014年）、近畿大学非常勤講師（2017年～現在も継続中）。会社関係・交通事故・相続・不動産・破産案件を中心に業務に取り組んでいる。

■不動産鑑定士　吉村　敏克

不動産鑑定士／宅地建物取引士。2014年不動産鑑定士試験合格。2015年FCS不動産鑑定株式会社入社。2018年不動産鑑定士登録。相続案件・同族間売買・係争案件等を中心に、業務に取り組んでいる。

■弁護士　上田　絢子

弁護士／医療経営士。京都大学法学部卒業、京都大学法科大学院修了。2012年に弁護士登録（大阪弁護士会）。2016年はるまち法律事務所設立。現在、遺言相続・後見・離婚その他の民事事件及び医療関係を中心に業務に取り組んでいる。

■不動産鑑定士　加藤　心

不動産鑑定士／宅地建物取引士。1999年京都産業大学法学部法律学科卒業。2003年個人事務所へ入所し、2004年大和不動産鑑定㈱へ入社。2014年に室町不動産鑑定所を開業。さまざまな不動産の評価実績を有しており、土地・空き家対策等有効活用の業務にも取り組んでいる。

■公認会計士/税理士　坂口　建太

2010年同志社大学工学部卒業。同年公認会計士試験合格。2015年税理士登録。税理士法人朝日中央総合事務所パートナーとして、相続・事業承継案件を得意として活動。

■弁護士　里村　格

弁護士。2010年京都大学法学部卒業。2012年京都大学法科大学院修了。同年司法試験合格。2014年弁護士登録（大阪弁護士会）。同年西村法律会計事務所に入所。金融機関、建設業、不動産業、製造業等の企業から相談に対応し、労務、不動産その他係争案件に携わっている。

■弁護士　鈴木　文崇

弁護士／中小企業診断士。2015年弁護士登録（大阪弁護士会）。同年鈴木俊生法律事務所に入所。2017年中小企業診断士登録（大阪府中小企業診断協会、大阪中小企業診断士会）。現在、主に企業の契約法務、人事労務、事業承継、経営改善に取り組む。note「あきんどのための経営法務部」でコラム更新中。

■不動産鑑定士　立山　壮平

不動産鑑定士／一級建築士。1995年関西大学工学部建築学科卒業。同年三菱重工業㈱入社。2008年㈱関西総合鑑定所入社後、2014年不動産鑑定士登録。2018年「たてやま不動産鑑定」開業。同族間売買など相続・事業承継関係の不動産評価を中心に取り組んでいる。

■弁護士　中森　真史

弁護士。2012年京都大学法学部卒業。2014年京都大学法科大学院修了。2015年司法試験合格。2016年弁護士登録（大阪弁護士会）。同年フォアフロント法律事務所に入所。損害保険会社、不動産業、製造業等の企業案件から相続、離婚等の個人の相談まで幅広く対応。

■弁護士　葉野　彩子

弁護士。2009年京都大学法学部卒業。2011年京都大学法科大学院修了。同年司法試験合格。2012年弁護士登録（大阪弁護士会）。同年弁護士法人第一法律事務所に入所。全国倒産処理弁護士ネットワーク、倒産法実務研究会等に所属し、破産、民事再生、会社更生、私的整理などに関与。

■不動産鑑定士　松葉　貴信

不動産鑑定士／宅地建物取引士。2000年神戸大学工学部情報知能工学科卒業。大学卒業後、システムエンジニアとして働くも2007年に不動産業界へ入り、不動産売買、不動産鑑定の実務を積み、2016年に「まつば不動産鑑定」を開業。係争関係の不動産鑑定を中心に取り組んでいる。

■不動産鑑定士　今井　牧子

不動産鑑定士／宅地建物取引士。2007年に大和不動産鑑定㈱へ入社。2014年になつみ不動産鑑定を開業。病院やホテル、ゴルフ場といった特殊なものから、農地や山林、遺跡地など、様々な種類の不動産の評価に携わる。また、一般の鑑定評価のほか、不動産相続に関連した相談会やセミナー等も行い、相続に関わる業務にも精通している。

■不動産鑑定士　中村　光伸

不動産鑑定士。1998年京都大学経済学部卒業。2007年不動産鑑定士試験合格。2010年不動産鑑定士登録。2007年株式会社谷澤総合鑑定所に入所。約10年間勤務の後に独立し、ひびき不動産鑑定株式会社を設立。ホテル、老人ホーム、パチンコ店等の事業用不動産の評価を得意とする。

■弁護士　西野　弘起

弁護士。2012年大阪大学法学部卒業。2013年司法試験予備試験合格。2014年大阪大学法科大学院修了。同年司法試験合格。2015年弁護士登録（大阪弁護士会）。同年ＴＭＧ法律事務所入所。一般民事を中心に相続案件も多数取り組んでいる。

弁護士・税理士・不動産鑑定士　三士業の実務がクロスする
相続事案の解決力

2020年9月15日　発行

編著者　三士業合同相続研究会 ©

発行者　小泉　定裕

発売所　株式会社 清文社
大阪市北区天神橋2丁目北2－6（大和南森町ビル）
〒530-0041　電話 06(6135)4050　FAX 06(6135)4059
東京都千代田区内神田1－6－6（MIFビル）
〒101-0047　電話 03(6273)7946　FAX 03(3518)0299
URL http://www.skattsei.co.jp/

印刷：㈱廣済堂

■本書の内容に関するお問い合わせは編集部までFAX(06-6135-4056)でお願いします。
■本書の追録情報等は、当社ホームページ（http://www.skattsei.co.jp）をご覧ください。

ISBN978-4-433-75180-7